SOCIAL WELFARE WITH FAMILIES

가족복지론

정민기 · 곽병혁 · 김영철 · 변영호

박영story

인간은 태어나자마자 가족이라는 소속을 지니게 된다. 비록 형태나 성격이 바뀔지라도, 가족은 한 개인이 일생에 걸쳐 가장 사적이고 친밀한 관계를 유지한다. 가족은 인류가 가장 오래 지속하고 있는 체계이다. 가족은 사회를 이루는 가장 기본적 제도로 인식되는데, 가족구성원이 개인적으로 경험하는 가족의 모습은 매우 다양하며, 사회변화에 따라 가족구조 역시 변화되어 왔다. 최근 우리 사회에서 가족은 급격한 변화를 경험하고 있다. 즉, 가족 규모가 축소되고, 가족기능이 약화되고, 다양한 가족유형의 출현과 가족가치관의 혼재 등 다양한 변화를 이끌고 있다. 이러한 현상들은 우리 사회가 다루어야 할 주요한 논쟁거리가 되고 있다.

그동안 우리 사회에서는 산업화, 도시화, 고령화 등으로 가족해체의 사회구조적 변화가 현저하게 나타났다. 이에 따른 사회환경의 변화는 가족구성원들의 삶의 목적이나 생활패턴, 가치관 및 소비형태 등 다양한 측면에서 욕구의 변화를 가져왔다. 전통사회에서 가족은 생산 및 소비, 자녀양육, 사회화, 보호 및 부양 등의 기능을 모두 수행하였지만, 현대사회로 오면서 핵가족화에 따른 가족형태의 변화로 인해 과거 가족이 수행했던 여러 기능은 자연스레 퇴출의 길을 겪게 되었다. 따라서, 현대가족이 스스로 제 기능을 잘 수행할 수 있도록 이를 지원하기 위한 가족복지적 접근의 필요성이 대두하게 되었다.

가족복지는 사회복지와의 연계성과 차별성을 가진 실천방안으로 가족구성원들이 가지고 있는 욕구와 문제점을 통합적으로 접근해야 한다. 가족복지는 개별복지와 사회복지를 연결해주기도 하지만, 기본적으로 사회복지의 근간을 이룬다. 또한 개별복지는 가족복지의 도움이 절실한 입장이다. 따라서, 가족복지의 중요성은 단지 가족복지에 국한될 수 없으며, 더욱 가족복지의 중요성을

1

인식해야 한다. 하지만 가족 전체가 대상이 아닌 가족구성원 개개인을 대상으로 하는 대상별 복지의 접근과 별다른 구별이 되지 않는 것이 현실이다.

만일 가족구성원에게 장애가 발생하였다면, 이를 해결하기 위해서는 장애가 있는 가족구성원 개인에 머물지 않고 그 가족 전체의 입장에서 접근해야 한다. 즉, 가족복지는 개별 대상자가 아닌 가족체계적 관점에서 접근하여 가족이 중요한 변수로 다뤄져야 하며, 가족 전체 및 가족관계에 대한 개입이며, 나아가서는 가족이 속한 사회문화적 환경과의 교류까지 포함해야 진정한 가족복지가 된다.

이 책은 가족복지를 정책적인 면과 문제해결 관점에서 서술하고 있다. 즉, 가족복지에 대한 문제인식을 바탕으로 정책과 해결방안을 전향적으로 서술하고 있다. 가족복지는 정책과 문제해결이 동시에 이루어져야 하는 고도의 복지수준이 필요하다. 특히, 가족형태의 변화가 다양해짐에 따라 그에 따른 가족복지도 능동적이고 적극적으로 이루어져야 함은 불문가지이다. 이 책은 이러한 시대적 사명을 담아보고자 노력했음을 밝히고자 한다. 따라서, 타 교재와는 차별되는 내용이 포함되어 있으며, 가족복지의 지향점을 꿰뚫고 있다.

이 책이 나오기까지 몇 차례의 고비를 겪으면서 집필해 왔음을 밝히고자 한다. 이러한 노력에도 불구하고, 좀 더 많은 내용을 담고자 했으나, 지면의 한정으로 게재하지 못했음에 죄송한 마음을 금할 길이 없다. 학습자 여러분의 사랑으로 더욱 연구에 매진할 것을 약속드린다. 이 책의 출판을 위해 기꺼이 수고를 아끼지 않으신 박영스토리 대표님과 임직원 여러분께 진심으로 감사의 말씀을 드린다.

2024년 3월
대표저자 **정민기** 박사

차 례

3

PART Ⅲ.
가족복지와 가족문제 _ 223

Chapter 10. 빈곤가족

PART I

가족복지의 이론적 기초

C h a p t e r 1

가족

개요

가족은 결혼이나, 혈연, 입양의 관계로 결합되어 가족이라는 정체감과 유대감을 가지는 상호의존적인 사람들로 정의된다. 가족은 여전히 배우자 간의 정서적·사회적·경제적 유대 및 생식과 성관계, 아동·노인·장애인 부양, 아동의 사회화 교육, 가족구성원의 보호, 가족구성원의 정서적 보호와 오락, 재화와 용역의 교환 등 주요한 기능을 수행하고 있다. 여기에서는 가족에 관한 기초 이론을 학습하고자 한다.

학습목표

1. 가족에 대한 이론적 정의 숙지
2. 가족분류에 따른 문제점 파악
3. 가족제도의 위기와 전망에 대한 논의

학습내용

1. 가족의 개념
2. 가족의 구분
3. 가족생활주기
4. 가족의 위기와 전망

가족

1. 가족의 개념

1) 가족의 정의

오늘날 가족을 정의하는 문제는 그 자체가 논쟁적이다. 전통적으로 가족은 결혼과 혈연관계로 형성된 경제적 단위이자 주거생활 공동체라는 의미를 지니고 있었다(정태석 외, 2023: 260). 즉, 전통적이고 협의의 가족은 혼인을 통해 맺어진 성인남녀와 그들에게서 출생한 자녀로 구성되며, 공통의 거주공간에서 생활하는 집단이다. 그러나 전통적인 가족의 정의는 현대사회에서 새롭게 등장한 기러기가족, 공동체가족 등 다양한 형태의 가족을 설명하지 못한다. 즉, 광의의 가족은 혈연에 기반을 둔 특수한 관계를 지닌 사람들의 공동거주를 필수 요소로 삼지 않는다. 이러한 현상은 낮은 혼인율, 높은 이혼율, 저출산, 남성 중심 가족제도 변화 등으로 인해 독신가족, 한부모가족, 무자녀가족, 맞벌이가족처럼 구조적으로 다양한 가족을 포함하여, 입양가족, 다문화가족 등 기존 가족개념과 다른 가족이 증가함으로써, 가족의 기능 면에서도 많은 변화가 일어났기 때문으로 해석된다(김보기 외, 2021a: 12).

일반적으로 가족은 결혼이나, 혈연, 입양의 관계로 결합되어 가족이라는 정체감과 유대감을 가지는 상호의존적인 사람들로 정의된다(고명수 외, 2018: 195). 가족에 대한 정의는 역사와 정치, 문화, 사회에의 환경에 따라 변화됐으며, 개인의 인생관 등 여러 여건에 의해서도 다양한 정의를 내릴 수 있다. 전통적 개념으로는, 부부 중심의 혈연 또는 법적 관계를 통한 자녀가 함께 있는 의미로 정의되고, 근대적 개념으로는, 혈연과 법적 관계에 기초한 생산 및 재생산기능을 초월하여 정서적으로 연대 성향이 강한 특성으로 정의할 수 있다. 후기 근대 가족 개념은, 전형적인 가족 이데올로기를 뛰어넘어 남성 가장이 생계를 유지하는 가정에 대해 문제를 제기함으로써 성평등적인 가족 내 역할과 기능을 수행하는 사회적 구성체로 설명하고 있다(김영철 외, 2022a: 357).

가족에서의 혈연관계는 부모–자녀관계를 기본으로 하고 그 확장을 포함한다. 예컨대, 조손관계는 부모–자녀관계가 수직적으로 확장(직계친)된 것이며, 형제관계는 부모를 공유하는 수평적 확장(방계친)이다. 그리고 인연관계는 부부관계를 기본으로 하고, 그 확장을 포함한다. 예컨대, 고부관계는 한 여성의 부부관계와 그 남편의 모자관계의 결합이다. 한편, 입양은 생물학적 자녀가 없는 경우에 특정의 목적을 위하여 사회적인 자녀관계를 맺는 것을 말한다. 현행 「민법」 제779조(가족의 범위)에는 가족(가족구성원)의 범위를 기본적으로 자기를 중심으로 자기의 배우자, 형제자매, 직계혈족(부모와 자녀)을 포함하는 것으로 규정하고 있다. 또한 생계를 같이하는 경우라면, 자기 직계혈족의 배우자, 배우자의 직계혈족, 배우자의 형제자매까지를 가족구성원으로 한다. 그러나 이는 법률상 가족(원)의 범위를 제시한 것으로 현실 가족의 상황과는 다를 수 있다.

가족이란 원칙적으로 남녀의 성 결합을 전제로 하는 혼인과 혈연으로 이루어진 집단을 말한다. 성 결합이 없는 부부는 있을 수 없고, 혈연관계 이외에 양자의 경우처럼 가족을 구성하는 경우도 있지만, 이것은 예외적인 것은 아니다. 동물의 세계에서 조류 가운데는 암컷과 수컷이 거의 항구적으로 짝을 지어 새끼를 낳고, 얼마 동안은 어린 새끼를 함께 양육하며, 가족의 형태로서 생활하는 몇몇 종이 있으나, 이 밖의 척추동물(vertebrate)이나 포유동물(mammal)에 서는 유인원(antropoidape)을 제외하고는 가족의 구성을 찾아볼 수 없다(현승일, 2012: 120).

결론적으로 가족은 여전히 배우자 간의 정서적·사회적·경제적 유대 및 생식과 성관계, 아동·노인·장애인 부양, 아동의 사회화 교육, 가족구성원의 보호, 가족구성원의 정서적 보호와 오락, 재화와 용역의 교환 등 주요한 기능을 수행하고 있다.

2) 가족제도의 기능

가족의 두 가지 주요 기능을 1차적 사회화 기능과 인격형성이라고 규정한다. 즉, 1차적 사회화(primary socialization)는 출생에 따라 소속된 사회의 문화적 규범을 학습하는 과정을 말한다. 이 과정이 아동의 초기 유년기에 집중적으로 이루어지기 때문에, 가족은 인간의 인격발달에 가장 중요한 환경을 제공한다.

인격형성(personality stabilization)은 성인 가족구성원을 정서적으로 도울 때 발휘되는 역할을 일컫는다. 성인남녀 간의 혼인이란 성인 인격체끼리 서로를 지지해 주고 정서적으로 건강해지도록 배려해 주는 사회적 버팀목인 것이다. 파슨즈(Talcott Parsons, 1902~1979)는 핵가족(nuclear family)을 산업사회의 요구에 가장 잘 부응할 수 있는 가족단위로 규정했다. 그에 따르면, 남편은 생계부양자(breadwinner)로서 '도구적(instrumental)' 역할을 수행하고, 아내는 가족구성원의 '애정적(affective)', '정서적(emotional)' 역할 담당자라고 전제하고 있다(Giddens, 2021: 609). 따라서, 파슨즈의 이론은 오늘날 낡은 이론임에 틀림없으나, 사회에서 가족이 담당하는 역할을 설명했다는 점에서 시사한 바가 있다.

인류가 시초부터 가족을 형성하여 삶을 영위한 근본적인 이유는, 인간이라는 종(species)을 보전하기 위한 것이었다. 종의 보전에 관련된 동물의 행위를 흔히 본능이라고 말한다. 이런 의미에서라면 가족형성은 인간본능의 소산이라고 말해도 무방할 것이다. 따라서, 인간생활에서 가족이라는 존재는 인류의 존속이라는 명제와 직결된 것이라고 볼 수도 있다. 가족을 중심으로 하는 가족제도의 기능은 이러한 인류의 존속이라는 명제에 기여하는 내용들과 관련되어 있다. 그 기능을 몇 가지로 나누어 살펴보면 다음과 같다(현승일, 2012: 122-124).

첫째, 가족제도는 성행위를 규제한다. 생리적인 측면에서 볼 때, 인간은 다른 동물과 마찬가지로, 어떠한 이성과도 성 결합을 할 수 있다. 또한 그러한 성적 욕구를 가지고도 있다. 그러나 부와 모, 그들(parents) 사이에 태어난 자식으로 구성되는 가족을 유지해야 할 필요 때문에, 가족제도는 인간의 생리적 욕구를 규제하여 부부 사이에서만 성 결합을 할 수 있도록 허용한다. 부부의 단위가 문화권에 따라서는 일부일처일 수도 있고 일부다처 또는 일처다부일 수도 있겠으나, 어떠한 형식으로든 사회적으로 공인된 부부간에서만 성 결합이 가능하도록 규제한다. 부부관계에 대한 사회적 공인을 위해서 결혼식 등의 의식이 필요하였고, 이러한 의식은 인류문화가 시작된 이래 처음부터 형성·유지되었다.

둘째, 가족은 사회적 재생산을 수행한다. 어떤 문화권이든 재생산은 부부에 의해 가족에서 이루어지도록 제도화되어 있다. 어린이의 양육을 위해서는 확인된 항구적인 부의 존재가 필요하므로 가족 이외에서의 재생산을 허용하지 않는 것이다. 여기서 가족에서의 재생산을 '사회적' 재생산이라고 말하는 것은, 아이가 태어나는 곳은 가족이라고 하더라도, 태어난 아이는 가족구성원이 될 뿐만 아니라, 사회구성원이 되기 때문이다. 다시 말해서 사회적 존재인 인간을 가족이 맡아서 낳아 주는 것이다. 따라서, 인간은 가족 내부에서 지위를 가짐과 동시에 사회에서 지위를 가지게 되는 것이며, 그의 행위는 가족에 대해서 뿐만 아니라, 사회에 대해서도 책임과 의무를 지니게 된다.

셋째, 가족은 어린이를 양육하고 사회화한다. 가족은 어린이의 생존과 성장에 필요한 영양과 환경을 제공하고, 동시에 어린이로 하여금 사회성원으로서의 자질을 갖추도록 사회화한다. 이러한 사회화 과정은 훈계·훈련·상벌부여 등 명시적 방법과 연장자 모방, 가족적 환경에 의한 자각과 경험 등 묵시적 방법을 포함한다.

넷째, 가족은 가족구성원 상호 간에 보호와 정서적 지지를 제공한다. 가족은 외부의 사회적 또는 자연환경적 위험이나 위해로부터 가족구성원들을 보호하고, 가족구성원들이 겪는 희로애락을 공유·공감하며, 서로 격려하고 위로함으로써 정서적 건강을 회복·유지할 수 있게 한다.

다섯째, 가족은 가족구성원에게 사회적 정체(social identity)와 귀속적 지위(ascribed status)를 부여한다. 사회적 정체라는 어떤 단수의 사람을 특정의 객체로서 인정하고, 본인 자신도 그렇게 자각하는 것을 일컫는다. 사회적 정체가 최초로 부여되는 것은 가족에 의해서이다. 가족은 새로이 태어난 어린이에게 이름을 지어 줌으로써 그 어린이에게는 '내가 누구'라는 최초의 정체감이 심어지기 시작한다. 가족 내에서 뿐만 아니라, 모든 사회인이 그의 이름으로 부르기 때문에 그의 정체는 처음부터 사회적인 것이다. 어린이에게는 누구네 집 몇째 아들, 예컨대 부잣집 막내아들, 왕가의 황태자 등으로 지위가 부여되는데, 이와 같이 태어남으로써 획득되는 지위를 귀속적 지위라 한다.

여섯째, 가족제도는 또한 종교·정치·경제·교육을 지닌다. 가정 내에서는 함께 기도하거나 제사를 모시는 등 종교적 기능을 수행하며, 가정에서는 부 또는 모에 의한 강제력이 행사되고, 가족구성원이 공통의 목적을 위해 동원되는 등의 정치적 기능이 수행된다. 가정은 농업이나 어업에 종사하는 경우에서처럼 생산의 공동체가 되기도 하고, 최소한 소비의 공동체로서 경제적 기능을 수행한다. 또한 가정은 문자나 셈을 가르칠 뿐만 아니라, 예의범절과 행동양식 등을 가르치는 교육적 기능을 수행한다.

이상에서 여섯 가지로 나누어 서술한 가족제도의 기능은 모든 유형의 가족제도에 공통적으로 적용된다.

3) 현대 가족의 변화

오늘날 가족은 전통적인 가족의 개념과 매우 상이하다. 급격한 복지환경의 변화에 따라 가족의 형태 및 구성 변화가 달라지고 있는 현실이다. 현대사회의 가족변화 영향요인은 사회문화적 환경과 산업화·도시화 등 다양한 요인들을 들 수 있지만, 산업화와 도시화의 영향력이 매우 큰 비중을 차지하고 있다.

한국 가족의 변화 추세를 살펴보면, 인원수가 감소하고 세대수가 적어지며, 구성범위가 축소되는 경향을 나타내고 있다. 반면에, 독신(비혼)과 이혼, 재혼의 증가로 인하여 1인 가구, 한부모가족, 복합가족 등의 다양한 유형이 나타나고 있다. 가족의 기능 또한 사회변화와 맞물려 변화하고 있다. 애정공동체로서의 기능, 성생활과 자녀 출산의 기능, 자녀양육과 사회화의 기능 그리고 경제적 공동체로서의 기능이 변화하고 있다(박태영 외, 2019: 26).

혼인, 이혼, 재혼 등 개인적인 선택 중시와 당사자 의견의 반영 증가, 가장 권위의 약화, 이혼율의 상승, 노인·청소년 문제의 증가, 세대 간 단절의 문제 등이 나타나고 있는데, 이러한 여러 가지 가족행동에 있어서의 변화의 방향은 서구의 핵가족에서 이미 나타나고 있는 것과 같은 방향이다. 여기에 곁들여서 친족과의 관계에도 변화가 일어나고 있다. 특히, 여성의 탈가족화 현상으로 성역할 분담의 변화가 일어나고 있으며, 노인인구의 급증과 맞물려 아동양육과 부모부양 행동에도 변화가 감지되고 있다(홍봉수 외, 2024: 29).

그러나 가족 가치 및 태도의 변화는 형태와 행동의 변화에 비해 지체되고 있는 형편이다. 한편, 전근대적 가치가 지속하는 반면에, 다른 한편에서는 근대를 넘어 탈근대적 가치까지 비동시적인 것의 동시적 공존현상이 나타나고 있다.

급격한 사회변동을 겪으면서 유교적 가족이념이 지속하는 가운데 도구주의 가족이념, 서정주의 가족이념, 개인주의 가족이념 등이 혼재하는 양상을 보이는 것이다. 그러나 대체적인 변화 경향은 근대적 가치의 확산으로 볼 수 있으며, 형태와 행동과의 일치 경향으로 나아가고 있다. 가족 변동의 내용을 종합해 보면, 한국 가족은 그 제도 면에서 핵가족화 되고 있는 것으로 볼 수 있다.

현대사회의 가족은 실로 수많은 변화에 직면하고 있는데, 그 특징적인 양상들을 살펴보면 다음과 같다(석현호 외, 2023: 274-275).

첫째, 성별 역할 구분이 점차 모호해지고 있다.

둘째, 혼인율과 출산율이 급격하게 감소하고 있다.

셋째, 새로운 형태의 가족들이 생겨나고 있다.

2. 가족의 구분

1) 가족의 형태 변화

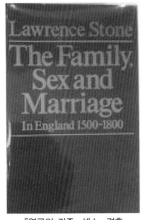

『영국의 가족, 섹스, 결혼
1500~1800』
(1977)

스톤(Lawrence Stone, 1919~1979)은 1977년 그의 저서 『영국의 가족, 섹스, 결혼 1500~1800(The Family, Sex and Marriage in England, 1500~1800)』에서, 중세에서 현대에 이르기까지 유럽 가족형태의 변화를 세 단계로 구분하였다.

첫 번째는 '개방형 혈통 가족(open lineage family)'인데, 이는 중세 초 이후 몇백 년에 걸쳐 전개되었던 주도적인 가족형태이다. 이 가족형태는 핵가족의 한 종류로서 아주 소수의 가족이 거주하고 있지만, 여타 친족과의 접촉을 포함하여 지역사회와 깊은 상호작용을 하는 형태로, 가족이 친족 및 지역사회와 분명하게 분리되어 있지 않았다. 당시의 사람들은 가족생활을 통해 오늘날 우리가 얻고자 하는 정서적 친밀감을 기대하지 않았다. 결혼을 통한 성관계는 쾌락의 원천으로서가 아니라, 자녀 생산을 위한 것으로 고려되었다. 또한 결혼과 가족생활에서 개인의 선택은 부모나 친족 및 지역사회의 이해관계에 종속되어 있었으며, 가족의 내적인 사생활은 거의 존재하지 않았다.

두 번째는 '제한적 가족(restricted patriarchal family)'인데, 이 가족형태는 16세기 초부터 18세기 초까지 지속되었다. 이 형태는 주로 사회의 상류층에 한정되어 있었으며, 과도기적인 형태였다. 여기서는 핵가족이 여타의 친족관계 및 지역사회의 결속력과 구분되는 독립적인 실체로 자리 잡게 되었다. 가족발달의 측면에서 보면, 이 단계에 들어서면서 한편으로는 아버지의 권위적인 힘이 확고해지기 시작했고, 다른 한편으로는 부부 중심의 사랑과 부모·자녀 간의 애정이 점차 중요하게 부각되기 시작했다.

제한적 가부장제 가족은 점차 세 번째 가족형태인 '폐쇄적 가족 중심 핵가족(closed domesticated nuclear family)'으로 전환되었다. 이 형태는 20세기까지 이어져 온 가족형태로서, 긴밀한 정서적 결속력을 지녔으며, 가족 내의 사생활이 보장되어 자녀양육에 전력하는 가족형태이다. 폐쇄적 가족 중심 핵가족은 '애정적 개인주의(affective individualism)'가 부각된 것이 특징인데, 결혼관계는 낭만적 사랑에 의한 개인의 선택으로 성립된다. 부르주아와 같은 풍요로운 집단에서 시작된 이러한 가족형태는 공업화가 진전됨에 따라 서구사회의 보편적인 형태로 변화하였다.

2) 분류와 문제점

가족문제는 이혼·불화와 갈등 및 가출·유기·범죄·비행·자살 등의 현상으로 나타나기도 하나, 이러한 현상 이전의 문제가 양적으로 더욱 많다. 이러한 문제들은 가족이나 개인에 의해서만 발생하는 것은 아니며, 오히려 대부분이 사회적 배경에 의하여 발생된다는 생각이 지배적이다. 사회복지실천에서는 가족 분류에 따른 가족문제에 대해 사회복지의 역할이 필요하다. 그 내용은 다음과 같다(김보기 외, 2021a: 21－26).

(1) 확대가족과 핵가족

확대가족은 2세대 이상의 기혼부부로 구성되는 가족형태를 말하는데, 대부분 부부와 기혼자녀, 그리고 기혼자녀와 미혼자녀가 함께 사는 경우가 많다. 확대가족은 혼인한 형제들이 모두 그들의 부모와 함께 생활하는 결합가족과 혼인한 아들 부부 중에서 한 부부가 부모와 함께 생활하는 직계가족으로 나눌 수 있다. 확대가족에서는 수직적 위계질서와 가족 전체의 결속력이 중요시된다. 그뿐만 아니라, 확대가족에서는 가풍과 가치관이 잘 전승되며, 구성원들이 심리적인 안정감을 가진다. 그러나 가부장적 권위주의로 인해 개인들의 창의성과 개성이 제한되거나 무시되기도 한다. 특히, 여성의 지위가 약하다.

핵가족은 부부와 그들의 미혼자녀로 구성되는 가족으로서, 자녀가 혼인하면 분가하여 새로이 독립된 핵가족을 이룬다. 즉, 핵가족은 부부를 중심으로 형성되는 기본 가족으로서, 산업사회의 환경에 가장 잘 적응할 수 있었던 가족형태이다. 핵가족에서는 구성원 간에 민주적이고 평등한 수평적 관계를 기초로 상호작용이 이루어지며, 구성원의 개성과 자유로운 의지가 존중된다. 예를 들어, 가령 결혼 동기만 보더라도 과거에는 '전통적인 관례를 따르기 위한' 또는 '아들을 낳아 대를 잇기 위한' 가문 중심적인 동기가 지배적이었으나, 오늘날에는 '사랑하는 사람과 안정되고 행복한 가정을 이루려는' 개인 중심적인 경향이 결혼의 주요 동기가 되고 있다.

핵가족제의 바람직한 모습에도 불구하고, 가정의 안정성이라는 관점에서 보면, 핵가족제는 다른 어떠한 가족제에 비해서도 가장 취약한 본질을 가진다. 다시 말해서 핵가족제에서는 가정의 해체가 용이하게 일어난다(현승일, 2012: 136).

(2) 한부모가족

한부모가족(single parents family)은 부모 중 어느 한쪽의 사별, 이혼, 유기, 별거로 인한 편부·편모 등으로 이루어진 가족을 말한다(표갑수, 2017: 301). 일반적으로 한부모가족은 결합형태에 따라 부와 자녀로 이루어진 부자가족(편부가족)과 모와 자녀로 이루어진 모자가족(편모가족)으로 나누고 발생원인에 따라 사망, 이혼, 별거, 유기가족, 미혼모가족 등으로 구분하기도 한다(김보기 외, 2016: 235).

한부모가족은 경제적·사회적·정서적·도구적 어려움과 동시에 사회관계망의 변화까지 경험하게 된다. 따라서, 가족 내 상호작용뿐만 아니라, 새로운 사회적 상호작용에도 적응해야 하는 문제가 생긴다. 편모는 생활상의 어려움 이외에도 상실감이나 재혼의 문제에 이르기까지 정신적·육체적 곤란을 겪는다. 특히, 자녀는 부모 부재 이후에 오는 감정처리나 생활변화에 적응해야 하는 정서적 문제와 더불어 증가된 책임량을 완수해야 하는 역할문제, 친구와의 관계나 학업성적에 영향을 받는 학교생활의 적응문제 등 위기적 상황에 직면한다(표갑수, 2017: 302). 또한 피부양자녀를 거느린 한부모가족의 성별 구성은 압도적으로 여성으로 분류되고 있으며, 평균적으로 이들 가구는 현대사회에서 최저 빈곤층에 놓여 있음을 인지하는 것이 중요하다. 나아가 이전보다 '버림받은 아내(deserted wives)', '애비 없는 가족(fatherless families)' 또는 '결손가족(broken homes)'과 같은 가치개입적인 용어들이 점차 사라지고 있으나, 이들은 실제 혼인 여부와는 관계없이 경제적으로 불안정할 뿐 아니라, 사회적 멸시의 대상이 되고 있다(Giddens, 2021: 617).

(3) 재혼가족

재혼가족(reconstituted families)은 재혼으로 형성된 가족이나 최소한 배우자 중 한 사람이 이전의 결혼에서 낳은 자녀를 데리고 와서 형성한 가족을 말한다. 다양한 결합형태들이 재혼가족을 구성하고 있다. 부인은 자녀가 있고 남편은 없다거나, 남편은 자녀가 있고 부인이 없는 경우도 있다. 또한 부인과 남편 모두 자녀가 있을 수도 있고, 모두가 자녀가 있으면서 그 후 자녀를 더 갖게 되는 경우가 있다.

재혼가족에서는 복합적이며 새로운 관계로 인한 상당한 스트레스가 일어날 수 있다. 다양한 새로운 역할들이 가족구성원들에게 부과된다(의붓아버지, 의붓어머니, 의붓자식 등). 기존 가족구성원들은 새로운 가족구성원에게 적응해야 하며, 한 가정에서 살지 않는 가족구성원들과의 접촉을 유지해야 한다. 재혼이 자녀에게 미치는 영향을 다루는 많은 연구들은, 결손가족보다는 재혼가족에서의 적응이 더 쉬우며, 행복한 가족을 만들 수 있는 환경을 형성한다고 지적하고 있다. 재혼가족의 자녀에 대한 퍼스낼리티(personality)검사는 정상가족의 자녀와 재혼가족의 자녀 간에 중요한 차이점이 있다는 사실을 보여 주지 못하고 있다. 최근 이혼율 증가와 함께 재혼율도 급속히 증가하고 있다. 특히, 황혼이혼에 따른 황혼재혼도 새로운 풍속도로 자리 잡고 있다.

이 재혼가족은 새로운 부모, 형제자매가 생기면서 새로운 변화를 경험하게 되고, 새로운 가족관계에 익숙해지는 데 오랜 시간을 필요로 하며, 이 과정에서 갈등을 겪기도 한다.

(4) 다문화가족

다문화가족이란 용어는 2008년 여성가족부(당시 보건복지부)에 다문화가족과가 신설되면서, 동시에 그 해 「다문화가족지원법」이 제정, 시행된 후 사용되고 있다. 법률이 말하는 다문화가족이란 「재한외국인 처우 기본법」 제2조 제3호의 결혼이민자, 「국적법」 제2조에 따라 출생 시부터 대한민국 국적을 취득한 자로 이루어진 가족, 「국적법」 제4조에 따라 귀화허가를 받은 자와 동법 제2조에 따라 출생 시부터 대한민국 국적을 취득한 자 등으로 이루어진 가족을 말한다(김보기 외, 2020b: 69).

다문화가족 개념은 다양하게 규정된다. 넓은 의미로는 국민 사이의 결혼으로 구성된 가족 이외에 배우자 중 한 명이라도 한국국적 이외의 국적을 가지거나 또는 과거에 가졌던 사람이 포함되어 있는 가족을 지칭하는 개념으로 사용된다. 그러나 좁은 의미로는 한국인과 결혼한 또는 결혼한 경험이 있는 결혼이민자가 포함된 가족을 가리킨다. 즉, 다문화가족 지원정책의 핵심은 다문화가족구성원을 대상으로 하는데, 구체적으로 결혼이민자와 그 자녀, 한국인 배우자와 그 외의 가족구성원이 대상이다(박화상 외, 2023: 32).

사실 생활양식과 문화가 다른 사람들이 만나 결혼생활을 유지하기란 쉬운 일이 아니다. 의사소통이 원활하지 못해 갈등이 유발되기도 하며, 낯선 환경으로 인한 부적응을 호소하기도 한다. 따라서, 다문화가족구성원들의 어려움을 완화하기 위해 동등한 기회에 대한 가치관 정립 교육, 다양성에 관한 교육, 다문화가족 상담전문가 양성 등의 사회복지실천의 역할이 강조된다.

(5) 노인가족

노인가족은 노인이 부모나 부부, 자녀, 형제 등 혼인 또는 혈연관계에 의해 맺어지는 가족의 한 구성원으로 이루어진 집단이다. 최근에는 핵가족화로 인해 노인부부만 사는 노인부부 가족, 사별·이혼·별거 등으로 노인 독신가족 등이 증가하고 있다. 노인가족의 경우, 돌봄 문제, 경제적 문제, 정서적 문제 등을 동반한다.

(6) 집합가족

집합(합동)가족(commune)은 복합가족(joint family, household)이라고도 하는데, 2세대 이상의 혈통자가 동거하는 가족단위를 말한다. 이들은 일부일처의 가족형태를 그대로 유지한 채 경제와 육아를 공동으로 담당하는 방식을 취하고 있다. 이러한 집합가족은 현대에 들어와 독신자, 노인가족, 편부모가족 등 가족기능이 부족한 형태가 증가하면서 관심이 증대되고 있다. 집합가족의 생활을 장기적으로 할 수도 있지만, 2~3년 정도의 단기적 참여를 하거나, 농촌 등지에서 계절적으로 집합가족형태가 발생하기도 한다. 집합가족은 가정생활에서 부부가 혼자 감당하기 어려운 영역을 다른 가족들로부터 도움을 받는다는 장점이 있지만, 양육주권을 상실할 가능성과 사유재산의 범위 등에서 갈등이 일어날 수 있다. 이스라엘의 키부츠(kibbutz, 집단농장)는 가장 널리 알려진 집합가족의 형태이다. 이들은 일부일처의 가족형태를 그대로 유지한 채, 경제와 육아를 공동으로 담당하는 방식을 취하고 있다.

이러한 집합가족은 현대사회에 들어와 독신자, 노인가족, 편부모가족 등 가족기능이 부족한 형태가 증가하면서 관심이 증대되고 있다. 집합가족의 생활을 장기적으로 할 수도 있지만, 2~3년 정도의 단기적 참여를 하거나 농촌 등지에서 계절적으로 집합가족형태가 발생하기도 한다. 집합가족은 가정생활에서 부부가 혼자 감당하기 어려운 영역을 다른 가족들로부터 도움을 받는다는 장점이 있지만, 양육주권을 상실할 가능성과 사유재산의 범위 등에서 갈등이 일어날 수 있다.

(7) 별거가족

별거가족(living-together apart family)은 넓은 의미로 가족이 함께 살지 않고 별도로 생활하는 것이지만, 일반적으로 좁은 의미로는 부부가 따로 생활하는 가족의 형태를 말한다. 현대사회에 들어와서 가장의 근무지에 따라 모든 가족이 이사하는 형태에서 벗어나 새로운 장소와 상황에서의 불안과 불편함을 느낀 가족들, 즉 어머니(아내)와 자녀가 아버지(남편)의 근무지로 함께 이사하는 것을 거부하고 따로 거주하는 형태의 가족이 이에 속한다. 이 경우, 자녀가 어머니와 함께 있는 경우도 있고, 아버지와 함께 있는 경우도 있다. 또한 최근에는 병리성의 별거도 적지 않은 상황이다. 예를 들어, 자녀의 가정 내 폭력이 심해짐에 따라 부모가 신체적 위협을 느껴 원가족으로부터 떠나 별거생활을 시작하기도 한다. 이외에도 자녀가 강력하게 나가고 싶다는 요구를 하여 별거생활을 하는 경우도 있다. 또 다른 형태의 별거가족으로는 가정 내 별거의 형태를 취하는 가족도 적지 않다. 아내와 자녀에게 고립된 남편이 한 가정속에서 별도의 생활을 하는 경우와 자녀가 없는 부부가 한 지붕 밑에서 별도로 생활하는 경우도 별거가족에 해당한다. 이렇게 별거할 경우, 경제적 기회손실은 물론 가족 간 단절로 인한 소통부족으로 정서적 결핍을 느낄 수 있다.

3. 가족생활주기

1) 가족생활주기의 개념

가족생활주기는 가족변화의 시점이 언제이며, 각 시점별 경험하는 사건들은 무엇이며, 그 원인은 어디에 있고, 이들 사건에 대해 가족구성원은 어떻게 대처해 나가는가 등에 관심을 가진다. 가족생활주기는 가족을 순간순간 변화하는 동태적·과정적 집단으로 파악한다. 그러나 가족생활주기는 각 단계대로 진행되는 것이 아니라, 현대사회의 다양한 가족들의 등장으로 각각 다른 생활주기를 갖게 됨에 따라 앞으로는 다양한 가족의 형태에 맞는 가족생활주기의 기준이 연구되어야 할 것이다.

가족주기(family cycle) 또는 가족생활주기(family life cycle)는 성인남녀의 결혼으로 형성된 가족이 자녀출산과 자녀성장으로 확대되었다가 자녀의 결혼과 분가로 축소되고, 부부가 노후생활을 거쳐 사망에 이르는 가족생활의 연속적

과정을 의미한다. 가족도 개인과 마찬가지로 탄생과 죽음을 반복한다는 것을 전제로 하여 부부가 혼인해서 사망할 때까지 가족이 겪게 되는 주요한 경험을 단계적으로 설정한 것이 가족생활주기이다(임정문 외, 2022: 33).

가족생활주기가 갖는 의의는 가족형성에서 시작되는 가족생활을 전 생애적 관점으로 전망해 봄으로써 각 발달단계에 이루어야 할 과업, 각 단계에서 가족들의 기대와 욕구, 잠재된 문제점, 강점 등을 알 수 있고, 예측과 계획이 가능하여 계획적 가족생활을 운영할 수 있는 자료를 제공해 주기도 하는 중요한 의의가 있다. 또한 가족생활을 시간적 차원에서 연구하는 데 중요한 기준이 되기도 한다.

2) 가족생활주기의 단계

한 개인의 삶의 내용은 연령이 증가함에 따라 일정한 단계(stage)를 거쳐 형성되는 것처럼 두 남녀가 결혼을 통해 부부가 되어 한 가족으로 성립되어 가는 모습도 일련의 특정한 발달 유형을 나타낸다. 이러한 가족의 일련의 발달단계를 가족생활주기(family life cycle)라고 한다. 미혼의 젊은 남녀들과 이제 막 결혼한 신혼 초의 부부들이 결혼생활에 잘 적응하기 위해서는 이 같은 가족생활주기에 대한 일반적인 이해를 가질 필요가 있다.

각 단계별 발달과업은 반드시 이루어져야 하는 결정적 시기(critical or optimal period)가 있으므로 가정생활의 각 단계에 따른 발달과업은 신중하게 계획되어야 한다.

가족생활주기 단계에 따른 과업은 <표 1-1>과 같다.

〈표 1-1〉 가족생활주기 단계별 특징과 과제

가족생활주기 단계		특징과 과제
형성기	신혼기	새로운 가정과 부부관계의 기초 확립 부모가정과의 협력관계 가정의 장기 기본계획(교육, 주택, 노후설계) 가족계획(임신, 출산 순) 주부의 가사노동 합리화 부부와 함께하는 여가계획 가계부 기록
	유아기	유아 중심 생활설계 유치원, 놀이방 활용계획 조부모와의 협력관계 가사노동 능률화와 시간의 합리화 자녀의 성장에 대한 가계설계 자녀 중심의 교육비와 주택 중심의 장기 가계계획 재검토 부부역할의 재조정
확대기	학교교육 전기	가족여가를 위한 지출계획 자녀의 교육비와 부부의 교양비 설계 자녀성장에 따른 용돈계획 자녀의 공부방 계획 자녀성장에 따른 부부역할 재검토
	학교교육 후기	단체활동 참가 자녀의 진학과 교육비 계획 자녀의 학습환경 설계 수험생 자녀를 위한 의식주 계획 자녀의 역할분담 성인교육 참가계획
축소기	자녀독립기	부부관계 재조정 부인회 활동 등과 단체활동의 적극 참가 자녀부부와의 역할기대 관계 조정 노후를 위한 가계 소득, 지출(저축, 연금, 퇴직금, 재산소득)의 설계 유산 분배계획 자녀의 취직, 결혼 지도

		노후생활 설계
관계정립기	노부부기	건강과 취미를 위한 자주적 생활시간 설계
		사회적 활동시간
		성인병 예방, 건강증진 계획
		취미, 문화그룹의 참가
		노인학교, 노인그룹 참가

자료: 김혜경 외(2021: 33).

4. 가족의 위기와 전망

1) 가족의 위기

오늘날 가족은 핵가족제도가 중심이다. 그런데 시간이 흐를수록 핵가족제도의 존립기반이 흔들리고 있음은 부인할 수 없다. 핵가족제가 흔들리는 것은, 다른 가족제도의 등장과 함께 사람들의 가족에 대한 인식도 달라지고 있음을 방증하는 것이다. 핵가족제도가 위기에 처한 이유는 여러 가지가 있으며, 그중 몇 가지를 살펴보면 다음과 같다.

첫째, 이혼율의 증가를 들 수 있다. 이혼은 부부가 성격이 맞지 않는다든가, 외도한다든가, 경제적인 이유로 이혼하는 등 사유가 다양하다. 그런데 기본적으로 이혼율이 증가하는 것은 부부가 이혼 후, 자생할 수 있다는 경제적 자신감도 한몫하고 있다. 다시 말해서 최악의 경우, 막노동해서라도 생활할 수 있는 산업화시대의 분위기가 한 요인이 되고 있다.

과거 농경사회는 가족을 떠나서 생활할 기회가 드물었기 때문에 웬만한 것은 참고 견디며 가족을 떠나지 않았다. 가족을 떠난다는 것은, 거의 굶어 죽는다는 위기의식이 있었다. 그러나 오늘날은 가족을 떠나도 먹고살 수 있다는 자신감이 이혼율을 증가시키는 큰 원인이 되고 있다. 사람은 근본적으로 먹고 사는 것이 해결되는 방향으로 선택하기 때문에 만약 가족을 떠날 경우 곧바로 굶주림으로 연결된다면 이혼율은 훨씬 줄어들 것이다.

둘째, 가족기능 축소로 인한 가정의 절대적 필요성의 감소이다. 과거에도 그렇듯이 오늘날에도 가족은 복합적인 기능을 담당한다. 하지만 가족기능은 시간이 흐를수록 약해지고 있다. 과거에는 아이가 태어나면 집안에서 양육하는 것이 유일한 대안이었다. 그러나 오늘날은 어린이집, 유치원 등을 중심으로 한 각종 학원 등에서 양육 및 교육 기능을 분담하고 있다. 중학교 이상 진학하고 나면 가족의 교육기능은 확연히 떨어지게 된다. 정치기능도 인터넷 등의 보급으로 가족 내에서보다 외부 세계에 의한 학습이 더 강하다. 가족 내의 경제기능은 가장 축소된 기능이다. 오늘날 가족은 경제적 재화를 취득할 자급자족 기능을 거의 상실해 가고 있다. 경제적 재화획득은 대부분 가족 밖에서 이루어지는 것이 현실이다.

셋째, 아이의 양육부담 등으로 인한 출산율의 저하이다. 아이를 낳지 않으면, 다음 세대의 인구수가 빈곤해지고 국가는 노쇠해진다. 그러나 한국 같은 경우, 획기적인 출산대책이 마련되지 않는 한, 출산율 저하는 지속되고, 이는 핵가족 위기를 심화시킬 것으로 예측된다. 특히, 부부가 함께 직장인이어서 아이를 키워 줄 사람이 없거나, 노부모 부양 또는 사교육비의 부담, 직장생활의 지속성 곤란 등 여러 가지 이유로 아이를 출산하지 않는 가족이 많다. 심지어 아이 대신 애완동물(예, 반려견)을 키우는 사례도 있다.

이외에도 현대가족의 위기 원인은 여러 가지가 지적될 수 있다. 문제는 이러한 위기 원인이 복합적으로 시작되었고, 향후 해결대안을 모색하면서 총체적인 접근이 필요하다는 것을 인식해야 한다. 이러한 점에서 가족상담의 필요성은 더욱 높아진다.

2) 가족해체와 사회문제화

1960년대부터 북미와 유럽에서는 이미 도시화와 산업화에 가속도가 붙어서 산업사회의 문제점들이 서서히 나타나기 시작하였다. 전통적인 가족의 공동체의식이나 자녀양육과 가족구성원의 책임의식들은 개인의 욕구나 기대가 더 중요하게 달라졌다. 가족들의 역할이나 기능이 사회변화와 함께 맞물려 시대의 변화에 대처하지 못하는 가족들은 많은 문제와 갈등을 겪을 수밖에 없었다. 산업사회에서 발달한 의료제도, 학교제도, 매스컴의 발달, 육아제도들은 가족의 전통적인 역할이나 기능에서 많은 변화를 초래하였다. 부모들의 경제참여와 핵가족의 발달, 가족기능의 축소, 수직적인 가족관계에서 수평적인 평등한 부부관계로 변화하였다.

현대사회의 변화와 함께 전통적인 부부갈등과 문제는 수면 위로 떠오르기 시작하였다. 이혼이 증가하고, 자녀들이 방치나 소외로 이상행동이 발생하고, 청소년들의 문제가 증가하기 시작하였다. 가족 중심의 삶에서 개인 중심의 삶을 지향하는 과정에서 갈등은 피할 수 없게 되었고, 구속과 순종을 바라는 전통사회의 가치들은 현대사회의 평등과 자유에서 충돌을 피할 수 없게 되었다. 현대산업사회는 경제의 변화와 함께 가족들의 가치와 규범, 역할은 갈등 속에서 혼란을 경험하고 끊임없는 변화를 요구하고 있었다. 개인의 욕구와 기대치는 더 높아지고 삶의 질적인 것들을 더 원하게 되었다. 개인의 능력과 직업이 더 중요시되는 현대사회에서 개인은 자신을 위하여 더 투자해야 하며, 개인의 고독과 소외는 약물중독이나 알코올중독으로, 부모의 무관심은 자녀들을 방치와 소외로 그리고 청소년의 일탈로 이어지게 하였다.

가족공동체보다는 개인의 욕구와 기대가 더 중요시되는 산업사회에서 가족해체는 청소년의 문제인 비행과 가출로, 미혼모의 증가로 더 급증하기 시작하였다. 1960년부터 이미 독일에서는 결혼한 핵가족의 패턴이 서서히 무너지기 시작하여 이혼가정, 미혼모가정, 동거가정, 혼합가정의 형태(이혼한 두 가정이 함께 사는 형태)로 재혼 후 다시 이혼, 이혼 후 다시 삼혼, 사혼, 동성애가족 등 다양한 가족의 패턴들이 나타나기 시작하였다. 많은 사회학자는 인류역사상 다양한 가족의 패턴들이 등장하였고, 미래가족은 어떤 모습으로 출현할지 예측하기 어렵다고 하였다(Beck & Beck-Gernsheim, 1997). 물론 서구사회의 개인중심주의적인 사고와 철학도 많은 영향을 미쳤지만, 발전하는 자본주의 사회에서 개인의 능력과 경제 개념이 변하는 데서 오는 가치들은 가족을 결속하기보다는 해체하는 쪽으로 유도하였다.

1970년대부터 꽃을 피운 가족치료는 역기능적인 가족을 기능적으로 변화시키리라는 기대와 전제 속에서 시작하였지만, 실제적으로는 개인적인 영역들의 실체가 벗겨지고, 객관적으로 평가받고 공론화가 이루어지며, 많은 영향력을 행사하게 되었다. 다양한 형태의 가족 구조나 문제는 오늘날 현 가족제도를 위협하며 혼란을 초래하는 가운데, 가족치료의 등장은 시기적으로나 환경적으로 적절하게 환영받을 수 있게 되었다.

3) 전망

향후 가족제도는 다른 어떤 분야보다도 많은 변화가 예상된다. 과거의 전통적인 확대가족은 거의 자취를 감추어 가고 있고, 산업사회의 대표적인 핵가족형태도 서서히 변화가 일어나고 있다. 부모와 자녀 중심의 핵가족은 산업화시대의 대표적인 가족제도로서 자리 잡았지만, 이혼율 증가와 여성의 인권 향상, 결혼 기피 풍조 등 여러 가지 원인이 복합적으로 작용하여 핵가족의 위상이 흔들리고 있다.

최근에는 여성이든 남성이든 혼자 사는 싱글족이 많아지고 있으며, 이혼 또는 사별한 후 홀로 사는 독신자도 늘고 있다. 여기에 혈연관계를 벗어난 동성애 가족, 입양 가족 등 비혈연관계의 가족도 증가하는 추세이다. 저출산으로 인해 국가에서는 결혼을 장려하고 자녀를 많이 낳아줄 것을 호소하며, 출산장려금과 같은 각종 인센티브를 제공하고 있다.

국가와 지방자치단체의 이와 같은 출산장려금 지원에도 불구하고, 자녀출산율은 점점 하락하고 있다. 이것은 아이를 양육하는 데 소요되는 노력, 경제적 비용뿐만 아니라, 자녀가 성인이 된 후 안정적인 직업을 소유하는 일이 점차 어려워진 것도 한몫한다. 또한 중앙정부나 지방자치단체 재정상황에 따라 지원금 규모도 다르고, 일관성 약한 정책으로 인해 정부를 믿고 자녀출산을 감행하기에는 성급하다는 판단도 일조하고 있다. 이러한 환경에서 자녀양육부담, 성인이 된 자녀가 원하는 일자리를 구하지 못하는 상황이 연출될 때, 도미노처럼 각 가정에서는 자녀출산을 주저하게 되는 것이다.

향후 가족제도는 출산율 저하와 결혼 기피 풍조로 인해, 부부와 자녀 중심의 핵가족도 줄어들 것으로 전망된다. 그 대신 결혼은 해도 자녀를 낳지 않고 맞벌이부부로 사는 딩크족(Double Income No Kids, DINK), 맞벌이가 아닌 외벌이가 아이를 갖지 않는 싱크족(Single Income No Kids, SINK), 결혼 자체를 하지 않고 사는 싱글족(Single), 노년 이후 홀로 사는 독립적 노년세대의 통크족(Two Only No Kid, TONK), 남녀가 결혼식이라는 절차 없이 함께 사는 단순동거(living together), 혈연과 상관없이 한 지붕 아래에서 동거하는 가족 등 더욱 다양한 형태의 가족이 확대될 것이다. 또한 이성 간의 결합이 아닌 가족형태도 늘어날 것으로 전망된다. 동성끼리 가족을 이루며 살게 되는 동성애(homosexuality)가족, 또는 동성끼리 집단으로 거주하는 가족도 증가할 것이다. 소수이지만 이성끼리 집단으로 동거하는 가족형태도 나타날 것으로 예측된다.

DINK족(Double Income No Kids)

'맞벌이 무자녀 가정'이라는 의미이다. 1980년대 후반 미국에서 처음 등장한 단어로 새로운 가족형태를 말한다. 부부가 결혼한 뒤 맞벌이를 하면서 자식을 의도적으로 갖지 않는 경우를 말한다. 출산을 원함에도 불구하고, 만혼이나 건강문제에 의한 불임으로 인해 어쩔 수 없이 아이 낳기를 포기하는 경우에는 딩크족으로 부르지 않는다.

그냥 무자녀 가정이라고만 표현한다면, 자녀를 갖고 싶음에도 갖지 못해서 자녀가 없는 부부나 맞벌이가 아닌 무자녀 부부까지 포함할 수 있을 것이다. 후자의 경우는 싱크족(SINK: Single Income No Kids)라고 한다. 반대로, '맞벌이 유자녀 가정'은 듀크족(DUEWK: Dual Employed With Kids)이라고 한다. 자녀를 갖지 않고 그 대신 반려동물을 키우는 딩크족을 딩펫족(DINK+pet)이라고 하기도 한다. 딩펫족이 되는 이유는 반려동물이 인간보다 수명이 압도적으로 짧은 데다가 학교를 보내지 않아도 되기 때문에 비용도 넘사벽으로 적게 들기 때문이다.

영미권에서 쓰이는 'Voluntary childlessness, Childfree'라는 의미는 '아이가 없다'와 '아이로부터 자유로워진다'는 뜻의 중의적 표현으로도 통한다.

이러한 다양한 가족형태는 사회적 · 경제적 · 문화적 배경과 성의식의 변화 등이 배경으로 해석되고 있다. 그럼에도 불구하고, 가족제도는 완전히 해체되어 소멸될 것으로 보이지 않는다. 일반적으로 사람은 근본적으로 외로움을 피하려는 속성이 있으므로 이성이든 동성이든 함께 생활하고자 하는 욕구가 있다. 면대면의 욕구가 그것이다. 따라서, 가족제도는 기존의 혈연 중심의 형태를 벗어나, 한 집에서 동거하는, 이른바 공동체 관계로서의 가족개념이 점차 확산될 것으로 보인다. 이에 따라, 사람들의 가족 관련 의식구조도 혈연 중심에서 점차 동거인 중심으로 전환될 것으로 예상된다.

가족복지

가족복지는 가족 흑은 가족구성원들이 보다 건강하고 만족스러운 가족생활을 할 수 있도록 도와주는 일체의 전문적 활동을 말하며, 인간의 삶과 사회생활에서 건강한 가족생활이 장려되어야 한다는 가치가 내포되어 있으며, 가족구성원들의 성장과 적응을 도와주고, 가족의 기능을 보다 촉진시켜 주는 일체의 사회적 대책과 노력이다. 여기에서는 가족복지의 기초이론을 학습하고자 한다.

학습목표

1. 가족복지에 대한 지식 축적
2. 가족구성원의 복합적 이해
3. 가족복지의 구체적 실천사항

학습내용

1. 가족복지의 개념
2. 가족정책

가족복지

1. 가족복지의 개념

1) 가족복지의 정의

가족이란 인간의 성장과 발달은 물론 문화전달에 필요한 모든 것을 전수하고 양육하는 일차집단이다. 가족은 사회변화에 따라 그 규모나 기능이 변화하였지만, 그럼에도 불구하고 가족만이 갖는 위대한 생존 가치와 능력을 보유함으로써 사회의 기본 단위로서 의미를 유지하고 있다.

사회복지에서 가족에 대한 접근은 역사상 자선조직협회 초창기에서부터 있었다. 그리고 사회복지의 발달사는 사회복지의 제도들이 자본주의 시장과 전통적인 가족의 기능을 어떻게 보완하고, 대체 또는 강화할 것인가와 관련해 발달해 왔다. 20세기에 이르러서는 복지국가의 유형을 설명하는 중요한 변수로 탈상품화와 탈가족화의 변수가 제시되고 있는데, 이를 통해서도 사회복지에서 가족에 대한 복지가 얼마나 중요한지를 짐작하게 한다.

가족복지는 가족이라는 복합성 그리고 사회복지라는 고도의 다양성 때문에 가족복지를 개념적으로 고정화시키기는 대단히 어렵다. 가족은 사회의 기본

제도로서 다양한 사회문제와 사회정책에 직·간접적으로 영향을 받을 수밖에 없다. 또한 가족 내 욕구나 문제를 가지고 있는 구성원들은 사회복지의 다른 분야인 아동, 노인, 장애인, 여성 등의 분야와 중첩되어 속하기 때문에 명확하게 가족과 개별적인 대상자를 구분하는 것 또한 어렵다. 가족문제를 규정할 때 가족구성원 간의 상호작용이나 관계를 고려하여 '전체로서의 가족'을 고려하지 않을 수 없음에도 불구하고, 현실적으로는 개인 단위로 서비스 접근이 이루어지는 경우가 많은 것 또한 사실이다. 따라서, 가족복지에 대한 개념 정의는 신중하게 이루어져야 한다. 실제 우리나라에서 가족복지란 '가족을 한 단위로 접근하는 가족단위의 사회복지'와 '가족구성원에 초점을 두지만, 그 결과 가족 전체의 삶이 향상될 수 있는 가족구성원 단위의 가족복지'를 포괄하고 있다. 접근방식에서도 제도적·정책적 접근을 중심으로 하는 가족정책과 개별적이고 심리사회적 지원을 중심으로 하는 가족복지서비스를 포괄하여 가족복지에 대한 정체성을 모색하고 있다(박미은 외, 2022: 70-71).

어의적으로 가족복지(family welfare)란 가족의 행복과 안녕을 보장하는 것으로, "모든 국민은 인간다운 생활을 할 권리를 가진다."라는 대한민국 헌법의 기본 이념에 입각하여 가족생활을 보장하는 사회적·제도적·정책적·기술적 서비스를 총칭하는 말로 이해할 수 있다.

가족복지는 학자에 따라 다양하게 규정되고 있다. 골든버그 부부(Irene Goldenberg & Herbert Goldenberg)와 그 동료들의 저서 『가족치료개요(Family Therapy: An Overview, 2016)』에 따르면, 가족복지가 가족 내 구성원을 대상으로 하거나, 한 단위로서의 가족을 대상으로 하고, 가족을 하나의 전체성(family as a whole)의 맥락에서 본다는 데에는 대체로 합의하고 있다. 즉, 가족복지는 개별 가족구성원 및 가족의 문제 또는 욕구를 해결하되, '한 단위로서의 가족'이라는 전체성에 관심을 가짐으로써 가족 모두가 건강하고 행복한 상태를 유지

『가족치료개요』
(2016)

하도록 하는 사회복지의 한 분야로 이해할 수 있다. 이는 가족복지의 주요 내용에 아동양육이나 노인 부양이나 돌봄, 부부관계의 증진, 가족의 생계지원 등 가족의 생존과 사회적응을 돕는 것이 포함되고, 체계로서의 특성을 지닌 가족이 서비스의 대상이 됨을 통해서도 확인할 수 있다(박미은 외, 2022: 72).

가족복지는 가족 또는 가족구성원들이 보다 건강하고 만족스러운 가족생활을 할 수 있도록 도와주는 일체의 전문적 활동을 말하며, 인간의 삶과 사회생활에서 건강한 가족생활이 장려되어야 한다는 가치가 내포되어 있으며, 가족구성원들의 성장과 적응을 도와주고, 가족의 기능을 보다 촉진해 주는 일체의 사회적 대책과 노력이다. 즉, 가족복지는 가족의 행복과 안녕을 위한 총체적인 노력을 의미하며, 가족이 사회의 기본 단위로서 존속하고 발전할 수 있도록 가족의 생존과 복지를 보장해 주는 기능을 수행하는 과정으로 이해할 수 있다.

이러한 가족복지의 대상을 광의와 협의로 나누어 살펴보면, 광의에 의한 복지대상에는 다양한 유형의 모든 가족이 포함되고, 협의에 의한 가족복지 대상에는 가족생활의 문제에 봉착하고 있는 위기가족으로 결손가족, 해체가족 등이 포함된다.

그러므로 가족복지는 가족의 욕구를 기초로 하여 가족의 행복과 안정되고 바람직한 사회구현을 위해 시행되는 복지정책과 프로그램, 서비스 등이 포함된 조직적 활동으로 개개 구성원들의 성장과 발달을 위해 가족 집단성 및 상호성에 주목하면서 제도적·정책적·서비스 등 조직적인 모든 활동을 의미한다. 가족복지는 가족구성원 개인을 강조하는 데 있어서 그 개인을 개별적·독립적으로 접근하는 것이 아니라, 그 문제의 가족적 원인 및 영향을 고려하여 가족생활의 보호와 강화를 강조하는 접근이다(권신영 외, 2020: 42).

최근 가족주의보다는 개인주의 경향이 뚜렷이 나타나는 상황에서 가족 내 개별 구성원의 욕구를 충족시키는 것을 강조하는 논의도 있다(Zimmerman, 2012). 하지만 다양한 가족의 형태가 존재한다고 해도 여전히 하나의 체계로서의 가족을 간과할 수 없으므로 가족은 '한 단위로서의 전체성'을 가진 존재이다.

2) 가족복지의 필요성

현재 우리 사회에서 가족의 상황은 사회경제적 변화와 더불어 가족의 관계, 구조 기능, 역할, 가치관을 비롯하여 가족생활 전반에 걸쳐 많은 변화를 겪고 있다. 가족 내·외적인 변화로 가족은 다양하고 복잡한 가족문제에 직면하고 있으며, 가족문제의 증가는 개인과 사회 모두에게 많은 부담과 부작용을 낳고 있다. 따라서, 가족복지의 필요성은 갈수록 증대되고 있다. 그 내용은 다음과 같다(임정문 외, 2022: 55).

(1) 가족기능의 약화

현대사회에서 가족은 개인과 사회의 존속을 위해 없어서는 안 될 중요한 기능적 과업을 수행한다. 현대사회의 가족은 사회와의 관계성은 더욱 긴밀해지고 있으나, 과거 가족이 지닌 주요 기능이 전반적으로 약화되어 자신의 힘으로는 해결할 수 없는 많은 문제를 안게 되었다. 취업모의 증가, 평균수명의 연장, 소가족화, 탈시설화 정책 등의 변화를 겪으며, 가족의 기능은 약화하였고, 책임은 오히려 가중되고 있다. 따라서, 가족의 책임을 잘 수행할 수 있도록 다양한 가족복지서비스가 제공되어야 한다.

(2) 국가의 가족문제 개입에 대한 관점 변화

1980년대 이전까지는 가족구성원의 보호는 가족의 책임으로 간주하여 국가가 개입하는 것이 오히려 문제를 일으킨다는 관점이었다. 하지만 이제는 사회문제의 해결에 국가가 개입하는 것을 바람직하게 여기지 않던 신자유주의자들조차도 가족복지 프로그램을 지원·강화하는 국가개입의 방향으로 바뀌어 가고 있다.

(3) 다양한 가족형태의 등장과 욕구변화

다양한 가족형태의 등장은 가족들의 욕구를 충족시켜 줄 수 있는 가족복지서비스 및 가족복지대책이 필요하게 되었다. 맞벌이가족, 재혼가족, 한부모가족, 소년소녀가족, 독신가족, 노인단독가족, 동성부부가족, 공동체가족, 다문화가족 등 다양한 형태의 가족을 문제가족으로 보고 접근하던 기존 가족복지정책은 오히려 가족해체, 문제의 심화현상으로 나타나게 되었다.

그러므로 먼저 다양한 형태의 가족을 인정하고 그들에게 맞는 가족복지서비스를 제공하는 정책적·실천적 접근이 필요하다.

(4) 문제해결 단위로서의 가족의 유용성

인간과 사회문제를 해결하는 데 가족이 효율적 단위라는 사실이 강조되고 있다. 역사적으로 볼 때, 사회주의 국가에서 전통적인 가족제도를 대신하는 공동체(kolkhoz 인민공사, 집단농장 등)를 건설하려던 시도가 있었으나, 경제적 비효율성과 건강한 아동양육의 실패로 얼마 못 가 가족보호정책으로 후퇴하게 되었다. 이는 가족을 부양하던 사회주의 국가에서 가족이 사회체계의 핵심단위이고, 문제해결을 위한 효과적인 단위임을 인정한 사례이다. 또한 인간문제를 해결하려는 접근방법으로 개인을 대상으로 한 개별적인 접근보다 가족을 단위로 한 가족치료가 문제해결에 보다 효과적이라는 결과가 나온 것도 한 예이다.

3) 가족복지의 목표

가족복지의 목표는 한 사회의 경제, 정치 및 역사적·문화적 배경에 따라 다양할 수 있다.

기본적인 가족복지의 목표는 다음과 같다.

첫째, 가족의 안녕을 도모해야 한다. 즉, 가족의 문제와 욕구에 개입한다.

둘째, 가족구성원 간의 권리보장과 평등을 증진한다. 다양한 가족구성원 간의 문제(예, 학대 및 유기 문제 등)를 해결하고 예방할 수 있는 법적 또는 제도적 장치가 가족구성원의 권리와 평등을 보장하는 데 목표를 둔 정책이 되어야 하며, 이에 대한 실천이 이루어져야 한다.

셋째, 새로운 가족형태의 인정이 필요하다. 산업화와 가치관 등의 변화에 다른 새로운 가족형태의 출현을 인정하고, 이를 위한 정책을 시행해야 한다.

넷째, 가족복지는 사회문제의 근본해결에 기여해야 한다. 가족복지는 사회문제의 해결에 기여하며, 사회의 변화를 유도할 수 있어야 한다. 사회복지의 시작은 바로 가족문제의 해결이다.

4) 가족복지의 실천적 접근방법

가족복지의 실천적 접근이란 가족 전체나 가족구성원에게 직접 제공되는 서비스로서, 전통적으로 사회복지 분야에서 발달해 온 가족복지사업과 가족생활교육, 그리고 사회복지학, 정신의학 등 다양한 학문분야에서 발달해 온 가족치료(family therapy)를 대표적인 방법으로 꼽을 수 있다. 학자에 따라서는 가족치료를 가족사회복지실천의 한 기법으로 분류하기도 한다(Zastrow, 2021).

이 두 접근의 커다란 차이점은 가족사회복지실천이 개인과 사회의 복잡한 상호 관련성을 강조하고, 명확히 정의된 다양한 가족의 문제와 욕구에 초점을 두는 반면에, 가족치료는 체계이론에 근거하여 가족구성원의 역할과 구성원 간의 관계변화에 집중적인 관심을 두는 것이라고 할 수 있다.

가족복지의 실천적 접근방법은 다음과 같다(김연옥 외, 2022: 58-60).

(1) 가족사회복지실천

빈곤가정에 대한 자선활동과 중산층 여성들의 도덕적 우위를 앞세운 우애방문원(friendly visitor) 중심의 초기 사회복지실천활동은 1917년 리치먼드(Mary Ellen Petronius Richmond)의 저서 『사회적 진단(*Social Diagnosis*)』을 기점으로 체계화와 이론화의 과정을 밟기 시작하였다. 사회복지실천이 처음 시작된 영국에 비해 보다 체계적인 발전을 보인 미국에서는 초기의 빈곤문제를 넘어 다양한 영역으로 그 개입대상이 확장되었다. 가족복지는 확장된 영역 중의 하나로서, 1920년대에

『사회적 진단』
(2015)

이미 아동복지, 의료사회복지, 정신의료사회복지, 학교사회복지와 함께 5대 사회복지실천 분야의 하나로 자리 잡았다. 이처럼 가족과 가족문제는 전통적으로 사회복지실천활동의 주요한 관심대상이었으며, 항상 그 중심에 있었다.

가족문제에 대한 사회복지실천 접근방법인 가족사회복지실천이란 일상생활에서 다양한 문제나 욕구에 직면해 있는 가족을 지원함으로써 가족생활을 보호, 강화하기 위한 목적으로 공적·사적 기관에 의해 제공되는 일련의 서비스라고 정의할 수 있다. 가족사회복지실천서비스를 제공하는 사회복지사는 가족들의 다양한 욕구와 문제를 해결하기 위해 매개자, 교육자, 옹호자, 지지자, 조력자 등 다양한 역할을 수행한다.

가족사회복지실천서비스의 특징은 다음과 같다.

① 가족 전체를 문제로 본다.

② 가족구성원 개인이나 두 사람 또는 가족 전체를 서비스 대상으로 한다.

③ 한 가족의 일상생활에서 명확히 정의된 구체적인 사건들과 사회환경과의 상호작용에 초점을 둔다.

④ 제공되는 서비스는 가족의 문제를 해결하거나 지원하는 상담과, 기술이나 능력훈련, 가정봉사서비스, 물품이나 현금지원을 통한 경제적 지원 등 다양하고 구체적인 형태로 제공된다.

⑤ 가족을 지역사회자원에 연결시킨다.

⑥ 개별사회복지실천, 집단사회복지실천, 지역사회조직 등의 전문적 사회복지기법들에 따라 이루어진다.

(2) 가족생활교육

초기의 가족사회복지실천은 다분히 문제가족에 대한 사후적인 치료서비스에 치중되어 있었지만, 가족과 관련된 다른 분야에서 발달한 기법을 적극적으로 흡수하면서 그 서비스 영역을 점차 확대해 왔다. 그중 하나가 가족생활교육(family life education)이다. 가족생활교육은 가족기능을 강화함으로써 가족문제의 발생을 사전에 방지하는 예방적 서비스의 특성을 가진다. 가족생활교육은 건강한 가족을 형성하고, 생애주기 전반에 걸친 인간의 성장, 발달과 행동에 관한 교육을 통해 현재와 미래의 가족역할에 대한 개인의 잠재력을 발달시키는 것이다. 구체적으로는 가족구성원으로서 직면하게 되는 현재와 미래의 문제를 건설적으로 해결하도록 문제해결능력을 함양하고, 결혼, 부모자녀관계, 부부관계, 형제자매관계 등 가족 내 관계유지에 필요한 기술과 태도를 교육하고, 가족에 대한 새로운 지식과 성숙한 사고를 발달시켜 변화하는 사회에의 적응력을 향상시키기 위한 목적을 가지고 실시된다.

최근 들어 부모역할훈련, 부모·자녀의사소통훈련, 재혼준비프로그램 등의 가족생활교육 프로그램을 실시하는 가족복지기관들이 늘어나는 추세이다.

(3) 사회복지실천의 적용

가족 수준에서의 사회복지실천은 가족구성원들 간의 관계나 가족구성원 중 한 사람의 행동 또는 정서·심리상의 문제에 개입하여 문제를 해결 또는 경감시키기 위한 노력이다. 개인을 단위로 하는 것보다 가족을 단위로 개입하는 것이 개입효과가 더 크다고 판단될 때, 또는 클라이언트의 문제해결을 위해서는 가족 모두의 협조와 노력이 요구된다고 판단될 때 가족과의 실천을 택하게 된다(김영철 외, 2022b, 98).

대개의 가족실천모델들은 일반체계이론의 영향을 받아 가족을 하나의 역동적인 체계로 간주한다. 따라서, 가족구성원 개인이 나타내는 문제의 원인을 개인적 요인에서 찾은 것이 아니라, 가족구성원들 간의 상호작용 패턴, 즉 관계양상에서 찾고자 한다. 문제의 해결도 개인적 변화에 초점을 두기보다는 가족구성원들 간의 상호작용하는 방식의 변화에 초점을 둔다.

가족 대상 사회복지실천은 주로 부부갈등, 부모-자녀 간 문제, 아동문제, 다세대 간의 갈등 등을 중재·해결하기 위해 사용된다. 우리나라의 사회복지실천에서 가족과의 실천은 교회, 병원, 가족치료센터, 가족치료연구소, 가정복지연구소, 일부 사회복지관, 대학의 연구소 등 다양한 장소에서 실시되고 있으며, 가족과의 실천에 대한 관심이 점차 확산되고 있다(이경준 외, 2020 : 166-167).

5) 가족복지실천기술

실천기술은 가족치료모델에 따라 접근방법이 달라지지만, 여기에서는 공통적으로 활용할 수 있는 기법을 소개한다(김보기 외 2021b: 186 – 188).

(1) 문제의 재정의

사회복지사는 가장 많이 쓰는 개입방법의 하나가 재정의, 재명명화, 긍정적 의미부여라고 불리는 역설적 방법이다. 문제를 보는 시각을 바꿈으로써 새로운 해결책을 찾아내려고 하는 것인데, 이것은 짧은 언급이나 긴 문장으로 진술된다. 어떤 가족의 특정 행동과 성격 특성은 재명명화에 의하여 새롭게 이름 붙여지는데, 가족은 이러한 과정을 통하여 스스로 재조명해 볼 수 있다. 재명명은 부정적이기보다는 긍정적인 용어를 사용하는 것이 바람직하다.

(2) 칭찬

사회복지사의 칭찬은 가족을 변화시키는 데 도움이 된다. 특히, 해결중심 가족상담에서는 개입에서 다른 것보다 칭찬에 많은 시간을 할애한다. 의외의 칭찬은 이들의 자존감을 높이고, 더 나아가 변화하고자 하는 동기를 자극하게 된다. 따라서, 가족이 성공적으로 과제를 수행할 때 사회복지사는 칭찬 등의 보상을 아끼지 말아야 한다.

(3) 경험적 기법을 사용한 상담

경험적 상담을 할 때는 다음의 세 가지 규칙을 기억해야 한다.

① 역할극을 하는 상담 초기에 미리 가족에게 알려야 한다.
② 가족이 자연스럽게 역할극의 역할을 할 수 있도록 유도한다.
③ 역할극에서 하게 될 역할을 자세하게 설명함으로써 가족 자신이 무엇을 해야 하는지 정확하게 파악할 수 있어야 한다. 이때 사회복지사가 직접

시범을 보여 주면, 가족은 쉽게 알 수 있다.

(4) 직면

상담에서의 직면의 위상은 양면적이다. 직면은 가족을 변화시키는 가장 효과적인 공헌을 할 수 있기도 하며, 때로는 정반대로 상담을 파국으로 이끌 가능성도 있다. 따라서, 적절한 충격과 완충상태를 제공해 줄 수 있는 관계로 발전한 후에 직면하는 것이 바람직하다.

(5) 과제

사회복지사에 따라 가족에게 어떤 과제를 수행하도록 요구하게 되는데, 가족에게 과제를 제공할 경우, 가족이 그 과제를 수행할 수 있는지의 여부를 파악하고, 가족에게 그 과제의 중요성과 과제를 수행함으로써 얻을 수 있는 것이 무엇인지, 그리고 과제를 수행하는 방법에 대해서 구체적으로 설명해 주어야 한다. 이처럼 상담 초기에 과제를 확인하는 목적은, 상담을 보다 용이하게 하고 과제의 중요성을 강조하고, 사회복지사와 신뢰를 유지하는 데도 도움이 되기 때문이다.

(6) 예상하지 못한 문제 처리하기

① 가족이 상담장소를 떠날 때

때때로 가족 중 한 명이 격양된 감정을 표현하다가 갑자기 면담장소에서 나가 버리는 경우가 있다. 사회복지사는 그런 일에 그리 놀라서는 안 된다. 오히려 가족의 조직을 관찰하는 데 중요하고, 새로운 자료로 사용할 수 있을 것이다. 떠난 사람이 다시 면담에 돌아오든 안 돌아오든 가족 전체로 보면 어떤 행동을 보이고 어떤 식의 반응이 일어나는지의 과정을 파악하는 측면에서 가치가 있다.

② 상담 동기의 저하

가족에게 상담의 동기를 부여하는 방법은, 사회복지사가 낙관적인 태도를 보이면서 상담을 성공리에 마치면 사태가 어떻게 될 것인가를 설명하거나, 그러한 상황을 확신하는 언어를 상담 중에 언급하는 것이 효과적이다.

2. 가족정책

1) 가족정책의 개념

가족정책의 개념 정의를 시도한 국내외 문헌들을 살펴보면, 대다수 연구에서 가족정책의 개념정리가 모호하며 개념이 고정적이지 않다. 가족정책의 개념을 정의 내리는 시도가 까다로운 것은, 가족 자체가 매우 정의 내리기 어려운 개념이기 때문이다. 게다가 가족은 시기와 문화에 따라 그 의미가 다양하다.

가족정책을 이해하는 데 있어서 또 하나의 어려움은 가족정책의 포괄성에 있다. 아동, 청소년, 장애인, 노인, 여성 등 인구학적 분류에 해당하는 사람들은 다 가족의 범주에 속하게 되므로 가족정책을 광의의 개념으로 이해하면 이들에 대한 정책까지 포함시킬 수 있다고 볼 수 있다. 이러한 점은 가족정책과 다른 정책과의 경계를 구분하기 어렵게 만든다. 이럴 경우, 가족정책은 가족복지정책과 동일하거나 대등한 개념을 가지고 있다. 그래서 기존의 논의들에서는 가족정책에 대한 합의된 정의가 없다.

『가족정책』
(1978)

가족정책의 정의 가운데 가장 널리 알려진 것은 케머만과 칸(Sheila B. Kamerman & Alfred J. Kahn)의 정의이다. 그들은 그들의 저서 『가족정책(*Family policy*, 1978)』에서, 가족정책은 정부가 가족을 위해서 개입하는 모든 활동으로 정의하고 있다. 구체적으로 그들은 가족정책을 가족을 대상으로 하고 있음을 명시하는 정책, 가족을 암묵적인 대상으로 규정하는 정책, 가족에게 간접적으로 영향을 미치는 정책으로 구분하였다. 가족을 직접 대상으로 하는 정책으로는 보육아동복지정책이라고 설명했고 가족을 암묵적으로 대상으로 하는 정책은 조세정책, 연금정책, 주택정책을 들었고, 가족에게 간접적으로 영향을 미치는 정책으로는 이민정책을 꼽았다.

짐머만(Shirley L. Zimmerman)의 『가족정책이해: 이론과 정책 (*Understanding family policy: Theories and applications*, 2012)』에 따르면, 가족정책은 가족 복지증진의 목적으로 여러 문제에 대처하기 위한 상호 연관된 정책이다.

『가족정책이해』
(2020)

고티에(Gauthier, 1999)는 가족정책을 광의의 개념과 협의의 개념 두 측면으로 설명했다. 광의의 가족정책은 사회서비스로 노인요양수당, 탄력근무제를 들었고, 낙태, 아동학대 관련법과 같은 가족법 그리고 이민법, 대중교통정책과 같은 공공서비스도 가족정책의 범주로 보았다. 협의의 정책은 소득유지 기능이 있는데, 이러한 정책은 가족수당, 주거수당, 자녀학비보조, 세제해택, 모성/부성휴가가 있다고 설명했다.

그러므로 가족정책은 하나의 단위로서, 또는 가족구성원 개별의 욕구에 대응하기 위한 국가정책으로 이해할 수 있다.

2) 가족정책의 관점

가족정책을 바라보는 관점은 다음과 같다(Kamerman and Kahn, 1978).

첫째, 사회문제를 해결하기 위한 사회정책의 한 분야로 가족정책을 이해한다는 것은, 가족정책을 거대한 사회정책에 속한 작은 부분으로 보는 것이다.

둘째, 가족정책을 그보다 더 거시적인 차원의 사회적 목표를 달성하기 위한 수단으로 기능한다고 보는 접근은 가족정책이 다른 사회정책을 실현하기 위한 매개체로 작용할 수 있다는 것이다.

셋째, 다른 사회정책을 선택하거나 평가할 때의 기준이나 관점으로 가족정책이 기능한다고 보는 시각은, 가족정책이 다양한 사회정책을 보는 프리즘의 역할을 할 수 있다는 것이다.

이렇게 서로 다른 시각에서 가족정책에 접근하지만, 이 세 가지 접근방식이 갖는 공통분모는 가족정책이 국가적 차원에서 그 사회가 추구하는 목표와 이념을 실현하려는 의도를 가지고 가족에 대해 영향력을 행사한다는 점이다.

3) 가족정책의 주요 사업

가족정책을 실현하기 위한 가족사업의 전반적인 내용은 「건강가정기본법」에 제시되어 있으며, 가족정책은 「건강가정기본법」을 토대로 하여 전국에 설치된 건강가정지원센터에서 실질적인 서비스로 전환되고, 그 과정을 통해 지역사회 내 가족들에게 구체적인 건강가정 사업의 다양한 형태로 제공된다.

건강가정지원센터에서 추진하는 건강가정사업의 주요 내용을 살펴보면 다음과 같다.

① 가족상담사업은 부부상담, 자녀양육상담, 고부갈등상담, 이혼전·후상담, 재혼가족상담 및 기타 가족생활과 관련된 다양한 영역의 정보 제공과 상담을 통하여 이러한 생활영역과 관련한 문제를 예방하거나 해결하고, 관련 영역의 가족기능을 강화하고자 한다. 여기에는 경제문제, 자녀양육 등 육아문제, 가족건강 및 영양, 주거, 노후생활, 여가생활 등과 관련한 상담이 포함된다.

② 생애주기별 가족교육사업에는 결혼준비교육, 부부관계 증진 교육, 부모-자녀관계 향상 교육, 아버지교육, 가족 의사소통 증진 교육 및 기타 청소년기 가족생활교육, 중년기 이후 부부를 위한 노후생활설계 교육, 노년기 가족생활 교육 등 생애주기에 따라 각 시기별로 가족의 특성과 욕구에 부합하는 다양한 교육이 포함된다.

③ 가족친화문화조성사업에는 가족봉사단활동, 가족사랑 캠페인, 자조모임 지원, 가정의 달 행사 및 기타 한부모가족, 결혼이민자가족, 외국인가족, 새터민가족 등에 대한 인식개선 캠페인, 가족이 친화적인 사회문화 및 기업문화를 조성하기 위한 캠페인과 사업, 가족친화기업 사례 발굴·포상, 일-가정양립과 가족친화문화 확산을 위한 기업 연계 사업 등 다양한 가족에 대한 사회적 인식개선을 위한 사업 등이 포함된다.

④ 가족돌봄지원사업에는 아이돌보미사업, 장애아가정 아동양육 지원, 맞
   벌이가정 방과 후 돌봄 등이 포함된다.
⑤ 다양한 가족지원사업에는 결혼이민자가족 지원, 장애인가족 지원, 한부
   모가족 지원, 조손가족 지원 등이 포함된다.
⑥ 지역사회연계사업에는 지역사회 자원개발, 가족생활 향상을 위한 정보
   제공 및 가족자원 네트워크 구축 등이 포함된다.

건강가정사업은 가족의 건강성 증진과 가족기능의 강화가 목적이기 때문에
이를 달성하기 위해서는 기능적, 전문적 서비스가 제공되어야 할 뿐만 아니
라, 가족정책의 구체적인 사업은 다양한 접근방법에 따라 운영될 수 있다. 이
러한 방식은 건강가정을 어떻게 개념화하고 규정하는가, 건강가정사업의 실
행목적을 어디에 두는가, 그리고 사업의 규모, 예산, 운영주체, 운영기간 등의
외부환경에 따라 다르다.

PART

II

가족복지와 가족정책

Chapter 3

가족복지지원사업

개요

정부에서는 다양한 가족복지지원사업을 전개하고 있다. 이러한 가족복지지원사업은 여성가족부가 주관부서이다. 그러나 가족복지사업은 각 행정부처에서도 부분적으로 실시하고 있다. 여기에서는 여성가족부의 가족복지지원사업을 학습하고자 한다.

학습목표

1. 지원사업에 대한 필요성 인식
2. 사업내용에 대한 충분한 학습
3. 전체적 맥락에서 토의

학습내용

1. 아이돌봄지원사업
2. 한부모가족 자녀양육 지원
3. 가족센터 운영
4. 공동육아나눔터 운영
5. 가족 역량강화 지원
6. 부모역할 지원
7. 청소년한부모 아동양육 및 자립지원
8. 청소년한부모 등 자립지원 패키지
9. 청소년부모 아동양육 지원
10. 한부모가족 복지시설 지원
11. 양육비 이행지원 제도
12. 양육비 채무 불이행자 제재조치 제도
13. 국제결혼 피해상담 및 구조
14. 다누리콜센터(1577-1366) 운영
15. 가족상담전화(1644-6621) 운영

가족복지지원사업

1. 아이돌봄지원사업

1) 목적

가정의 아이돌봄을 지원하여 아이의 복지증진 및 보호자의 일·가정양립을 통한 가족구성원의 삶의 질 향상과 양육친화적인 사회환경 조성(「아이돌봄지원법」 제1조)

2) 지원대상

만 12세 이하 아동에 시간 단위 돌봄을 제공하는 시간제서비스와 만 36개월 이하 영아를 종일 돌보는 영아종일제서비스로 구분

☆ 정부지원 대상에 해당하지 않는 가정도 전액 본인부담으로 서비스 이용 가능

정부지원이 가능한 양육공백 가정 기준은 다음과 같다.

정부지원이 가능한 양육공백 가정 기준

(1) 취업, 한부모, 맞벌이 가정

(2) 장애부모가정
① 가정에서 아동을 양육하는 부 또는 모가 「장애인복지법」 제2조의 규정에 의한 장애인인 가정 또는 부모 모두 동법에 따른 장애인인 가정에 해당(단, 휴직 또는 전업 양육자가 비장애인인 경우는 양육공백을 인정하지 않음.)

(3) 다자녀 가정(단, 부모 모두 비취업 등으로 아동 양육이 가능한 경우는 정부지원 대상 제외)
① 만 12세 이하 아동 3명 이상
② 만 36개월 이하 아동 1명 이상을 포함하여 만 12세 이하 아동 2명 이상인 가정
③ 장애의 정도가 심한 장애인(중증) 자녀를 포함하여 만 12세 이하 아동 2명 이상
④ 건강보험 산정특례대상(중증질환, 희귀난치질환)에 해당하는 자녀를 포함하여 만 12세 이하 아동 2명 이상

(4) 다문화가정
① 「다문화가족지원법」 제2조제1호에 해당하는 다문화가정으로서 만 12세 이하 아동 2명 이상인 가정

(5) 기타 양육부담 가정 (단, 부모 모두 비취업 등으로 아동 양육이 가능한 경우는 정부지원 대상 제외)
① 부 또는 모의 입증 가능한 장기 입원(5일 이상) 등의 질병에 의한 양육공백
② 부 또는 모가 학교에 재학 중이거나, 취업준비(학원 수강 등 입증할 수 있는 경우에 한함.) 중인 경우
③ 모의 출산으로 출생 아동의 형제·자매에 돌봄 공백이 발생한 경우
④ 부 또는 모의 군복무, 재감 등

3) 지원내용

(1) 시간제 돌봄서비스

① 기본형 서비스 내용 : 맞벌이가정, 다자녀가정 등 양육공백이 발생한 가정의 만 12세 이하 아동에게 아이돌보미가 집으로 찾아가 임시보육, 놀이활동, 준비된 식사 및 간식 챙겨주기, 등·하원 동행 등 돌봄 제공
　* 종합형 : 기본형 돌봄에 아동과 관련한 가사를 추가하여 돌봄 제공
② 지원비용 : 기준 중위소득 150% 이하 가정의 소득수준에 따라 차등 지원
③ 지원시간 : 연 960시간 이하 / 1회 최소 2시간 이상 사용 원칙
　a. 정부지원 시간을 초과하는 경우, 전액 본인부담으로 서비스 이용 가능
　b. 서비스 이용시간 및 적용기간은 예산 상황에 따라 조정될 수 있음.

(2) 영아종일제 돌봄서비스

① 서비스 내용 : 생후 3~36개월 영아 대상 이유식 먹이기, 젖병 소독, 기저귀 갈기, 목욕 등 종일 돌봄 제공 아이가 생후 3개월이 경과하지 않더라도, 이용가정과 협의한 경우 서비스 이용 가능
② 지원비용 : 기준 중위소득 150% 이하 가정의 소득수준에 따라 차등 지원
③ 지원시간 : 월 80~200시간 이내 / 1일 최소 3시간 이상 사용 원칙
　a. 정부지원 시간을 초과하는 경우 전액 본인부담으로 서비스 이용 가능
　b. 서비스 이용시간 및 적용기간은 예산 상황에 따라 조정될 수 있음.

4) 신청 절차 및 방법

(1) 공통사항

아이돌봄서비스 이용을 위해서는 서비스 신청인 명의의 국민행복카드 필요
* 문의처 : BC카드 1899-4651(발급은행 및 카드사 콜센터),
　　　　　삼성카드 1566-3336, 롯데카드 1899-4282
　　　　　KB국민카드 1599-7900, 신한카드 1544-8868

(2) 정부지원가구

읍·면사무소, 동행정복지센터에 정부지원 신청 및 소득유형 결정 후 지역
서비스제공기관에 서비스 연계 신청
 * 단, 복지로(www.bokjiro.go.kr)를 통한 신청은 맞벌이부부(직장보험 가입자)
   및 한부모가구(직장보험 가입자)만 공인인증서를 통해 신청 가능

(3) 정부 미지원 가구(본인 부담)

지원유형 결정(소득판정) 없이, 아이돌봄누리집 가입 후 서비스 신청 및 이
용 가능
 * 서비스 신청 : 아이돌봄누리집(idolbom.go.kr) 이용, 대표전화 1577－2514

5) 필요 서류

(1) 사회보장급여 제공(변경) 신청서

서비스 이용자 서약서(시간제, 영아종일제 공통), 응급처치동의서는 아이돌봄
누리집 가입 시 온라인으로 작성·제출

(2) 정부지원 자격 판정 증빙자료

취업한 부모가족, 장애부모가정, 맞벌이가정, 다자녀가정, 다문화가정, 기타
양육부담 가족임을 증빙하는 서류

6) 문의

 (1) 문의전화 : 1577－2514
 (2) 관련 사이트 : 아이돌봄누리집(idolbom.go.kr) 작성, PC 및 휴대전화 공통

7) 부가정보

(1) 자녀양육 정부지원 간 중복 금지

① 영아 종일제 서비스 : 영유아복지(보육료, 유아학비, 부모급여, 양육수당) 또는 아이돌봄서비스 시간제 정부지원을 받는 아동은 영아 종일제 중복지원 불가

② 시간제 서비스 : 보육료 및 유아학비를 지원받는 아동의 경우, 유치원 및 보육시설 및 유치원 이용시간(종일제, 반일제, 시간연장제)에는 아이돌봄서비스 시간제 정부지원 불가

  * 아이돌봄서비스 중복지원 불가 시간 : (유치원 : 평일 09:00~13:00 / 보육시설 : 평일 09:00~16:00)

(2) 중복금지 기준 예외

① 유치원 및 보육시설 휴원 등으로 시설의 미운영

  * 제출서류 : 시설 미이용 확인서, 졸업증명서 제출

② 상기의 시설 이용시간과 다른 유치원, 보육시설(맞춤반 포함)의 탄력적 운영

  * 제출서류 : 시설 미이용 확인서 제출

③ 아동의 병원진료 사유로 유치원 및 보육시설 미이용

  * 제출서류 : 의사 진단서(소견서) 또는 처방전 1부, 결석확인서 또는 시설 미이용 확인서 제출

④ 질병감염 또는 아동 사고(골절, 화상 등)로 유치원 및 보육시설 미이용

  * 제출서류 : 의사 진단서(소견서) 또는 처방전 1부 및 시설 미이용 확인서 제출

⑤ 유치원 방학기간 및 보육시설 방학기간(자율등원기간)

  * (제출서류) 방학확인서 또는 방학안내문 / 자율등원기간 확인서

⑥ 유치원, 어린이집, 학교 내에서 발생한 아동학대, 학교폭력 등의 사유로 시설 미이용

　* 제출서류 : 수사기관 등에 (의심)사건접수 사실 확인 및 시설미이용 확
　　인서 제출

⑦ 국가, 지방자치단체, 교육청 등에서 감염병 예방 및 방역대책을 위해 유
　치원, 어린이집, 학교의 휴원, 휴교, 격일 등교 등을 결정하여 시설을 미
　이용

　* 확인서류(가정통신문 등) 제출에 의한 입증 또는 공문(지자체, 교육청 등)
　　확인

⑧ 자녀양육에 대한 다른 정부지원을 받는 경우에도 이용요금 전액을 본인
　부담하면 서비스 이용 가능

　* '라'형 가정이 가정양육수당을 수급하더라도 정부지원 중복 아님.

⑨ 재입소, 반 변경 등으로 인한 유치원 및 보육시설 적응기간
　a. 자율등원기간확인서 제출에 의한 입증 필요
　b. 새로운 시설 입학(입소) 1개월 이내

⑩ 유치원 방학기간 및 보육시설 방학기간(자율등원기간) – 유치원, 보육시설
　(어린이집) : 방학확인서, 방학안내문 또는 시설 미이용 확인서 제출에 의
　한 입증 필요

(3) 장애의 정도가 심한 아동

「장애인복지법」에 따라 등록된 '장애아동'으로, 장애의 정도가 심하여 「장
애아동복지지원법」상 장애아 가족양육지원 대상인 아동은 아이돌봄서비스를
이용할 수 없다.

「장애아동복지지원법」상의 장애아 가족양육지원사업을 신청하여, 장애아
맞춤형 서비스를 받는다.

　☆ 장애아가족 양육지원사업 연계 전까지 일시적으로 아이돌봄서비스를
　　이용 가능(서비스제공기관 및 아이돌보미와 사전 협의 필요)

2. 한부모가족 자녀양육 지원

1) 개요

저소득 한부모가족의 아동양육비, 아동교육지원비, 생활보조금 등의 지원을 통해 아동의 건강한 성장과 가정의 생활안정 도모

2) 지원대상

(1) 사별, 이혼 등에 의한 한부모가족으로 다음 조건을 모두 충족하는 자

① 한부모가족증명서 발급대상

   a. 세대주인 모 또는 부가 만 18세 미만(취학 시 만 22세 미만)의 자녀를 양육하는 경우

   b. 부모로부터 부양을 받지 못하는 만 18세 미만(취학 시 만 22세 미만) 손자녀를 (외)조부 또는 (외)조모가 양육하는 조손가족 포함

   c. 가구 소득인정액 기준 중위소득 60% 이하인 경우

② 한부모가족 복지급여 지급대상

   a. 세대주인 모 또는 부가 만 18세 미만의 자녀를 양육하는 경우

   * 부모로부터 부양을 받지 못하는 만 18세 미만 손자녀를 (외)조부 또는 (외)조모가 양육하는 조손가족 포함

   b. 가구 소득인정액 기준 중위소득 60% 이하인 경우

3) 지원내용

(1) 한부모가족증명서 발급(기준 중위소득 60% 이하)

(2) 복지급여 지급(기준 중위소득 60% 이하)

(3) 지원대상에서 제외되는 가구

① 아동양육비

　* 「아동복지법」에 의한 가정위탁양육보조금을 받는 경우

② 아동교육지원비(학용품비)

　a. 「국민기초생활보장법」에 의한 교육급여

　b. 「장애인복지법」에 의한 교육비 지원

　c. 「긴급복지지원법」에 의한 교육지원

③ 생활보조금

　a. 「국민기초생활보장법」에 의한 생계급여를 지원받는 경우

　b. 「긴급복지지원법」에 의한 생계지원을 받는 경우

　c. 「아동복지법」에 의한 가정위탁양육보조금을 받는 경우

4) 신청 절차 및 방법

(1) 신청 절차

초기상담 및 서비스 신청(읍/면/동, 복지로 누리집) → 대상자 통합조사 및 확정(시/군/구청) → 서비스 지원(대상자)

　* 복지로누리집(www.bokjiro.go.kr), 주민등록 소재지 관할 읍·면·동 행정 복지센터를 통해 온·오프라인 연중 신청 가능 → 시·군·구청에서 지원 여부 결정 및 지원

　* 신청서식, 구비서류 등 자세한 사항은 읍·면·동 행정복지센터에 문의

5) 필요 서류

(1) 사회복지서비스 및 급여제공 신청서

(2) 소득·재산 확인서류(임대차 계약서 등)

(3) 금융정보 등 제공동의서

6) 문의

해당 읍·면·동 행정복지센터, 한부모가족 상담전화(1644-6621)

3. 가족센터 운영

1) 개요

지역주민·다문화가족의 가족상담, 가족교육, 가족돌봄, 가족문화서비스 등
가족과 관련된 문제를 종합적으로 상담하고 관련 서비스를 제공함.

(1) 다양한 가족형태에 맞는 가족교육, 가족상담 제공
(2) 가족돌봄 지원, 평등한 가족문화 조성 등

2) 지원 대상 및 내용

(1) 가족·부모 교육 및 상담 등 서비스

지역적 여건, 특성, 수요에 따라 교육·상담·프로그램 제공 등 가족의 유형
에 상관없이 모든 가족에게 수요에 맞는 서비스를 지원하며, 가족의 특성별로
특화된 별도 프로그램도 제공

① 부모역할 지원 : 영유아기, 아동청소년기, 성년기 자녀를 둔 부모의 생
　　애주기 및 가족특성에 따른 부모됨의 의미, 올바른 부모역할 등에 대하
　　여 지원
② 부부역할 지원 : 부부의 생애주기에 따른 양성 평등한 부부역할을 지원
③ 이혼전·후가족 지원 : 이혼신청가족 및 이혼전·후가족 등에 대한 상담
　　·교육·문화서비스 등을 제공
④ 관계향상 지원 : 부부·가족 구성원 간 성평등 인식고취와 관계향상을
　　위한 성평등 교육, 인권감수성 교육 등을 지원
⑤ 가족상담 : 생애주기에 따라 발생하는 가족 내 다양한 갈등을 해결하기
　　위한 개별, 그룹상담 등을 제공

⑥ 가족 역량강화 : 한부모·조손가족 등을 위한 지속적인 사례관리를 통해 가족기능 회복 및 역량강화를 위한 서비스를 제공

⑦ 일·가정양립 지원 : 직장 내 고충 및 가정 생활정보 등 맞벌이·한부모 가정 등의 일·가정양립의 지원프로그램을 지원

⑧ 가족친화 문화프로그램 : 가족캠프, 가족축제, 가족체험활동 등 가족구성원이 참여할 수 있는 다양한 프로그램을 운영

(2) 다문화가족 지원

다문화가족의 국내 정착과 자립을 돕기 위해 결혼이민자 정착단계별 지원 패키지, 성평등·인권교육 등 기본프로그램과 함께 방문교육서비스 등 특성화 프로그램을 제공

① 기본프로그램 : 가족, 성평등·인권, 사회통합, 상담 등의 분야 교육을 통해 다문화가족의 국내정착을 지원

  * 이용대상 : 다문화가족 등, 서비스제공 : 센터

② 결혼이민자 역량강화 : 다문화가족의 한국어 의사소통 능력 함양 및 사회생활 적응을 지원

  * 이용대상 : 결혼이민자, 중도입국자녀, 서비스제공센터 또는 지자체 위탁기관

③ 방문교육서비스 : 지리적 여건 등으로 센터 이용이 어려운 다문화가족을 대상으로 자녀양육 및 자녀생활 지원·한국어교육 등 맞춤형 서비스를 제공

  * 이용대상 : 다문화가족 자녀(만 3~12세), 비용 : 이용가족의 소득수준에 따라 자부담 발생

④ 이중언어 환경 조성 : 부모코칭·부모-자녀 상호작용프로그램 등 이중언어를 가정 내에서 활용할 수 있는 다양한 프로그램을 지원

  * 이용대상 : 영유아 자녀를 둔 다문화가족, 비용 : 무료

⑤ 자녀 언어발달지원 : 언어발달 지연을 보이는 다문화가족 자녀 대상으

로 언어평가 및 1:1 언어 촉진교육을 제공
* 이용대상 : 만 12세 이하 다문화가족 자녀

지원기간 : 1회에 6개월 최대 3회까지 연장 가능(최대 총 24개월)
⑥ 통·번역 서비스 : 한국말이 서툰 결혼이민자 및 외국인을 위해 일상생
활 및 공공 영역에서 필요한 통·번역(센터별 1~4개 언어) 서비스를 제공
* 이용대상 : 다문화가족 및 다문화가족을 직·간접적으로 지원하는 개
인 또는 기관
⑦ 사례관리 : 다문화가족의 복잡하고 다양한 문제해결을 위해 대상자를
발굴하여 심리검사·법률상담·위기가족 긴급지원·외부자원 연계 등 종
합적인 서비스를 제공
* 이용대상 : 센터 이용자

(3) 이용문의

가족센터운영(1577 – 9337, www.familynet.or.kr)

4. 공동육아나눔터 운영

1) 개요

(1) 목적 : 육아 공간 및 돌봄 프로그램 제공, 이웃 간 자녀돌봄 품앗이 활
동 지원을 통해 양육부담 경감 및 지역사회 중심의 돌봄친화적 분위기 조성

2) 사업내용

(1) 이용대상 : 부모 등 보호자 및 자녀
(2) 공간제공 : 이웃과 함께 자녀를 돌보는 공간 제공
* 운영시간 : 평일 10:00~18:00, 지역에 따라 야간, 주말, 방학기간 등
확대 운영
(3) 지원내용 : 돌봄 품앗이를 구성하여 이웃 간 양육정보 교류, 나눔기회

제공, 참여자 재능기부를 활용하여 자녀 성장발달 활동을 돕는 놀이,
문화·체험 활동 등 그룹 돌봄활동 지원
① 아동의 놀이공간, 부모의 소통공간, 프로그램 운영공간(공간 나눔)
② 돌봄품앗이 연계, 가족 상담, 부모 교육, 품앗이 리더교육 등(자녀돌봄 나눔)
③ 자녀양육정보 나눔, 장난감·도서·육아 물품, 봉사 나눔, 지역활동 연계
　(정보·자원 나눔)

3) 신청 절차 및 방법

인근 시·군·구 가족센터를 통해 위치, 운영시간 등 확인하여 방문 시 가
입신청서 작성 또는 별도 절차 없이 이용 가능

4) 공동육아나눔터 이용 문의

(1) 인터넷 : 가족센터 대표 누리집 : www.familynet.or.kr → 돌봄지원 −
　공동육아나눔터
(2) 전화 : 1577 − 9337 및 지역 소재 가족센터

5. 가족 역량강화 지원 : 가족희망드림 지원

1) 개요

한부모·조손가족 등 가족기능이 약화된 가족과 위기가족이 가진 복합적
문제해결과 욕구해소를 위해 지속적인 사례관리를 통한 가족기능 회복과 정
서·경제적 자립 역량강화 도모

2) 지원대상

기준 중위소득 100% 이하 (손)자녀를 둔 한부모·조손가족, 청소년부모 등
가족기능 강화가 필요한 가족 및 경제·사회적 위기사건을 직면한 위기가족

3) 지원내용

(1) 심리·경제적 자립, 역량강화를 위한 지속적인 사례관리

(2) 정보제공 및 지역사회자원 활용·연계

(3) 부모교육, 가족관계, 자녀양육교육 등 프로그램 및 자조 모임

(3) 자녀 학습·정서 지원(배움지도사 파견)

(4) 청소년부모 지원(청소년부모 멘토, 법률지원, 전문심리지원)

(5) 생활도움서비스(키움보듬이 파견)

(6) 긴급위기 지원(지지리더, 키움보듬이 파견)

4) 신청 절차 및 방법

지역별 가족센터 유선 또는 방문 신청 가능(대표번호 1577-9337)

5) 필요 서류

(1) 공통

① 서비스이용신청서

② 저소득 한부모·조손 가족 등 추가 제출서류

(2) 소득 및 한부모·조손 가족 등 가구유형을 증명할 수 있는 증빙자료

① 건강보험료납입증명서 또는 소득을 판정할 수 있는 관련 서류

② 한부모가족증명서, 주민등록등본, 가족관계증명서 중 1개 이상

(3) 이외 센터에서 요청하는 별도 제출서류

6) 문의

(1) 가족센터 상담전화(대표번호 1577-9337)

(2) 가족센터누리집(www.familynet.or.kr)

(3) 사업수행기관

(4) 전국 98개소 가족센터(2023년 기준)

6. 부모역할 지원

1) 개요

가족갈등 예방 및 해소방법, 부모의 역할, 자녀이해 및 양육방법 등 부모교육 지원

2) 지원대상

(1) 생애주기별 부모교육 : 예비부모, 임신·출산기·영유아기·학령기 자녀 부모 등

(2) 찾아가는 부모교육 : 부모교육 희망기관(군부대, 중소기업 등 부모교육 접근이 취약한 지역 및 대상을 우선 지원)

3) 지원내용

(1) 생애주기별 부모교육 : 생애주기를 고려한 부모교육 실시

(2) 찾아가는 부모교육 : 부모교육 대상에 적합한 전문 강사를 선정하여 교육 희망기관을 방문하여 교육 실시

(3) 신청 절차 및 방법

① 생애주기별 부모교육 : 가족센터 누리집(www.familynet.or.kr) 또는 지역별 가족센터 신청(대표번호 1577－9337)

② 찾아가는 부모교육 : 지역별 가족센터 신청(대표번호 1577－9337)

4) 필요 서류

별도의 구비서류 없음(단, 각 사업특성에 따라 별도 서류를 요청할 수 있음.).

5) 문의

(1) 가족센터 대표번호 1577-9337

(2) 가족센터누리집(www.familynet.or.kr)

6) 기타

지역가족센터 및 가족센터누리집(www.familynet.or.kr) 참조

* 부모교육은 육아종합지원센터(1577-0756, central.childcare.go.kr), 전국학부
  모지원센터(1899-0025, www.parents.go.kr)에서도 지원 가능

7. 청소년한부모 아동양육 및 자립지원

1) 개요

24세 이하 청소년한부모에게 아동양육비, 검정고시학습비, 자립촉진수당
등을 지원하여 조기 자립할 수 있도록 지원

2) 지원대상

사별, 이혼 등에 의한 한부모가족으로 다음 조건을 모두 충족하는 자

(1) 한부모가족증명서 발급대상

① 세대주인 모 또는 부가 만 24세 이하 청소년인 경우

② 세대주인 모 또는 부가 만 18세 미만(취학 시 만 22세 미만)의 자녀를 양육
   하는 경우

③ 가구 소득인정액 기준 중위소득 72% 이하인 경우

   * 아동양육비 등 복지급여 지원대상은 65% 이하

(2) 한부모가족 복지급여 지급대상

① 세대주인 모 또는 부가 만 24세 이하 청소년인 경우
② 세대주인 모 또는 부가 만 18세 미만의 자녀를 양육하는 경우
③ 가구 소득인정액 기준 중위소득 65% 이하인 경우

3) 지원 내용 및 종류

(1) 한부모가족증명서 발급(기준 중위소득 72% 이하)

(2) 아동양육비 등 복지급여 지급(기준 중위소득 65% 이하)

(3) 지원종류

① 아동양육비 : 소득인정액이 기준 중위소득 65% 이하인 청소년한부모가족의 자녀, 월 35만 원
② 아동교육지원비(학용품비) : 소득인정액이 기준 중위소득 60% 이하인 가족의 중학생·고등학생 자녀, 자녀 1인당 연 9.3만 원
③ 생활보조금 : 한부모가족 복지시설에 입소한 가족 중 소득인정액이 기준 중위소득 60% 이하인 가족, 가구당 월 5만 원
④ 검정고시 등 학습지원 : 소득인정액이 기준 중위소득 65% 이하인 가족으로서, "부" 또는 "모"가 검정고시를 준비하는 경우 등, 가구당 연 154만 원 이내
⑤ 자립촉진수당 : 소득인정액이 기준 중위소득 65% 이하인 가족으로서 "부" 또는 "모"가 학업이나 취업활동을 하는 경우, 가구당 월 10만 원

4) 지원대상에서 제외되는 가구

(1) 아동양육비

「아동복지법」에 의한 가정위탁양육보조금을 받는 경우

(2) 아동교육지원비(학용품비)

① 「국민기초생활보장법」에 의한 교육급여
② 「장애인복지법」에 의한 교육비 지원
③ 「긴급복지지원법」에 의한 교육지원

(3) 생활보조금

① 「국민기초생활보장법」에 의한 생계급여를 지원받는 경우
② 「긴급복지지원법」에 의한 생계지원을 받는 경우
③ 「아동복지법」에 의한 가정위탁양육보조금을 받는 경우

5) 신청 절차 및 방법

초기상담 및 서비스 신청(읍·면·동, 복지로누리집) → 대상자 통합조사 및 확정(시·군·구청) → 서비스 지원(대상자)

* 복지로누리집(www.bokjiro.go.kr), 주민등록 소재지 관할 읍·면·동 행정복지센터를 통해 온·오프라인 연중 신청 가능 → 시·군·구청에서 지원여부 결정 및 지원
* 신청서식, 구비서류 등 자세한 사항은 읍·면·동 행정복지센터에 문의

6) 필요 서류

(1) 사회복지서비스 및 급여제공 신청서
(2) 소득·재산 확인서류(임대차 계약서 등)
(3) 금융정보 등 제공동의서

7) 문의

전화 : 읍·면·동 행정복지센터, 한부모가족 상담전화(1644-6621)

8. 청소년한부모 등 자립지원 패키지

1) 개요

(1) 청소년한부모에 대한 정부의 각종 지원이 실질적 자립으로 이어지도록 수행기관을 통해 사례관리를 제공하여 청소년한부모의 자립 역량강화를 도모

(2) 미혼모·부가 아기를 스스로 양육하고자 할 경우, 초기 위기에 대처할 수 있도록 서비스를 제공하여 양육은 물론 자립에 이르도록 지원

2) 지원대상

자녀를 양육하고 있는 기준 중위소득 72% 이하 청소년한부모가구, 혼인기록이 없고, 사실혼 관계가 아니면서 한부모가족 복지시설에 입소하지 않은 미혼모·부자

* 모 또는 부가 만 24세 이하 청소년

3) 지원내용

사례관리를 통한 청소년한부모의 양육·자립 지원

(1) 정부서비스 연계 : 양육·취업 등 각종 지원 정보를 종합적으로 안내하고 필요한 서비스를 연계·제공(신청 대행 포함)

① 생활지원 : 임신·출산 의료비, 건강관리, 양육(돌봄) 서비스 지원 연계 등

② 자립지원 : 주거 지원, 취업 지원(직업훈련 등), 양육비 이행 지원 연계 등

③ 기타 지원 : 각종 서비스 정보 안내, 지역사회 자원 활용·연계 등

(2) 정서 지원 등 서비스 : 상담, 전문심리치료, 멘토링, 양육용품·병원비(연 100만 원 이내) 지원, 자조모임 지원 등

4) 신청방법

전국 시·도별 사업수행기관에 방문 신청

* 신청서식, 구비서류 등 자세한 사항은 사업수행기관에 문의

5) 필요 서류

(1) 청소년한부모 자립지원패키지 이용신청서
(2) 한부모가족증명서
(3) 이외 사업수행기관에서 요청하는 서류

6) 문의

전국 시·도별 사업수행기관, 한부모가족 상담전화(1644-6621, 내선2)

7) 전국 시·도별 사업수행기관 안내

http://www.mogef.go.kr/mp/pcd/mp_pcd_s001d.do?mid=plc503&bbtSn=704922

9. 청소년부모 아동양육 지원 : 청소년부모 아동양육비 지원 시범사업

1) 개요

청소년부모 가구의 자녀에 아동양육비 지원을 통해 청소년부모의 자녀양육 부담을 경감하고, 청소년부모 자신의 성장과 가정의 안정을 도모

2) 지원대상

소득인정액이 기준 중위소득 60% 이하 청소년부모 가구의 자녀
* 부와 모 모두 만 24세 이하

3) 지원내용

청소년부모 가구 자녀 1인당 아동양육비 월 20만 원씩 지원

4) 신청 절차 및 방법

초기상담 및 서비스 신청(읍·면·동 행정복지센터) → 대상자 통합조사 및 확정(시·군·구청) → 아동양육비 지원(대상자)

① 주민등록 소재지 관할 읍·면·동 행정복지센터 방문 신청 → 시·군·구청에서 지원 여부 결정 및 지원

② 신청서식, 구비서류 등 자세한 사항은 읍·면·동 행정복지센터/주민센터에 문의

5) 필요 서류

(1) 청소년부모 아동양육비 지원 신청서

(2) 소득 확인서류(소득금액증명 또는 사실증명)

(3) 거주 확인서류(주민등록등본 등)

(4) 가족관계 확인서류 : 가족관계증명서(혼인관계증명서)
  * 필요한 경우, 사실혼관계증명서와 기타 증빙서류

(5) 수급계좌 통장 사본

(6) 이외 읍·면·동 행정복지센터에서 요청하는 서류

6) 문의

전화 : 해당 읍·면·동 행정복지센터, 한부모가족 상담전화(1644-6621, 내선 2)

10. 한부모가족 복지시설 지원

1) 개요

저소득 무주택 한부모가족에게 한부모가족 복지시설 등 주거·양육지원을 통해 사회적·경제적 자립 기반 조성

2) 지원대상

무주택 저소득 한부모가족

3) 지원내용

주거·양육, 심리 상담·치료, 직업연계 교육 등 자립 지원, 임신미혼모의
경우, 출산 지원

4) 신청 절차 및 방법

입소 상담(시설 또는 시·군·구청) → 입소 신청서(시·군·구청 또는 읍·면·동 행
정복지센터) → 입소자격 확인(시·군·구청) → 시설입소

5) 필요 서류

(1) 구비서류 명칭 : 한부모가족증명서, 가족관계증명서, 혼인관계증명서 등
(2) 구비서류 발급처 : 읍·면·동 행정복지센터, 인터넷 민원24

6) 문의

(1) 문의전화 : 시·군·구청 한부모가족 지원 담당부서, 한부모 상담전화
  (1644-6621)
(2) 누리집 : 복지로누리집(www.bokjiro.go.kr)

11. 양육비 이행지원 제도

1) 개요

한부모가정 자녀의 안정적 성장 환경 조성을 위해 미성년 자녀의 양육비
청구와 이행확보 지원

2) 지원대상

(1) 「양육비 이행확보 및 지원에 관한 법률」에 따른 만 19세 미만 자녀양육 한부모·조손가족

(2) 「한부모가족지원법」에 따른 자녀양육 한부모·조손가족

    a. 이혼한 부모뿐만 아니라, 미혼모 미혼부도 지원

    b. 미혼모는 인지청구(자녀와 친부의 친자확인소송)부터 지원

3) 지원내용

(1) 양육비 상담에서 협의, 소송 및 추심, 양육비 이행에 이르기까지 1회 신청으로 자녀가 성인이 될 때까지 지속적 양육비 이행 관리

    상담 → 합의 → 소득재산조사 → 소송 또는 채권추심 → 이행 → 모니터링

(2) 양육비를 받지 못해 어려움에 처한 양육비 이행지원 신청 가정에 한시적 양육비 긴급지원(월 20만 원, 최장 12개월)

4) 신청 절차 및 방법

(1) 양육비이행관리원 누리집(www.childsupport.or.kr) 자료실에서 '양육비 이행확보 지원신청서' 서식 다운

(2) "양육비 이행확보 지원신청서"와 함께 공통서류와 추가 서류를 우편, 방문, 온라인 등의 방법을 통해 제출

    ☆ 우편 접수는 등기우편만 가능 : 우)04554 서울특별시 중구 퇴계로 173(충무로3가, 남산스퀘어) 21층, 24층

5) 필요 서류

기본증명서, 가족관계증명서, 혼인관계증명서, 집행권원에 관한 서류, 양육비 지급이행 상황을 알 수 있는 통장 내역 등

* 지원 서비스마다 상이하며 제출서류는 누리집(www.childsupport.or.kr)에서 확인 가능

6) 문의

문의 전화 : 1644-6621(평일 9시~18시[12:00~13:00 제외])

누리집 : www.childsupport.or.kr

12. 양육비 채무 불이행자 제재조치 제도

1) 개요

「가사소송법」 제68조제1항 또는 제3항에 따른 감치명령 결정을 받았음에도 불구하고, 양육비 채무를 이행하지 않는 양육비 채무자에 대해 명단공개, 출국금지(법무부장관) 및 운전면허 정지처분(시·도경찰청장)을 요청하는 제도임.

  * 「양육비 이행확보 및 지원에 관한 법률」 제21조의3~제21조의5

2) 대상

(1) 명단공개, 출국금지 요청 : 2021.7.13 이후 법원으로부터 감치명령 결정을 받았음에도 불구하고, 양육비를 받지 못한 양육비 채권자

(2) 운전면허 정지처분 요청 : 2021.6.10 이후 법원으로부터 감치명령 결정을 받았음에도 불구하고, 양육비를 받지 못한 양육비 채권자

3) 제재조치 신청 절차

(1) 명단공개 : "명단공개 신청서"를 다운로드해 작성하고 법원의 감치명령 결정에 관한 서류와 양육비 채무액과 관련된 자료(법원의 판결, 심판, 양육비 부담조서 등) 첨부

(2) 운전면허 정지처분 및 출국금지 요청 : "양육비 이행확보 신청서", "개인정보수집 이용에 관한 동의서"를 다운로드해 작성하고, 법원의 감치명령결정에 관한 서류와 양육비 채무액과 관련된 자료(법원의 판결, 심판, 양육비 부담조서 등) 첨부

☆ 다만, 양육비이행관리원을 통해 감치명령 결정을 받은 양육비채권
   자는 출국금지 및 운전면허 정지처분 신청은 불필요

4) 제출처 및 방법

(1) 명단공개 : 우)03171, 서울시 종로구 세종대로 209 정부서울청사 여성
   가족부 가족지원과 주소로 등기우편 제출
(2) 운전면허 정지처분 및 출국금지 요청 : 우)04554 서울특별시 중구 퇴계
   로 173(충무로3가, 남산스퀘어) 24층 한국건강가정진흥원(양육비이행관리원)
   주소로 등기우편 제출

5) 필요 서류

(1) 명단공개 신청서(다운로드)
(2) 양육비 이행확보 지원 신청서 및 개인정보 동의서(다운로드)

6) 문의

(1) 명단공개 : 02-2100-6346, 6354
(2) 운전면허 정지처분 및 출국금지 요청 : 1644-6621

13. 국제결혼 피해상담 및 구조

1) 개요

국제결혼중개업체를 통해 국제결혼을 추진 중인 대한민국 국민 또는 결혼
이민자 등이 국제결혼중개업체의 불법적인 영업행위로 인해 피해를 보았을
경우 각종 상담, 피해구조 및 법률지원 서비스를 제공

2) 지원내용

국제결혼 관련 피해 상담, 소비자분쟁 해결기준에 따른 피해구조, 법률 지원

3) 신청 절차 및 방법

전화문의 또는 인터넷 상담

4) 문의

(1) 국제결혼 피해 상담전화 : 02-333-1311
(2) 한국소비자원 : 1372, www.ccn.go.kr
(3) 대한법률구조공단 : 132, www.klac.or.kr

14. 다누리콜센터(1577-1366) 운영

1) 개요

다문화가족 및 결혼이민자에게 한국생활정보부터 부부 상담, 폭력피해 등 긴급한 구조가 필요할 때 지원까지 원스톱서비스로 제공

2) 지원대상

다문화가족, 결혼이민자 등

3) 지원내용

한국생활정보 제공, 전문 법률자문, 3자 통화 통역 및 번역 서비스, 긴급피난처 제공 등 365일 24시간 실시간 지원

4) 신청 절차 및 방법

전화문의 : 1577-1366(전화·내방상담, 긴급피난처, 법률자문 등 가능)

5) 문의

전화문의 : 1577-1366

15. 가족상담전화(1644-6621) 운영

1) 지원 내용·방법

지원 내용·방법은 <표 3-1>과 같다.

〈표 3-1〉 지원 내용·방법

구분	임신·출산·갈등상담	양육비상담	한부모상담	심리·정서상담	가족서비스 종합안내
전화번호	1644-6621 (0번)	1644-6621 (1번)	1644-6621 (2번)	1644-6621 (3번)	1644-6621 (3번)
이용시간	365일 24시간	평일 9~18시	365일 8~22시	365일 8~22시	365일 8~22시
지원내용	• 정보 제공 • 심리·정서 초기 상담 • 기관 연계 등	• 양육비 이행 확보 지원 • 양육지원(면접교섭) • 추심지원 • 사건진행사항 • 법률지원 • 한시적 양육비 긴급지원 등	• 미혼모·부 초기 상담 • 한부모지원서비스 • 정부지원 자격 안내 • 출산 및 양육 • 시설 안내 • 기관 연계 등	• 심리·정서 상담 • 코로나 대응 정부지원 안내 • 기관 연계 등	• 건강가정사 자격 안내 • 아이돌봄 서비스 안내 • 지역 가족센터 서비스 안내
	가족센터 전문상담을 통한 심층·대면상담 연계				

자료: 여성가족부(홈페이지, 2024a).

2) 지원체계

심층 상담이 필요할 경우, 지역 가족센터로 연계

3) 지원절차

1차 전화상담 : 가족상담전화(1644-6621)

2차 심층상담·연계서비스

• 심층) 가족센터 전문상담사 기관 등 연계

• 연계) 지역 내 정부지원 서비스 기관 등 연계

Chapter 4

건강가족정책

개요

「건강가정기본법」 제15조에 의하여 여성가족부장관은 관계 중앙 행정기관의 장과 협의하여 「건강가정기본계획」을 5년마다 수립하고 있다. 여기에서는 제4차 건강가정 기본계획을 학습하고자 한다.

학습목표

1. 기본 계획 수립 사유와 경과에 대한 사전 학습
2. 가족 관련 현황 숙지
3. 향후 정책과제 토론

학습내용

1. 수립배경 및 주요 경과
2. 정책환경
3. 추진 과제 주요 내용
4. 건강가정사

건강가족정책

1. 수립배경 및 주요 경과

1) 수립배경

(1) 여성가족부가 2021년 4월 27일 발표한 방안으로, 1인 가구 증가 등 가족형태와 가족생애주기의 다변화, 가족구성원 개인 권리에 대한 관심 증대 등 최근의 급격한 가족 변화를 반영한 것이다. 제4차 건강가정기본계획은 「건강가정기본법」 제15조에 근거한 것으로, 2021년부터 2025년까지 시행된다.

(2) 「건강가정기본법」 제15조에 의하여 여성가족부장관은 관계 중앙 행정 기관의 장과 협의하여 「건강가정기본계획」을 5년마다 수립

　* 제1차(2006~10), 제2차(2011~15), 제3차 건강가정기본계획(2016~20) 수립

(3) 그동안의 가족정책 성과를 기반으로 하면서 가족 변화 등 정책환경에 따라 제4차 「건강가정기본계획(2021~25)」을 수립할 필요

2) 추진경과

(1) 「제4차 건강가정기본계획(2021~2025)」 국무회의 심의·확정(2021.4.)

(2) 제4차 기본계획 이행을 위한 2023년 시행계획 수립 지침 통보(2022.11.)

(3) 각 중앙행정기관·지자체의 2023년 시행계획(안) 취합(2023.1)

(4) 2023년 시행계획(안) 보완 및 협의(2023.1~3) 및 확정(2023.4)

2. 정책환경

1) 저출산·고령화로 인한 인구구조 및 가족형태·인식 변화

① 학령기 다문화자녀, 1인 가구 증가 등 가족형태가 변화함에 따라 새로운 서비스 수요 대두

  * (2021) 1인 가구 717만 명(전체의 33.4%), 한부모 37만 가구, 다문화 112만 명(학령기 자녀 17만 명)

평균 가구원 수 및 1인 가구 전망은 [그림 4-1]과 같다.

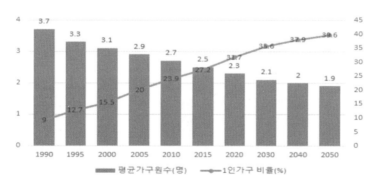

[그림 4-1] 평균 가구원수 및 1인 가구 전망

자료: 여성가족부(홈페이지, 2024b: 6).

② 생산가능인구 감소에 따른 여성의 경제활동 참여 중요성 증대 및 2030
청년세대의 결혼·출산, 일·생활 균형에 대한 가치관 변화 대응 필요
  * 일·생활 균형 욕구(통계청) : 男 (2011) 29.3% → (2021) 45.0%, 女
    (2011) 41.2% → (2021) 52.5%

2) 코로나19 이후 일상회복을 위한 적극적 가족 지원 정책 필요

① 한부모·다문화가족 등 취약계층일수록 코로나19로 인한 소득 감소와
돌봄 압박에 의해 일상회복이 더딘 것으로 나타남.
  * 다문화가족 51.5% 코로나19로 소득 감소, 한부모가족 59.8% 코로나
    19로 돌봄부담 증가(2021)
  * 코로나19 이전 일상 회복 정도 소득 5분위(상위 20%) 6.37점, 1분위(하
    위 20%) 5.85점(10점 만점)
② 악화된 여성고용 회복 촉진을 위해 돌봄정책 강화 필요
  * 2020년 코로나19로 인한 직장유지율 여성 3.5%p 감소(남성 유의미한 영
    향 없음.)
자녀 연령별 경력단절여성 비율은 [그림 4-2]와 같다.

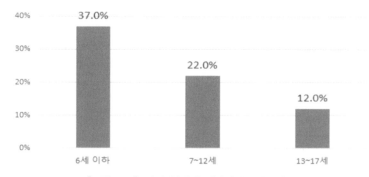

[그림 4-2] 자녀 연령별 경력단절여성 비율

자료: 여성가족부(홈페이지, 2024b: 6).

경력단절 사유는 [그림 4-3]과 같다.

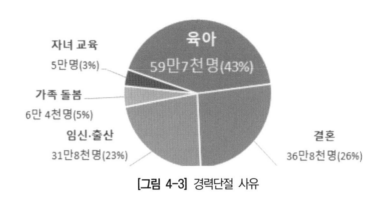

자녀 교육
5만 명(3%)

육아
59만7천 명(43%)

가족 돌봄
6만 4천 명(5%)

임신·출산
31만8천 명(23%)

결혼
36만8천 명(26%)

[그림 4-3] 경력단절 사유

자료: 여성가족부(홈페이지, 2024b: 6).

3. 추진 과제 주요 내용

1) 세상 모든 가족을 포용하는 사회기반 구축

(1) 가족 다양성을 수용하는 법·제도 마련

① 출생신고 사각지대 해소 : 모든 아동의 국가보호를 위해 신속히 출생신고가 되도록 '의료기관 출생통보제' 도입·시스템 구축 추진

   * 가족관계의 등록 등에 관한 법률 일부 개정안 국회 계류 중, 국회 입법 논의 지원

② 가족 구성 선택권 : 혼인·혈연 가족 위주의 관행·문화 등으로 인해 다양한 가족구성원이 겪는 불편사례 관련 의견 수렴

③ 법제 개선 : 현행 자녀의 성(姓) 결정 방식 개선 등 다양한 가족을 포괄하는 관련 법제 검토

(2) 가족 다양성 인식과 평등한 가족문화 확산

① 인식개선 : 가족 다양성 이해교육, 다문화 차별표현 금지 근거 마련, 1인 가구 사회적 관계망 형성 통한 가족 다양성 수용성 제고

    a. 대상 : 공무원, 시설종사자, 보육교사 등 관련 분야 일선 종사자 및 일반 국민

    b. 「다문화가족지원법」 개정안 입법 지원 추진

② 캠페인 : 가족 다양성 관점에서 각종 공공 콘텐츠의 차별·편견요소 모니터링 및 공론화, 가족 실천 캠페인·이벤트 지속 추진

    a. 정부·지자체·공공기관 (2021) 광역지자체 → (2022) 중앙·지방공공기관 → (2023) 헌법기관 67개소의 보도자료, 간행물, 웹페이지 등 콘텐츠 등 모니터링 및 3개년 결과 분석 발표

    b. 명절·가정의 달 계기 캠페인(1·5·9월) 및 평등한 가족문화 콘텐츠 제작, 국민참여 이벤트 등

③ 교육 : 일상에서 체감할 수 있는 양성평등교육을 위한 학교교육 콘텐츠 개발, 모바일 플랫폼 운영 및 우수사례 확산·공유

(3) 가정폭력 대응 강화 등 가족구성원 인권 보호

① 제도 개선 : '가정'의 정의 확대 및 반의사 불벌죄 폐지 등 「가정폭력처벌법」 개정안 입법 논의 지원 및 해외 입법례 연구

② 대응체계 : 가정폭력·아동학대 피해자 보호를 위한 지역사회 유관기관 간 정보공유·연계 강화, 재발위험 사후관리 체계 내실화

    a. 2023년 지자체 합동평가 지표 실적에 정보연계협의체 운영 포함(월 1회 이상 운영)

    b. 가정폭력 재발위험 평가척도 시범운영(2022.11~12.) 결과 검토 후 전국 시행 및 수사매뉴얼·시스템 반영

③ 피해자 보호 : 가정폭력·아동학대 피해자 보호를 위한 지원시설 등 인

프라 확충 및 피해자의 보호·상담·사례관리 등 기능 강화

  a. 폭력피해 취약계층 보호시설 지원(남성·장애인 각 1개소), 피해아동 방문형 집중 사례관리 확대(1,000 → 1,200가정), 다함께 프로그램 운영(229개소)

  b. 다문화가족구성원(한국인 배우자, 배우자의 부모 등) 인권보호의식 강화 프로그램

2) 모든 가족의 안정적 생활여건 보장

(1) 가족 변화에 대응하는 경제적 기반강화

① 생계 지원 : 아동수당(만 8세 미만) 및 부모급여(만 2세 미만) 지원 및 저소득 위기가구에게 긴급복지 생계 지원 금액·대상 확대

  * 금액 : 연료비 106.7 → 110천 원,

    기준 : 금융재산 500 → 600만 원 이하, 주거지원 700 → 800만 원 이하

② 한부모 지원 확대 : 한부모가족 아동양육비 지급 확대 등 지원 내실화

  a. 소득기준 상향 : 기준 중위소득 58% → 60%

    청소년한부모 : 지원단가 월 25만 원 → 월 35만 원, 기준 중위소득 60% → 65% 이하

  b. 「제1차 한부모가족정책 기본계획(2023~27)」 수립 및 「2024년 한부모가족 실태조사」를 위한 사전연구 추진

③ 가족특성별 자립지원 : '청소년한부모 자립지원패키지' 전국 확대, 결혼이민자 취업 및 정착 등 자립지원 확대 운영

  * 직업훈련·집단상담프로그램(새일센터), 정착단계별 지원패키지(가족센터) 운영

(2) 가족특성을 고려한 자녀양육 여건 조성

① 한부모가족 : 한부모·조손·청소년부모 가족 등 취약·위기 가족의 가족기능 회복 및 양육비 지급 이행 관련 문제해결 지원

    a. 가족기능 및 역량강화를 위한 가족희망드림사업(93개소 → 98개소), 비양육부모와 자녀의 관계개선을 위한 면접교섭프로그램 확대

    * 참여인원(실인원) (2021) 11개소 656명 → (2022) 14개소 789명 → (2023) 18개소 1,014명 예정

    b. 양육비채무자 재산소득조회(양육비 이행법) 및 불이행시 감치 요건(「가사소송법」) 관련 제도 개선을 통한 양육비 지급이행 실효성 제고

② 다문화가족 : 다문화자녀 대상 이중언어 교실과 진로상담 및 멘토링(연 753명) 운영, 교육국제화특구 3기 종합계획(2023~27) 수립·운영

    * 외국인 밀집지역의 국제화 역량 제고 및 다문화학생·가족 정착 지원 등을 위해 특구 지정·운영(2013~)

③ 청소년 : 쉼터 퇴소청소년 자립지원수당 및 청소년부모 지원 확대

    a. 지급요건 : 퇴소 전 1년 → 6개월 연속 보호

    월 지급액 : 월 30만 원(2022) → 월 40만 원(2023)

    b. 청소년산모 : 임신·출산 의료비 지원 연령 만 19세 이하 → 만 20세 이하로 확대

    청소년부모 : 아동양육비 지원 시범사업 기간 6개월 → 12개월로 확대

(3) 지역 중심 통합적 가족서비스 체계 구축

① 가족센터 활성화 : 1인 가구 병원 동행, 노부모 부양가족 상담 등 대상 확대, 유관기관 연계, 시설 지속 확대 등 가족센터 중심의 지역 가족서비스 강화

    a. 행정복지센터, 사회보장체계·국민비서 등 유관기관과의 연계·협력 체계 구축해 수요 적극 발굴·지원

    b. 건강가정·다문화가족지원센터 전환 210개소(2023) 및 가족센터(생활 SOC) 108개소 신규 건립(2023)

② 서비스 : 가족상담전화(1644-6621), 지역 가족센터 등을 통해 다양한 가족문제에 대한 정보제공, 상담 등 지원

    a. 전화·문자·온라인·챗봇·채팅(영어, 한글) 등으로 한부모, 양육비, 임신·출산 갈등, 심리·정서 관련 상담 제공

    b. 생애주기별 가족관계, 가족돌봄, 가족생활 영역 상담 및 양육비이행 지원 서비스 제공

③ 위기가족 지원 : 장애아동가족 지원 확대, 사회적 재난 시 위기가족 지원을 위한 유관 부처 및 민간자원 연계 등 가족센터 협력체계 운영(244개소)

   * 지원인원 6.9천 명(2022) → 7.9천 명(2023), 지원액 22만 원(2022) → 25만 원(2023)

3) 가족 다양성에 대응하는 사회적 돌봄 체계 강화

(1) 지역 기반 다양한 가족의 돌봄 지원 확대

① 온종일 돌봄 : 공동육아나눔터, 초등 온종일돌봄 공간 확충 및 운영시간 연장으로 증가한 돌봄 수요 대응

    a. 공동육아나눔터 (2022) 376개소 → (2023) 395개소, 다함께돌봄센터 (2022) 1,052개소 → (2023) 1,260개소, 청소년방과후아카데미 (2022) 342개소 → (2023) 355개소

    b. 공동육아나눔터 야간·주말·방학기간 운영 확대, 지역아동센터 필수 운영시간 연장(19시 → 20시), 다함께돌봄센터 '시간연장 시범사업' 참여 규모 확대(2022) 30개소 → (2023) 45개소

② 돌봄공동체 : 지역 중심의 양육 친화적 사회환경 조성을 위한 돌봄공동체 지원 시범사업 지역 확대(9개 시·도, 12개 시·군·구→ 13개 시·도, 19개 시·군·구)

③ 1인 가구 돌봄 : 1인 가구 사회적 관계망 형성 지원 지역 확대, 지자체 CCTV 연계·활용 확대를 통한 여성 1인 가구 밀집지역 안전관리 강화

    a. 가족센터 1인 가구 프로그램 운영(2022) 12개소 → (2023) 36개소

    b. 모바일 CCTV 영상조회 시스템 구축·운영(2022.8.~), 2023 상반기 경남 연계 및 미연계 지역 지속 확대 추진

(2) 안전하고 촘촘한 돌봄체계 구축

① 아이돌봄 고도화 : 정부지원 확대, 플랫폼 구축, 공공·민간 통합교육과
정 개발 및 민간 서비스제공기관 등록기준(안) 마련 등을 통한 품질 제고
   a. 지원대상/시간 : (2022) 연 7.5만 가구/연 840시간 → (2023) 연 8.5만
   가구/연 960시간
   b. 학습형 AI 모델개발 등 기능 고도화 및 챗봇 구축을 통한 이용 편의 확대
   − 기초자치단체장이 지역적 특성을 고려해 자율적으로 서비스 제공
   기관 추가 지정·운영할 수 있도록 함으로써 공공 제공기관 확대
   계획
   * 현 기초자치단체별 1개소 지정·운영 : 총 227개소(건가·다가센터 166,
   지자체 직영 16, 기타 45)
② 긴급돌봄 : 대상자 확대, 서비스 단가 및 최중증장애인 활동지원 가산급
여 인상 등 인력지원 강화를 통해 장애인 활동지원 확대
   a. 65세 미만 노인성질환자(2,720명 이상) 등 지원대상 확대(2022년 13.5만
   명 → 2023년 14.6만 명)
   b. 서비스 단가 2022년 14,800원 → 2023년 15,570원
   가산급여 대상/단가 2022년 2,000원/4,000명 → 2023년 3,000원/6,000명

(3) 가족돌봄 지원의 양적·질적 강화

① 공공성 강화 : 공공보육시설 및 노인요양시설 신축을 지원하여 인프라
를 확충하고, 양질의 돌봄서비스 제공 기반을 조성
   a. 국공립어린이집 매년 500개소 이상 지속 확충(~2025)
   b. 공립 치매전담형 노인요양시설 8개소 확충(2023)
   신축지원 단가인상(198 → 251만 원/㎡) 추진(2024)
② 돌봄종사자 처우 개선 : 사회서비스원 경영평가 및 표준운영지침 마련
을 통한 돌봄근로자 고용안정성 확보 및 종사자 처우개선

③ 가족돌봄자 지원 : 치매가족 휴가제의 급여일수 확대(연간 9일 → 연간 10일, 2023년 중장기요양급여 제공기준 및 급여비용 산정방법 등에 관한 고시 개정)

4) 함께 일하고 돌보는 사회환경 조성

(1) 남녀 모두의 일하면서 돌볼 수 있는 권리보장

① 육아휴직 : 특고·예술인 등 육아휴직 대상 확대 방안 검토 및 3+3 부모육아휴직제 등 육아휴직 확대 정책의 효과적 정착을 위한 지원금 집행률 제고

  * 육아휴직 지원금, 육아기 근로시간단축지원제도 등

② 가족친화문화 확산 : 기업 내 재택근무 제도화 지원 및 가족친화 인증기업 확대(2023년 5,800개)를 통해 돌봄권을 보장하는 일터 조성

  a. 중소기업 약 5,357개사에 화상회의 재택근무 등 비대면 서비스 지원 및 재택근무 종합 컨설팅 제공(심화 컨설팅 91개소 → 120개소 내외로 확대)

  * 총 24,047개사 신청 → 14,457개사 지원(2022.12.4. 기준)

  b. 장기간 가족친화 인증을 유지해온 기업을 '최고기업'으로 지정하고 남성 육아휴직 일정 기간 의무 사용, 육아휴직 시 급여 차액 보전 등 법정 규정을 상회하는 가족친화 자율실천목표제 운영으로 남녀가 함께 일하고 함께 돌보는 문화 조성

  * 인증 연속 3~4회 이상 획득한 기업, 12개(2022) → 22개(2023) 확대 예정

(2) 성평등 돌봄 정착 및 돌봄 친화적 지역사회 조성

① 성평등 돌봄문화 확산 : 찾아가는 아버지교육, 돌봄 프로그램 등을 통한 남성의 가사·돌봄 참여 활성화 및 성평등한 가족문화 조성 캠페인 추진

  * 명절·가정의 달 계기 캠페인(1·5·9월) 및 평등한 가족문화 콘텐츠 제작, 국민참여 이벤트 등

② 돌봄친화 지역사회 조성 : 가족친화적인 지역사회 환경조성 및 문화 확산을 위한 '가족친화문화 확산협의회' 거점지역, 여성친화도시 확대

a. 중앙·지자체의 가족친화 유관기관 간 상호 교류·협력을 위한 민·관 협의체인 '가족친화문화 확산협의회' 구축·운영

* (2018) 6개 기관→ (2019) 9개 기관→ (2020) 12개 기관→ (2021) 14개 기관→ (2022) 16개 기관, 정기회 4회

b. 여성 친화도시 지정·운영 확대로 지역사회의 생활밀착형 성평등 정책 추진

* 여성 친화도시 지정 확대 : (2009) 2개→ (2015) 66개→ (2018) 87개 → (2021) 95개→ (2022) 101개

제4차 건강가정기본계획 정책체계는 [그림 4-4]와 같다.

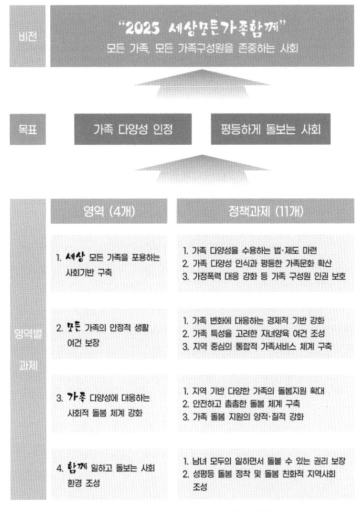

[그림 4-4] 제4차 건강가정기본계획 정책체계

자료: 여성가족부(홈페이지, 2024b: 8).

4. 건강가정사

1) 개요

건강가정사(healthy family supporter)는 「건강가정기본법」에 규정된 건강가정 사업을 수행하기 위하여 관련 분야에 대한 학식과 경험을 가진 전문가를 말한다.

2) 자격사항

건강가정사는 「건강가정기본법」 제35조제3항에 따른 자격조건은 다음과 같다.

건강가정사 자격조건

「건강가정기본법」 제35조제3항

③ 건강가정사는 다음 각 호의 요건을 모두 갖춘 사람이어야 한다. 〈개정 2018. 1. 16.〉
1. 대학 또는 이와 동등 이상의 학교를 졸업할 것(법령에 따라 이와 같은 수준 이상의 학력이 있다고 인정되는 경우를 포함한다)
2. 제1호에 따른 학력 취득과정이나 그 밖에 여성가족부장관이 인정하는 방법으로 사회복지학 · 가정학 · 여성학 등 여성가족부령으로 정하는 관련 교과목을 이수할 것

---

3) 이수과목

구분	교과목	대졸	대학원졸
핵심과목(5)	건강가정론, (건강)가정(족)정책론, 가족상담(및 치료), 가정(족)생활교육, 가족복지론, 가족과 젠더, 가족(정)과 문화, 건강가정현장실습, 여성과(현대)사회, 비영리기관 운영관리	5과목 이상	4과목 이상

관련과목	기초이론	가족학, 가족관계(학), 가족법, 아동학, 보육학, 아동(청소년)복지론, 노년학, 노인복지론, 인간발달, 인간행동과 사회환경, 가계경제, 가족(정)(자원)관리, 가사노동론, 여가관리론, 주거학, 생애주기 영양학, 여성복지론, 여성주의 이론, 정신건강(정신보건사회복지)론, 장애인복지론, 가정생활복지론, 상담이론, 자원봉사론, 사회복지(개)론, 성과 사랑, 법여성학, 여성과 문화, 일과 가족(정)	4과목 이상	2과목 이상
	상담·교육 등 실기	생활설계상담, 아동상담, 영양상담 및 교육, 소비자상담, 주거상담, 부모교육, 부부교육, 소비자교육, 가정생활과 정보, 가계재무관리, 주택관리, 의생활관리, 지역사회 영양학, 프로그램 개발과 평가, 사회복지실천기술론, 지역사회복지론, 연구(조사)방법론, 부부상담, 집단상담, 사회복지실천론, 가족(정)과 지역사회, 여성과 교육, 여성과 리더십, 여성주의 상담, 위기개입론, 사례관리론	3과목 이상	2과목 이상

4) 건강가정사의 직무

「건강가정기본법」 제35조제2항 및 동법 시행령 제4조에서 규정한 건강가정사의 직무는 다음과 같다.

(1) 가정문제의 예방·상담 및 개선

(2) 건강가정의 유지를 위한 프로그램의 개발

(3) 건강가정 교육(민주적이고 양성평등한 가족관계 교육을 포함한다)

(4) 가정생활문화운동의 전개

(5) 가정 관련 정보 및 자료제공

(6) 가정에 대한 방문 및 실태파악

(7) 아동보호전문기관 등 지역사회자원에의 연계

(8) 그 밖에 건강가정사업과 관련하여 여성가족부장관이 정하는 활동

개요

일과 가정의 양립이란 근로자가 일과 가정생활을 모두 해내고 있다고 느끼는 상태이거나, 직장과 가정생활을 조화롭게 해 나갈 수 있는 상황을 말한다. 또한 일과 가정이 양립할 수 있는 최소한의 범위 내에서 양자가 누리고자 하는 인간의 다양한 요구에 대응하여 좀 더 인간다운 삶을 영위하며 삶의 풍요로움을 주도록 하는 것을 말한다. 여기에서는 일·가정양립지원정책을 학습하고자 한다.

학습목표

1. 일·가정양립에 대한 개념 정의
2. 육아휴직과 저출산의 상관성 이해
3. 사례연구

학습내용

1. 일·가정양립의 개념
2. 일·가정양립 법제도 : 「남녀고용평등과 일·가정양립 지원에 관한 법률(남녀고용평등법)」
3. 지원기관 : 여성새로일하기센터
4. 사례연구 : 국방부 「일·가정양립제도」(2022년 시행)

Chapter

5 일·가정양립지원정책

1. 일·가정양립의 개념

1) 일·가정양립의 정의

일과 가정의 양립이란 근로자가 일과 가정생활을 모두 해내고 있다고 느끼는 상태이거나, 직장과 가정생활을 조화롭게 해 나갈 수 있는 상황을 말한다. 특히, 노동시장으로부터의 이탈 없이 가정생활을 원활하게 해 나갈 수 있도록 하고, 일과 가정을 분리의 개념으로 보지 않으며, 삶 속에서 일과 가정이 어느 한 영역으로 지나치게 치우쳐서 다른 한쪽 영역이 깨지는 현상을 막고, 일과 가정의 조화가 이뤄질 수 있도록 하는 것이다. 이는 일과 가정이 양립할 수 있는 최소의 범위 내에서 양자가 누리고자 하는 인간의 다양한 요구에 대응하여 좀 더 인간다운 삶을 영위하며 삶의 풍요로움을 주도록 하는 것을 말한다.

일반적으로 일·가정양립정책은 성평등을 구현하기 위한 주요 수단의 의미로 논의된다. 공공보육시설 확충과 모성 및 육아휴가 등 일과 가정을 양립하게 하는 데 기여할 수 있는 정책방안들은 가족 내 자녀양육 및 가사분담에 있어 남성들의 참여를 늘려 궁극적으로 양성 간의 평등을 제고할 수 있다. 일·가정양립정책은 자녀양육에 대한 여성의 부담을 줄이고, 자녀양육에 긍정적인 환경을 조성함으로써 출산율의 제고에 기여할 수 있는 것이다.

여성취업률이 증가하더라도, 이에 따른 보육서비스의 질적·양적 수준이 뒷받침되지 못한다면, 출산율은 저하될 수밖에 없는 것이다. 특히, 일·가정양립정책의 핵심영역이라고 할 수 있는 직장 내 보육시설의 확충, 적절한 기간과 급여를 지급하는 산전후휴가 및 육아휴직 등이 조화를 이룰 때 출산율 향상이 나타나리라는 기대를 하게 된다. 남성들의 육아휴직 참여를 늘리고 가족 내 양육 및 가사분담을 활성화할 수 있는 방안들도 효과적이며, 성평등의 관점에서도 지향해야 할 부분이다.

2) 일·가정양립의 필요성

기존의 연구들은 주로 출산이 여성노동자들의 경력단절에 미치는 효과에 초점을 두어 분석을 해 왔다. 우리나라 기혼여성들이 첫 아이 출산 이후 어느 정도의 기간 이후에 노동시장에 복귀하는가를 분석해 보면, 기혼여성들이 출산 이후에도 취업상태를 유지할 수 있도록 하는 결정요인들이 무엇인지를 파악하여, 연쇄적인 여성 경력단절의 고리를 풀 수 있는 실마리를 찾아내었다. 즉, 출산 후 노동시장으로의 복귀를 결정하는 데 있어 학력이 높을수록 좀 더 빨리 복귀하는 경향이 있었다. 자녀보육 대행자가 있는가 여부에 따라 출산 후 노동시장으로 복귀할 이행률이 그렇지 않은 데 비해 2배 이상 높고, 출산 전 취업형태가 임금근로자는 노동시장 복귀로의 이행률이 비임금근로자에 비해 낮은 것으로 나타났다. 최근의 여성들은 결혼과 출산 전·후에 상대적으로 과거보다 취업률이 높은 것은 사실이지만, 아직도 결혼과 출산 직후 상당수가 직업을 그만두는 것으로 분석되었다. 하지만 연구 결과에 의하면, 결혼과 출산 전후에 취업을 경험한 우리나라 여성은 미국의 여성보다 생애취업기간이 길며, 현재 직장의 임금 프리미엄도 더 큰 것으로 나타나고 있다. 따라서, 결혼 후와 출산 후에 우리나라 여성의 취업률 하락을 막을 수 있는 제도적 장치가 마련된다면, 앞으로 우리나라 여성의 취업률은 미국의 여성보다 더 빠른 속도로 증가할 수 있으며, 여성의 소득향상에도 기여해 남녀 간 소득격차를 줄이는 데에도 큰 도움이 될 것으로 분석하였다.

출산 후 기혼여성의 취업상태 변화에 있어서 자녀출산으로 인하여 유보임금이 높아지는 시기임에도 불구하고, 새롭게 노동시장에 진입하는 여성들의 특성과 이들의 노동시장 신규진입을 결정하는 요인을 분석해 보면, 출산 전 미취업 상태였던 여성의 3.1%가 출산 후 새롭게 노동시장에 진입하는 것으로 분석되었다. 이들의 경우, 출산 후 미취업 상태에 있는 여성들에 비해 평균 연령이 젊고, 자녀보육대행자를 가지는 비율이 높은 것으로 나타난 반면, 월평균소득은 상대적으로 낮은 것으로 밝혀졌다. 이러한 차이는 이들이 노동시장에 진입하는 결정요인에 반영이 되어 연령이 낮을수록 그리고 자녀양육대행자 및 보육서비스를 이용할수록 출산 후 노동시장에 진입하는 이행률이 높은 것으로 나타났다.

출산한 여성이 노동시장에 복귀하는 데 있어서 출산 전 높은 임금을 받을수록, 학력이 전문대 이상이며, 전문관리직이나 사무직에 종사하는 경우일수록 노동시장에서 이탈할 가능성이 적은 것으로 나타났다. 더 나아가 가구소득이 높은 가구의 여성일수록 노동시장에 복귀할 확률이 높은 것으로 분석되었다. 그리고 소득분위별로 상층에 속하는 여성은 출산과 상관없이 노동시장에 참여하고 있을 가능성이 있음을 시사하고 있다.

2. 일·가정양립 법제도 : 「남녀고용평등과 일·가정양립 지원에 관한 법률(남녀고용평등법)」

1) 개요

「남녀고용평등법」은 근로자를 더욱 두텁게 보호하기 위해서는 사업주의 합리적 이유 없는 차별에 대하여 벌칙을 부과하는 소극적 보호에서 더 나아가, 해당 차별을 적극적으로 시정하도록 요구하고 이에 대해 배상을 받을 수 있는 규정을 마련할 필요에 따라 제정되었다.

이에 이 법에 따른 차별에 대하여 노동위원회에 구제신청을 할 수 있도록 하고, 노동위원회가 사업주에게 시정명령 등을 할 수 있도록 함으로써 근로자의 고용평등을 실현하고 삶의 질 향상을 도모하는 한편, 고용에서의 차별을 개선하기 위하여 모집·채용 시 신체, 미혼 등의 조건을 제시하거나 요구할 수 없는 대상을 모든 근로자로 확대하고, 임신 중 여성 근로자가 모성을 보호하기 위하여 육아휴직을 사용할 수 있도록 하려는 것이다.

「남녀고용평등법」은 1987년 12월 4일 제정(법률 제3989호, 시행 1988. 4. 1.)되었다. 「남녀고용평등법」은 2007년 12월 21일(법률 제8781호, 법률 제8781호) 「남녀고용평등과 일·가정양립 지원에 관한 법률」로 개칭되어 오늘에 이르고 있다.

이 법률은 6장으로 나누어진 전문 39조와 부칙으로 구성되어 있다.

2) 주요 내용

「남녀고용평등법」의 주요 내용은 다음과 같다.

제1조 (목적) 이 법은 「대한민국헌법」의 평등이념에 따라 고용에서 남녀의 평등한 기회와 대우를 보장하고 모성 보호와 여성 고용을 촉진하여 남녀고용평등을 실현함과 아울러 근로자의 일과 가정의 양립을 지원함으로써 모든 국민의 삶의 질 향상에 이바지하는 것을 목적으로 한다.

제2조 (정의) 이 법에서 사용하는 용어의 뜻은 다음과 같다.

1. "차별"이란 사업주가 근로자에게 성별, 혼인, 가족 안에서의 지위, 임신 또는 출산 등의 사유로 합리적인 이유 없이 채용 또는 근로의 조건을 다르게 하거나 그 밖의 불리한 조치를 하는 경우[사업주가 채용조건이나 근로조건은 동일하게 적용하더라도 그 조건을 충족할 수 있는 남성 또는 여성이 다른 한 성(性)에 비하여 현저히 적고 그에 따라 특정 성에게 불리한 결과를 초래하며 그 조건이 정당한 것임을 증명할 수 없는 경우를 포함한다]를 말한다. 다만, 다음 각 목의 어느 하나에 해당하는 경우는 제외한다.

가. 직무의 성격에 비추어 특정 성이 불가피하게 요구되는 경우

나. 여성 근로자의 임신·출산·수유 등 모성보호를 위한 조치를 하는 경우

다. 그 밖에 이 법 또는 다른 법률에 따라 적극적 고용개선조치를 하는 경우

2. "직장 내 성희롱"이란 사업주·상급자 또는 근로자가 직장 내의 지위를 이용하거나 업무와 관련하여 다른 근로자에게 성적 언동 등으로 성적 굴욕감 또는 혐오감을 느끼게 하거나 성적 언동 또는 그 밖의 요구 등에 따르지 아니하였다는 이유로 고용에서 불이익을 주는 것을 말한다.

3. "적극적 고용개선조치"란 현존하는 남녀 간의 고용차별을 없애거나 고용평등을 촉진하기 위하여 잠정적으로 특정 성을 우대하는 조치를 말한다.

4. "근로자"란 사업주에게 고용된 자와 취업할 의사를 가진 자를 말한다.

제6조의2 (기본계획 수립) ① 노동부장관은 남녀고용평등 실현과 일·가정의 양립에 관한 기본계획(이하 "기본계획"이라 한다)을 수립하여야 한다.

② 기본계획에는 다음 각 호의 사항이 포함되어야 한다.

1. 여성취업의 촉진에 관한 사항

2. 남녀의 평등한 기회보장 및 대우에 관한 사항

3. 동일 가치 노동에 대한 동일 임금 지급의 정착에 관한 사항

4. 여성의 직업능력 개발에 관한 사항

5. 여성 근로자의 모성 보호에 관한 사항

6. 일·가정의 양립 지원에 관한 사항

7. 여성 근로자를 위한 복지시설의 설치 및 운영에 관한 사항

8. 그 밖에 남녀고용평등의 실현과 일·가정의 양립 지원을 위하여 노동부장관이 필요하다고 인정하는 사항

제6조의3 (실태조사 실시) ① 노동부장관은 사업 또는 사업장의 남녀차별 개선, 모성보호, 일·가정의 양립 실태를 파악하기 위하여 정기적으로 조사를 실시하여야 한다.

② 제1항에 따른 실태조사의 대상, 시기, 내용 등 필요한 사항은 노동부령으로 정한다.

제7조 (모집과 채용) ① 사업주는 근로자를 모집하거나 채용할 때 남녀를 차별하여서는 아니 된다.

② 사업주는 여성 근로자를 모집·채용할 때 그 직무의 수행에 필요하지 아니한 용모·키·체중 등의 신체적 조건, 미혼 조건, 그 밖에 노동부령으로 정하는 조건을 제시하거나 요구하여서는 아니 된다.

제8조 (임금) ① 사업주는 동일한 사업 내의 동일 가치 노동에 대하여는 동일한 임금을 지급하여야 한다.

② 동일 가치 노동의 기준은 직무 수행에서 요구되는 기술, 노력, 책임 및 작업 조건 등으로 하고, 사업주가 그 기준을 정할 때에는 제25조에 따른 노사협의회의 근로자를 대표하는 위원의 의견을 들어야 한다.

③ 사업주가 임금차별을 목적으로 설립한 별개의 사업은 동일한 사업으로 본다.

제9조 (임금 외의 금품 등) 사업주는 임금 외에 근로자의 생활을 보조하기 위한 금품의 지급 또는 자금의 융자 등 복리후생에서 남녀를 차별하여서는 아니 된다.

제10조 (교육·배치 및 승진) 사업주는 근로자의 교육·배치 및 승진에서 남녀를 차별하여서는 아니 된다.

제11조 (정년·퇴직 및 해고) ① 사업주는 근로자의 정년·퇴직 및 해고에서 남녀를 차별하여서는 아니 된다.

② 사업주는 여성 근로자의 혼인, 임신 또는 출산을 퇴직 사유로 예정하는 근로계약을 체결하여서는 아니 된다.

제12조 (직장 내 성희롱의 금지) 사업주, 상급자 또는 근로자는 직장 내 성희롱을 하여서는 아니 된다.

제17조의2 (경력단절여성의 능력개발과 고용촉진지원) ① 노동부장관은 임신·출산·육아 등의 이유로 직장을 그만두었으나 재취업할 의사가 있는 경력단절여성(이하 "경력단절여성"이라 한다)을 위하여 취업유망 직종을 선정하고, 특화된 훈련과 고용촉진프로그램을 개발하여야 한다.

② 노동부장관은「직업안정법」제4조에 따른 직업안정기관을 통하여 경력단절여성에게 직업정보, 직업훈련정보 등을 제공하고 전문화된 직업지도, 직업상담 등의 서비스를 제공하여야 한다.

제18조 (산전후휴가에 대한 지원) ① 국가는「근로기준법」제74조에 따른 산전후휴가 또는 유산·사산 휴가를 사용한 근로자 중 일정한 요건에 해당하는 자에게 그 휴가기간에 대하여 통상임금에 상당하는 금액(이하 "산전후휴가급여 등"이라 한다)을 지급할 수 있다.

② 제1항에 따라 지급된 산전후휴가급여 등은 그 금액의 한도에서「근로기준법」제74조제3항에 따라 사업주가 지급한 것으로 본다.

③ 산전후휴가급여 등을 지급하기 위하여 필요한 비용은 재정이나「사회보장기본법」에 따른 사회보험에서 분담할 수 있다.

④ 여성 근로자가 산전후휴가급여 등을 받으려는 경우 사업주는 관계 서류의 작성·확인 등 모든 절차에 적극 협력하여야 한다.

⑤ 산전후휴가급여 등의 지급요건, 지급기간 및 절차 등에 관하여 필요한 사항은 따로 법률로 정한다.

제18조의2 (배우자 출산휴가) ① 사업주는 근로자가 배우자의 출산을 이유로 휴가를 청구하는 경우에 3일의 휴가를 주어야 한다.

② 제1항에 따른 휴가는 근로자의 배우자가 출산한 날부터 30일이 지나면 청구할 수 없다.

> ### 대법 "새벽·휴일 근무 미이행 수습 워킹맘 채용 거부는 부당"
> #### -일·가정양립 지원 위한 배려 의무 최초로 명시
>
> 수습 기간 새벽부터 시작되는 초번 근무와 공휴일 근무에 불응한 워킹맘에 대해 채용을 거부한 것은 「남녀고용평등법」에 따른 배려 의무를 다하지 않아 부당한 처분이란 대법원 판단이 나왔다.
>
> 10일 법조계에 따르면, 대법원 2부(주심 민유숙 대법관)는 지난달 16일 도로관리용역업체 A사가 중앙노동위원회를 상대로 낸 부당해고구제 재심판정 취소 소송에서 원고 승소로 판결한 원심을 깨고 사건을 서울고법에 돌려보냈다.
>
> 두 아이를 양육하는 B씨는 한 용역업체 소속으로 고속도로 영업소에서 일할 당시 오전 6시~오후 3시의 초번 근무를 면제받고 공휴일에 연차 휴가를 사용할 수 있도록 배려받았다. 하지만 새 용역업체 A사는 2017년 4월 B씨와 수습 기간 3개월의 근로 계약을 체결하면서 초번 근무와 공휴일 근무를 지시했다. B씨는 A사에 항의했지만, 받아들여지지 않자 두 달 동안 초번·공휴일 근무를 이행하지 않았다.
>
> 〈아주경제, 2023년 12월 10일자〉

3. 지원기관 : 여성새로일하기센터

1) 개요

여성인력개발센터
(인천 서구 소재)

혼인·임신·출산·육아 등으로 경력이 단절된 여성 등에게 취업상담, 직업교육훈련, 인턴십 및 취업 후 사후관리 등 종합적인 취업서비스 지원

현재 전국 새일센터는 159개소 운용 중(2022년 8월 기준)

2) 지원대상

혼인·임신·출산·육아 등으로 경력이 단절된 여성 등 취업희망 여성

3) 지원내용

경력단절 여성의 재취업 지원과정은 <표 5-1>과 같다.

〈표 5-1〉 경력단절여성의 재취업 지원과정

과정	내　　용
상담	• 개별상담 • 집단상담 프로그램 • 취업정보 제공
직업교육훈련	• 전문기술, 기업맞춤형, 취약계층과정 등 교육 • 새일역량교육
취업연계	• 구인 구직 매칭 • 인턴십 연계 • 동행면접 등
사후관리	• 취업자 상담 및 멘토링 　- 직장적응교육, 멘토링 등 • 여성친화적 기업문화 조성 　- 성평등교육, 환경개선지원 등

자료: 여성가족부(홈페이지, 2024a).

(1) 찾아가는 취업지원 서비스 : 취업설계사가 구직상담, 구인업체 발굴,
    취업알선, 취업 후 직장적응 지원 등 관리
(2) 집단상담 프로그램 : 구직자의 취업의욕 고취·구직기술 향상, 직업진
    로지도 등을 위한 집단상담 프로그램 운영
(3) 직업교육훈련 : 구직자의 직무역량 향상을 위해 기업체 인력 수요와 여
    성의 선호직종 등을 고려한 맞춤형 교육과정 운영
(4) 새일여성인턴 : 새일센터를 통해 여성을 채용하고 직장적응기회를 제
    공한 기업과 해당 인턴에게 1인당 최대 380만 원 지원
(5) 취업연계 및 사후관리 지원 : 구인·구직자의 취·창업연계 및 취업자
    와 채용기업 대상 고용유지를 위한 사후관리 지원

4) 신청 절차 및 방법

새일센터 방문 및 전화 문의(1544-1199)

5) 필요 서류

프로그램 대상별 상이하여 문의 필요

6) 문의

(1) 여성새로일하기센터

(2) 누리집 http://saeil.mogef.go.kr/

(3) 문의전화 1544-1199

새일센터 취·창업 현황은 <표 5-2>와 같다.

〈표 5-2〉 새일센터 취·창업 현황

단위: 건

연도	구인	구직	취·창업센터		
			계	취업	창업
2022	547,082	553,590	161,772	160,065	1,707
2021	557,488	572,560	180,610	178,980	1,630
2020	576,043	552,198	176,866	175,589	1,277
2019	509,326	540,396	177,592	176,170	1,422
2018	511,953	483,802	173,064	171,675	1,389

자료: 여성새로일하기센터(홈페이지, 2024).

4. 사례연구 : 국방부 「일·가정양립제도」(2022년 시행)

국방부 안내서
(2022)

1) 난임치료시술휴가 확대

기존 최대 2일까지 사영할 수 있었던 난임치료시술
휴가를 최대 4일까지 사용할 수 있도록 확대
근거 : 군인의 지위 및 복무에 관한 기본법 시행령 제
12조제8항
국가공무원 복무규정 제20조제12항

2) 임신 중인 군인·군무원에 대한 야간근무 제한

모성보호를 위하여 출산 후 1년이 지나지 않았거나, 유·사산한 군인·군무
원에 대하여 야간근무(21:00~08:00)를 명할 수 없도록 개선
근거 : 비상상황 발생 시 출·퇴근시간 조정

3) 비상상황 발생 시 출·퇴근 시간 조정

비상상황 발생 등으로 부대 일과시간 외에 출·퇴근하여 양육에 공백이 생
길 경우, 지휘관은 부부 군인 및 군무원의 출·퇴근 시간을 조정하여, 자녀 돌
봄이 용이하도록 개선
근거 : 국방 양성평등지원에 관한 훈령 제60조의2

C h a p t e r **6**

아동돌봄정책

개요

아동돌봄정책은 주로 여성가족부, 보건복지부, 교육부가 업무를 분담하고 있다. 사실 아동돌봄정책은 어느 특정 부서를 중심으로 언급하기에는 무리가 있다. 그만큼 아동 돌봄정책은 우리 사회에서 중요하게 인식되고 있다. 여기에서는 여성가족부의 업무 를 중심으로 아동돌봄정책을 학습하고자 한다.

학습목표

1. 각 부서에 산재한 아동돌봄정책의 연계점 확인
2. 구체적 실천방안에 대한 토의
3. 개선방안에 대한 토의

학습내용

1. 아동빈곤
2. 육아지원금
3. 지원기관 : 아동권리보장원

아동돌봄정책

1. 아동빈곤

1) 빈곤아동의 개념

「아동빈곤예방법」 제3조제2항에 따르면, "아동빈곤이란 아동이 일상적인 생활여건과 자원이 결핍하여 사회적·경제적·문화적 불이익을 받는 빈곤한 상태를 말한다."라고 규정하고 있다. 또한 제3항에서 "빈곤아동"이란 생활여건과 자원의 결핍으로 인한 복지·교육·문화 등의 격차를 해소하기 위하여 지원이 필요한 아동을 말하며"로 규정한다.

빈곤은 기본 욕구를 충족시킬 수 있는 생활수단이 부족한 상태로, 대부분은 소득이 부족하여 지출수준이 낮으며, 열악한 주거상태에서 살고, 건강이나 교육의 수준이 낮아지는 문제상황이다. 아동은 가족의 부양을 받는 존재이므로 아동이 빈곤하다는 것은 아동이 속해 있는 가족이 빈곤한 상태임을 의미한다. 아동의 경우, 가족이 빈곤하면 가족구성원과 함께 주거, 건강, 교육 등에서의 빈곤상태를 경험하게 된다. 또한 아동은 빈곤한 부모나 가족으로부터 적절한 관심과 애정 및 훈육을 받기 어려워지면 물질적 결핍 외에도 심리적

·정서적 결핍을 경험하기 쉽다.

아동빈곤이란 성인빈곤이나 노인빈곤과 대비되는 개념으로 보통 18세 미만의 아동으로 빈곤한 가족에 속해 있는 경우를 말한다. 빈곤을 측정하기 위해서 가구의 소득(수입, income)을 사용하기도 하지만, 가구의 지출(consumption)을 사용하기도 한다.

아동빈곤은 통상적으로 아동이 있는 가구의 생활수준이 일정 수준 이하인 가구로 정의된다. 가구의 생활수준은 주로 소득수준을 기준으로 한다. 소득은 아동양육에 필요한 재화 및 서비스 구매력과 관련이 있다. 따라서, 소득의 결핍은 아동발달에 필요한, 주거환경, 영양, 건강, 양육, 교육 등에서 재화 및 서비스 이용을 제한한다. 아동에 대한 충분하지 않은 투자와 빈곤경험은 성장기의 발달을 저해할 뿐만 아니라, 성인기의 빈곤과도 연결된다. 지속적인 저성장과 소득의 양극화는 아동기의 빈곤이 성인기의 빈곤으로 이어져 빈곤의 만성화 경향을 가속할 가능성이 높다.

2) 아동빈곤에게 미치는 영향

빈곤은 아동의 삶에 개별적으로 영향을 미치기도 하며, 때로는 누적적 위험요인을 형성하여 영향을 미친다. 이러한 영향은 아동의 신체적·인지적, 사회정서 발달에 미치는 영향으로 구분할 수 있다. 빈곤아동과 일반아동을 비교한 대부분의 연구에서 아동의 신체적 발달, 인지적 발달, 사회정서 발달에 미치는 빈곤의 부정적 영향이 있는 것으로 나타나고 있다. 그 내용은 다음과 같다(김기원, 2019: 319-322).

(1) 빈곤이 아동의 신체적 발달에 미치는 영향

빈곤은 출생 시부터 아동의 신체적 발달에 부정적인 영향을 미친다. 빈곤가족의 신생아는 비빈곤가족에 비해 저체중으로 태어나며, 생후 1개월간 사망률이 높다.

영아기 동안에도 영양결핍 때문에 평균신장 및 평균체중에 도달하지 못하며, 감각운동 발달이 저하될 가능성이 높다.

빈곤으로 인한 생애초기 발달상의 어려움은 이후에도 영향을 미치는데, 빈곤아동은 비빈곤아동보다 만성질활에 걸리거나 신체적 손상을 입을 가능성이 크고, 청소년기에 들어서면 흡연, 음주, 조기 성 행동, 임신과 같은 건강상의 문제를 빈번히 유발한다.

빈곤아동이 경험하는 신체발달이나 건강상의 문제는 영양결핍, 비위생적 환경, 부모의 신체적 또는 심리적 질환, 부적절한 양육방식 등의 원인이 복합적으로 작용하여 유발된다. 위험스러운 점은 아동기의 신체적 발달이 인지적 발달 및 사회정서 발달과 연관되어 있으며, 전 생애에 걸쳐 장기적인 손상을 가져올 수 있다는 점이다.

(2) 빈곤이 아동의 인지적 발달에 미치는 영향

빈곤은 아동의 인지적 발달에 부정적 영향을 미칠 가능성이 크며, 이는 후에 학업성취 저하로 연결되는 경향이 있다. 생물학적 측면에서 볼 때, 빈곤아동에게 빈번히 나타나는 신체발달 저하는 뇌 발달에 영향을 미쳐 이후 인지발달을 좌우할 수 있다. 또한 빈곤가족의 부모는 일반가족의 부모에 비해 영유아기 아동에게 새로운 인지적 자극을 제공하고, 탐색적 활동을 촉진하며, 주도적 학습동기를 강화하는 경향이 낮다.

영·유아기 때부터 상대적으로 열악한 인지적 자극환경에 처한 빈곤아동은 이후 형식교육기관에 진학하면서 낮은 학업성취를 보이게 된다. 특히, 학령기에는 부모가 제공할 수 있는 재화나 서비스가 학업성위를 좌우하는 주요 요인이라는 점을 고려하면, 빈곤아동은 불리한 위치에 놓이게 된다. 따라서, 빈곤아동의 발달지연율, 학습장애율, 유급률, 제적률 또는 유예율, 고등학교 중퇴율 등이 일반아동에 비해 높게 나타났다.

(3) 빈곤이 아동의 사회정서 발달에 미치는 영향

빈곤은 아동의 사회정서 발달에 부정적인 영향을 미친다. 심리 내적 측면에서 빈곤아동은 일반아동에 비해 자아존중감은 낮고, 불안감, 불행감, 의존성, 충동성, 반항성 등은 높게 나타난다. 빈곤아동의 정서발달은 특히 부모에게서 오는 간접효과를 고려해야 한다. 즉, 빈곤은 아동뿐 아니라, 부모의 정서상태에도 부정적 영향을 미치는데, 그 어떤 시기보다 주 양육자의 영향을 많이 받는 아동은 이러한 부모의 심리상태에 영향을 받는 것이다.

빈곤아동은 또래관계 측면에서도 일반아동에 비해 부적응을 보이며, 문제행동을 유발하는 비율이 높다. 빈곤아동의 사회정서적 문제를 분석한 연구들은 빈곤아동이 일반아동에 비해 부모로부터 방임될 확률이 높아 적절한 훈육을 받지 못하며, 부정적인 부모-자녀 상호작용을 더 많이 경험하고, 바람직한 사회적 규율을 내면화할 기회가 적다는 점을 원인으로 설명하고 있다. 이러한 가족 내 역동은 빈곤아동의 탈선이나 비행 등의 문제행동으로 나타날 위험성이 높다.

(4) 누적적 위험요인과 아동빈곤

빈곤은 빈곤을 경험하는 사람들의 발달에 좋지 않은 영향을 미치는데, 특히 아동기에 경험하는 빈곤은 그 영향이 매우 크고 범위 역시 넓은 것으로 알려져 있다. 아동은 스스로 일을 하고 돈을 벌어 생계를 꾸릴 수 없기 때문에 빈곤가정의 아동은 빈곤상태일 수밖에 없다. 가정이 빈곤할 경우, 아동은 이에 따른 물질적인 자원부족에 가장 취약하게 노출될 수 있고, 부모나 가족으로부터 적절한 관심과 애정 및 훈육을 받기 어려워 물질적 결핍 외에도 심리적·정서적 결핍을 경험하기 쉽다. 빈곤가족의 아동이 비빈곤가족의 아동에 비해 자기이해가 부정적인 것으로 나타나, 아동 스스로의 긍정적 자기이해가 빈곤 때문에 저해됨을 알 수 있다. 아동의 의지와는 무관한 빈곤이라는 상황은, 이처럼 아동의 삶에 총체적으로 영향을 미치고 있다.

3) 아동빈곤 대책

(1) 교육급여

교육급여는 국민기초생활보장제도의 하나이다. 국민기초생활보장제도 (national basic livelihood security act)는 빈곤층을 대상으로 국민의 최저생활을 보장해 주는 제도를 말한다. 기초보장제도라고도 하며, 1999년 9월 보건복지 부 주관으로 실시되었다. 이 제도는 개별가구의 소득이 국가가 정한 일정 기 준선에 미달하는 빈곤층을 대상으로 생계, 의료, 주거, 교육 등 기초적인 생활 을 영위할 수 있도록 현금 또는 현물을 지원하는 복지제도를 지칭한다.

교육급여는 고등학생의 경우, 교과서대, 수업료·입학금(학교장이 고지한 금액 전부), 초·중학생의 경우 부교재비(66천원/인, 105천원/인), 중·고등학생 학용품 비(57천원/인)를 지원한다. 즉, 교육급여는 학교나 시설에 입학해 입학금, 수업 료, 학용품비, 그 밖의 수급품 등이 필요한 기초생활보장수급자에게 지급된 다. 이는 초등학교·공민학교, 중학교·고등공민학교, 고등학교·고등기술학교, 특수학교, 각종학교(초등학교·공민학교·중학교·고등공민학교·고등학교·고등기술학교 와 비슷한 학교), 학교 형태의 평생교육시설(고등학교 졸업 이하의 학력이 인정되는 시 설로 지정한 시설만 해당) 중 어느 하나에 해당하는 학교 또는 시설에 입학 또는 재학하는 사람에게 지급된다.

2. 육아지원금

1) 아동수당

아동수당은 「아동수당법」에 근거한다. 동법의 제정 이유로는, 아동은 우리 사회의 소중한 구성원이자 미래사회를 책임지게 될 중요한 세대임에도 불구 하고, 그동안 아동에 대한 재정적·정책적 지원에는 소극적이었다. 이에 6세 미만 아동(2018년 제정 당시)에게 보호자와 그 가구원의 경제적 수준을 고려하 여 아동수당을 지급하도록 함으로써 아동양육에 따른 경제적 부담을 덜어 주고, 아동의 건강한 성장 환경을 조성하며, 아동양육에 대한 국가의 책임성을 강화하려는 것이다.

아동수당은 0−95개월(만 8세 미만, 2022.4부터)까지의 아동으로, 다른 수당과 중복적으로 선택하여 지급받을 수 있다. 아동수당은 1인당 월 10만 원이 지급하되, 조례로 지역사랑상품권 등을 지급할 수 있다. 단, 90일 이상 해외 체류할 경우에 지급이 중단된다. 지급일은 매월 25일이다.

지방자치단체별로 육아기본수당을 지급하기도 한다. 강원도는 2024년부터 소득과 관계없이 2019년 이후 출생한 모든 아동을 대상으로 지급되며, 2023년까지 4세 아동까지만 지급하던 육아기본수당을 2024년부터는 5세까지 확대된다.

한부모가족 아동양육비 신청
안내
(여성가족부)

2) 부모급여

보건복지부에서는 돌봄이 집중적으로 필요한 영아를 마음 편하게 가정에서 돌볼 수 있도록 부모급여를 지원하고 있다. 부모급여는 영유아기에 많은 비용이 들고 출산, 양육으로 인해 손실을 보전하기 위해 장부가 지급해 주는 수당을 말한다. 부모급여는 기존 보육수당(영어수당)을 개편해 마련한 제도로, 2023년부터 신설된 수당이다. 부모수당을 도입한 취지는, 가정에서 직접 양육하는 환경을 넓히고자 하면서 실제 소득이 줄지 않게 보전하려는 것으로 파격적이라고 할 수 있다.

2023년 현재 만 0세(1−11개월)가 되는 아동(2022년 이후 출생)은 월 70만 원, 만 1세(12−23개월)가 되는 월 35만 원을 지급받게 된다. 2024년부터는 각각 100만 원, 50만 원으로 증액된다. 지급일은 매월 25일이다.

부모급여는 보호자 또는 대리인이 주민등록상 주소지 행정복지센터를 직접 방문하거나, 복지로(http://www.bokjiro.go.kr) 또는 정부24 홈페이지를 통해 온라인으로도 신청할 수 있다. 부모급여 대신 어린이집이나 종일제 아이돌봄서비스를 이용하기 위해서는 변경 신청해야 한다. 단, 기관에 보낸다면 차액만 지급한다. 신청 시 주의사항으로는, 출산일 포함하여 60일 안에 신청해야 소급 가능하다. 또한 해외체류 시 출국일 포함하여 90일 이후에는 지급을 중단한다.

3) 양육수당

양육수당은 어린이집이나 유치원 종일제 아동돌봄서비스를 이용하지 않고 가정에서 영유아를 돌볼 경우에 지급된다. 단, 정부지원을 받는 기관(어린이집, 유치원)에 다니는 아이들은 받을 수 없고, 영유, 스포츠단, YMCA, 가정보육하는 아이들은 신청해서 받을 수 있다.

2023년까지는 연령에 따라 달리 지급되었지만, 부모급여 등장 이후 만 2세부터는 10만 원으로 통일되었는데, 2022년생 이전 아이들에게 2024년부터는 10만 원씩 지급된다. 지급일은 아동수당과 동일하게 매월 25일 지급된다.

양육수당은 부모급여 지원이 끝나는 생후 24개월부터 초등학교 취학년도의 2월(생후 84개월 미만)까지 지원을 받을 수 있다. 예를 들어, 2024년 양육수당은 2017년생 2월까지만 지급하고, 3월부터는 모두 자급이 정지된다.

여기서 주의할 점은, 보통 어린이집이나 유치원은 기관의 경우, 1-2월에 방학이나 퇴소를 하는 경우가 많은데, 기관에서 양육수당을 보육료 전환을 15일까지 하면 기관에 보냈던 아이들에게도 지급된다. 또한 부모급여와 양육수당은 중복되지 않으며, 부모급여와 아동수당, 양육수당과 아동수당은 중복이 가능하다.

4) 무상급식

무상급식이 한국에 처음 도입된 해는 2001년으로 경기도 과천시에서 시작되었다. 자치단체 단위로 한국에 최초 시행된 해는 2007년으로 경상남도 거창군에서 시작되었다. 그리고 경기도 성남시에서도 2007년 초등학교 일부에서 실시되었다.

이념논쟁을 부르기 쉬운 '무상급식'이라는 이름 대신 '기초급식'이라고 이름

만 바꾸고 다른 나라의 공립학교 급식을 참고하여 지자체가 학부모의 소득과 재산에 따라 지방세를 거두면 논란을 피할 수 있다. 그러나 우리나라에서는 부담 면에서 찬반 측 모두가 "내 소득세 명목으로는 내기 싫다."라며 입을 모으고 있고, 식사를 제공하는 면에서만 돈을 내느냐 마느냐를 가지고 논쟁하는 일이 많다. 즉, 찬반 어느 쪽이든 급식을 하는 것 자체에는 반대하지 않는다. 그러나 무상급식에는 많은 논란을 일으켜 2011년 무상급식 논란으로 재보궐 선거에서 취임한 박원순 서울시장은 전면 무상급식을 실시하였다. 그 후 2018년 인천광역시에서 어린이집부터 고등학교까지 전면 무상급식을 실시하는 최초 지방광역단체가 되어 무상급식은 전국적으로 확대되고 있다.

무상급식은 근본적으로 보편적 복지와 선별적 복지에 대한 논쟁을 낳게 되었고, 국민들이 보편적 복지에 대한 이해가 깊어지고 넓어지는 계기가 되었다. 이후 복지가 하나의 인권과 당연한 권리라는 인식이 형성되기 시작했고, 이 시점을 기점으로 이재명 경기도지사를 중심으로 하는 청년수당, 무상교복과 같은 정책들이 추진되었다.

결국 무상급식은 이념논쟁이나 정치적 분쟁보다는 민생과 관련된 국민의 일상적인 관심임이 증명되었다.

5) 드림스타트

(1) 정의

드림스타트란 취약계층 아동에게 맞춤형 통합서비스를 제공하여 아동의 건강한 성장과 발달을 도모하고, 공평한 출발기회를 보장함으로써 건강하고 행복한 사회구성원으로 성장할 수 있도록 지원하는 사업을 말한다.

드림스타트 BI 디자인
(아동권리보장원)

(2) 법적 근거

「아동복지법」 제37조(취약계층 아동에 대한 통합서비스지원)

① 국가와 지방자치단체는 아동의 건강한 성장과 발달을 도모하기 위하여 대통령령으로 정하는 바에 따라 아동의 성장 및 복지 여건이 취약한 가정을 선정하여 그 가정의 지원대상아동과 가족을 대상으로 보건, 복지, 보호, 교육, 치료 등을 종합적으로 지원하는 통합서비스를 실시한다.

② 제1항에 따른 통합서비스지원의 대상 선정, 통합서비스의 내용 및 수행기관·수행인력 등에 필요한 사항은 대통령령으로 정한다.

③ 보건복지부장관은 통합서비스지원사업의 운영지원에 관한 업무를 법인, 단체 등에 위탁할 수 있다.

아동복지법 시행령 제37조(취약계층 아동에 대한 통합서비스지원)

① 보건복지부장관, 시·도지사 및 시장·군수·구청장은 법 제37조제1항에 따라 다음 각 호에 해당하는 가정 중에서 보건복지부장관이 아동의 발달수준 및 양육 환경 등을 고려하여 정하는 기준에 따라 통합서비스지원 대상을 선정한다.

1. 「국민기초생활 보장법」에 따른 수급자 또는 차상위계층 가정
2. 그 밖에 보건복지부장관이 정하는 아동의 성장 및 복지 여건이 취약한 가정

② 법 제37조제1항에 따른 통합서비스의 내용은 다음 각 호와 같다.

1. 건강검진 및 질병예방교육 등 건강증진을 위한 서비스
2. 아동의 기초학습 및 사회성·정서 발달 교육 지원
3. 부모의 양육 지도
4. 그 밖에 아동의 성장과 발달을 도모하기 위하여 필요한 서비스

③ 보건복지부장관, 시·도지사 및 시장·군수·구청장은 법 제37조제2항에 따라 통합서비스지원 업무를 수행하기 위한 통합서비스지원기관을 설치·운영하여야 한다. 이 경우 통합서비스지원기관 에는 보건복지부장관이 정하는 바에 따라 공무원과 민간 전문인력을 배치하여야 한다.

(3) 추진배경

① 가족해체, 사회양극화 등에 따라 아동빈곤문제의 심각성 대두
② 빈곤아동에 대한 사회투자 가치의 중요성 강조
③ 아동과 가족에 초점을 둔 통합사례관리를 통해 모든 아동에게 공평한 출발기회 보장

(4) 사업대상

① 0세(임산부) 이상 만 12세 이하(초등학생 이하) 취약계층 아동 및 가족, 다음 대상을 사업대상으로 추가 가능
② 만 13세 이상의 초등학교 재학 아동
③ 연령 도래 종결심사(만 12세 이후)의 위기개입, 집중사례관리 아동 중 지속 사례관리 필요아동(사례회의 및 지방자치단체장의 승인하에 최대 만 15세까지 연장 가능)
④ 보호대상아동은 원칙적으로 제외하나, 해당 지역 내 적절한 전달체계가 없는 경우
  * 기존 사례관리 대상아동 중 시설입소, 가정위탁 등 보호조치된 아동은 사례관리를 종결하고, 모니터링(사후관리) 실시

(5) 지원내용

지원내용은 <표 6-1>과 같다.

〈표 6-1〉 드림스타트 지원내용

서비스 구분	서비스 내용	프로그램(예시)
신체·건강	• 아동의 건강한 성장과 신체발달 증진 • 건강한 생활을 위한 건강검진 및 예방, 치료 • 아동발달에 필요한 신체·건강 정보 제공	건강검진, 예방접종, 건강교육, 영양교육 등

인지·언어	• 아동의 의사소통 및 기초학습 능력 강화 • 맞춤형 인지/언어 서비스를 통한 아동의 강점 개발	건강검진, 예방접종, 건강 교육, 영양교육 등
정서·행동	• 자아존중감 및 긍정적 성격형성을 위한 정서발달 서비스 제공 • 사회성 발달 및 아동권리 신장을 위한 교육	사회성발달프로그램, 아동학대예방, 심리상담 및 치료, 돌봄기관 연계 등
부모·가족	• 부모자녀 상호작용 및 적합한 교육환경을 위한 부모 역량강화 • 부모의 유능감 및 자존감 강화 • 부모의 양육기술 지원 • 임산부의 건강한 출산 및 양육 지원	부모교육, 가족상담 및 치료, 부모취업지원, 산전산후관리

자료: 보건복지부(홈페이지, 2024).

(6) 지원과정

가정방문을 통해 파악한 대상 아동과 가족의 기초정보 및 아동의 양육환경과 발달정보를 기준으로 지역자원과 연계한 맞춤형 통합 서비스를 제공

* 기존 사례관리 대상아동 중 시설입소, 가정위탁 등 보호조치된 아동은 사례관리를 종결하고, 모니터링(사후관리) 실시

6) 디딤씨앗통장

디딤씨앗통장 안내 표지
(아동권리보장원)

(1) 목적

디딤씨앗통장은 미래성장동력인 아동에 대한 사회투자로, 취약계층 아동의 사회진출 시 초기비용 마련을 위한 적극적·장기적 자산형성을 지원함으로써, 빈곤의 대물림을 방지하고 건전한 사회인을 육성하고자 한다. 보건복지부 소관이다.

(2) 지원대상

① 보호대상 아동

    a. 18세 미만의 아동양육시설, 가정위탁, 공동생활가정, 소년소녀가정, 장애인 생활시설 아동

    b. 보호대상아동(양육시설, 공동생활가정, 가정위탁, 장애인생활시설, 소년소녀가정 아동) 및 기초생활수급 아동 일부(매년 12세부터 17세까지 아동 중 신규 선정 지원)

② 기초수급가구 아동

중위소득 40% 소득수준(생계, 의료)의 아동 중 매년 만 12~17세 아동이 신규가입 대상이며, 가입하여 만 18세까지 지원

(3) 지원내용

① 기본 매칭 적립 : 대상 아동이 디딤씨앗통장에 적립하면 국가(지자체)가 1:2 매칭 펀드로 월 10만 원 내에서 지원

② 추가 적립액 : 정부지원 최고한도 10만 원 적립 후 월 50만 원 내에서 추가 적립 가능

(4) 신청방법

읍·면·동 행정복지센터에 방문하거나, 온라인으로 신청

(5) 제출서류

① 디딤씨앗통장 지원 신청서

② 기초생활수급가구 아동은 첨부의 '디딤씨앗통장 적립 및 사용계획서'를 함께 작성·제출

(6) 접수기관

행정복지센터

(7) 문의처

보건복지상담센터(129)
아동권리보장원(02 – 6283 – 0200)

드림스타트 추진체계는 다음과 같다.

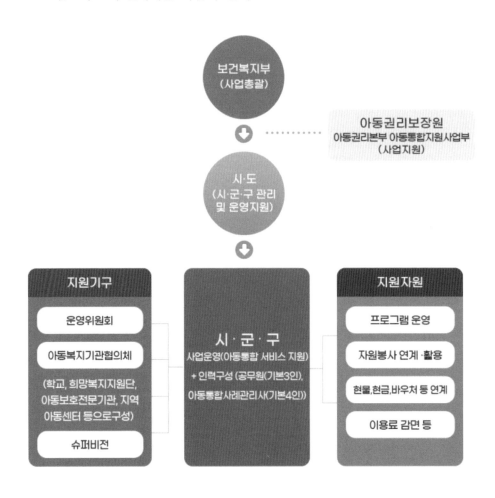

3. 지원기관 : 아동권리보장원(보건복지부 산하)

아동권리보장원 심볼마크 디자인

1) 설립근거

「아동복지법」 제10조의2(아동권리보장원의 설립 및 운영)

2) 설립목적

아동정책에 대한 종합적인 수행과 아동복지 관련 사업의 효과적인 추진을 위하여 필요한 정책의 수립을 지원하고, 사업평가 등의 업무를 수행

3) 사업내용

(1) 아동정책 지원

① 아동정책 수립·평가 지원

② 아동정책 영향평가 지원

③ 아동통계DB 구축 및 운영

④ 아동정책 연구수행 및 성과 확산

(2) 아동성장·돌봄

① 지역아동센터 지원

② 다함께돌봄센터 지원

③ 아동통합서비스 지원(드림스타트)

(3) 아동보호

① 아동보호체계
② 아동학대 예방 및 보호
③ 실종아동 등 보호 지원

(4) 입양

① 입양사업안내
② 입양 정책 및 절차
③ 친생부모 입양상담 문의
④ 입양인·가족(입양부모, 친생부모) 지원

(5) 가정형 보호

① 가정위탁사업활성화

(6) 아동자립

① 아동자립지원
② 아동자산형성(디딤씨앗통장)

(7) 아동권리 증진

① 「유엔아동권리협약」 이행 지원
② 지역사회 중심의 놀이혁신 확산
③ 대한민국 아동총회
④ 아동위원회

다문화가족정책

개요

여성가족부는 5년마다 「다문화가족정책 기본 계획」을 수립하고 있다. 이 기본 계획은 다문화가족정책의 기본 방향과 발전시책을 말하며, 이는 법정계획이다. 최초 2008년부터 시작하였으며, 「제4차 다문화가족정책 기본 계획(2023-2027)」을 시행 중이다. 여기에서는 제4차 다문화가족정책의 기본 계획을 중심으로 학습하고자 한다.

학습목표

1. 기본 계획 숙지
2. 정책방향 파악
3. 문제점 적시

학습내용

1. 기본 계획의 개요
2. 제3차 기본 계획 평가
3. 제4차 기본 계획 추진방향

다문화가족정책

1. 기본 계획의 개요

1) 기본 계획 수립의 배경

「다문화가족지원법」 제3조의2는 "여성가족부장관은 다문화가족 지원을 위하여 5년마다 다문화가족정책에 관한 기본 계획을 수립하여야 한다."라고 규정하고 있다. 이에 따라, 여성가족부는 5년마다 「다문화가족정책 기본 계획」을 수립하고 있다. 이 기본 계획은 다문화가족정책의 기본 방향과 발전시책을 말하며, 이는 법정계획이다. 최초 2008년부터 시작하였으며, 「제3차 다문화가족정책 기본 계획(2018~22)」을 마친 상태이다. 「제4차 다문화정책 기본 계획(2023~27)」은 다음과 같다.

2) 추진 배경 및 경과

(1) 추진배경

① 「다문화가족정책 기본 계획」은 정책의 기본 방향과 정책과제를 담아 5년마다 수립되는 법정계획

② 제3차(2018~22) 기본 계획의 성과와 한계를 분석하고, 환경변화와 새로운 정책수요를 반영하여 제4차 기본 계획(2023~27) 수립

(2) 추진경과

① 2021년 「전국다문화가족실태조사」 및 「국민다문화수용성조사」 발표
② 제4차 기본 계획 수립을 위한 연구(22.4~12월, 한국여성정책연구원)
　－ 분야별 의제발굴을 위한 세미나 및 전문가 자문회의 등
③ 정책 수요자 의견수렴을 위한 다문화가족 참여회의(22.9월)
④ 관계부처 1차 의견수렴(23.1월)
⑤ 부처 및 지자체, 현장, 정책전문가 등 폭넓은 의견수렴을 위한 공청회(23.1월)
⑥ 관계부처 2·3차 의견수렴(23.1~2월)
⑦ 다문화가족정책실무위원회(위원장: 여성가족부 차관) 개최(23.3월)
⑧ 다문화가족정책위원회(위원장 국무총리) 심의·의결(23.4월)

3) 정책환경

(1) 다문화가구 및 가구원(2021년 기준)

① 다문화가구는 38.5만 가구로, 전체 가구(2,202만 가구)의 1.8%
② 다문화가구원은 112만 명으로, 전체 인구(5,174만 명)의 2.2%
③ 지역별로는 경기 29.6%(330,934명), 서울 16.7%(187,022명), 인천 6.9%(76,765명) 등이며, 수도권에 53.1%(594,721명) 거주하며, 경남 6.3%(70,210명), 충남 5.4%(60,015명) 순이다.

다문화가구 및 가구원은 <표 7－1>과 같다.

〈표 7-1〉 다문화가구 및 가구원

단위: 명. %

계	한국인 배우자	결혼 이민자	귀화자	자녀	기타 동거인
1,119,267	161,395	174,122	196,372	286,848	300,530
구성비 (100)	14.4	15.6	17.5	25.6	26.9

자료: 여성가족부(2023a: 18).

국적별 결혼이민자 및 귀화자 현황은 <표 7-2>와 같다.

〈표 7-2〉 국적별 결혼이민자 및 귀화자 현황

단위: 명

합계	중국 (한국계)	베트남	중국	필리핀	일본	캄보디아	태국	몽골	기타
385,512	124,213	87,305	73,244	21,187	14,170	9,163	7,316	4,165	44,749

자료: 여성가족부(2023a: 18).

(2) 혼인 및 이혼 현황

① 다문화가족 혼인은 13,926건으로, 전체 혼인(19만 3천 건)의 7.2%
② 다문화가족 이혼은 8,424건으로 전체 이혼(10만 2천 건)의 8.3%

(3) 출생 및 학생(초 · 중 · 고) 현황

① 다문화가족 출생은 14,322명으로, 전체 출생(26만 1천 명)의 5.5%
② 다문화학생은 2022년 168,645명으로, 전체 학생(527만 5천 명)의 3.2%

4) 실태분석

(1) 다문화가족의 가구 구성이 다양화되고 장기 거주자 비중이 증가

① 가구원 : 다문화가구원 수는 2018년 1백만 명을 넘어 2021년 112만 명

으로 증가

* 다문화가구원 수 : 2017년 963,801명 → 2018년 1,008,520명 → 2021
년 1,119,267명

a. 최근(2020~21) 코로나19 확산으로 연간 다문화 혼인 건수는 감소하
였으나, 누적 결혼이민자 · 귀화자 규모는 지속 증가 추세

b. 가구 구성은 다양화되고 있으며, 다문화 한부모가족은 자녀 돌봄 공
백, 교육비, 학습지도 등의 어려움을 겪는 현실

* 부부＋자녀 35.5%, 부부 30%, 다문화 한부모가족 10.9%, 결혼이민자
· 귀화자 1인 가구 8.3% 등

* 다문화 한부모의 자녀양육 어려움 : 만 5세 이하는 돌봄 공백, 만 6세
이상은 교육비 등 비용부담, 자녀 학습지도 순

c. 특히, 이혼 · 사별 등의 사유로 본국으로 귀환한 결혼이민자와 한국국
적 자녀는 체류와 의료 · 교육 등의 어려움이 더 많은 것으로 파악

* 베트남 거주 한국국적 자녀는 1.7~2만 명으로 추산(21.12, 재외동포재단)

② 장기 거주 : 15년 이상 장기 거주자와 고령층 비율이 지속 증가

☆ 15년 이상 거주 결혼이민자 · 귀화자 비율 : 2018년 27.6% → 2021년
39.9%

50대 이상 결혼이민자 · 귀화자 비율 : 2015년 20% → 2018년 21.5%
→ 2021년 25.2%

③ 고용상태 : 결혼이민자 · 귀화자의 고용률은 2018년 대비 하락하였고, 임
시 · 일용 근로자 비율이 높아 일자리 안정성이 낮은 상황

* 결혼이민자 · 귀화자 고용률 : 2018년 66.4% → 2021년 60.8%, 임시근
로자 · 일용근로자 비율 35.9%로 국민 일반 21.5% 대비 14.4%p 높음.

(2) 학령기 자녀의 학교부적응 · 학력 격차 등의 어려움 심화

① 연령별 규모 : 다문화가족의 정착이 장기화됨에 따라 만 7~18세 다문
화가족 자녀가 빠르게 증가하는 추세

    a. 만 7~18세 자녀 수 : 2017년 10.7만여 명 → 2021년 17.5만여 명(63% 증가)

       전체 미성년 자녀 중 만 7~18세 비율 : 2017년 48.3% → 2021년 60.4%(12.1%p 증가) − 최근 5년간 전체 학생 수는 감소한 반면, 다문화학생 수는 많이 증가

    b. 전체 초중고 학생 수 : 2017년 5,725,260명 → 2022년 5,275,054명(7.9% 감소)

       다문화학생 수 : 2017년 109,387명 → 2022년 168,645명(54.2% 증가)

    c. 2021년 기준 만 19세 이상 자녀는 전체 자녀 중 약 11%로 추정되며, 5년 후에는 17%에 이를 것으로 예상

② 학교적응 : 다문화가족 자녀의 학교적응도는 점차 낮아지는 추세이며, 학교부적응 이유는 학교공부(56.2%)와 교우관계(55.4%) 등

   * 2015년 4.53점 → 2018년 4.33점 → 2021년 4.23점

③ 지원수요 : 다문화가족 자녀는 학습지원(3.42점), 진로상담(3.31점) 등 요구

④ 심리건강 : 다문화가족 자녀의 우울감 경험은 증가, 자아존중감은 하락

   * 우울감 경험 : 2018년 18.8% → 2021년 19.1%

     자아존중감 : 2018년 3.87점 → 2021년 3.63점

⑤ 학교폭력 : 다문화가족 자녀의 학교폭력 경험 비율은 2.3%로, 전체 학생 1.1%에 비해 2배 높으며, 피해유형은 집단따돌림(49.1%), 협박·욕설(43.7%) 순

⑥ 학력격차 : 고등교육기관 취학률 격차가 심화되고 있으며, 이러한 경향이 지속될 경우, 사회계층 격차로 이어질 우려

   * 고등교육기관 취학률 격차 : 2018년 18%p → 2021년 31%p(2021년 고등교육기관 국민 전체 취학률 71.5% 대비 다문화가족 자녀 40.5%)

(3) 결혼이민자의 차별경험은 감소하였으나, 다문화 수용성은 여전히 낮은 수준

① 차별경험 : 결혼이민자의 차별 경험은 감소하였으나, 일부 부정적 정서
는 여전

* 결혼이민자 차별경험 응답 : 2015년 40.7% → 2018년 30.9% → 2021년 16.3%

② 다문화 수용성 : 청소년보다 성인의 다문화 수용성이 낮은 수준이며, 나
이가 많을수록 다문화 수용성이 낮은 경향

* 청소년 : 중학생 73.15점 > 고등학생 69.65점

성인 : 20대 54.40점 > 30대 52.98점 > 40대 52.77점 > 50대 51.80
점 > 60대 이상 49.98점

2. 제3차 기본 계획 평가

1) 제3차 기본 계획의 성과

(1) 다문화가족의 안정적 정착을 위한 종합적 지원서비스 확대

① 전국 가족센터의 방문교육(한국어·부모교육 등), 통번역, 사례관리 등 다
문화가족의 초기 적응과 정착지원을 위한 서비스 확대

a. 통번역서비스 제공 2018년 43만 명 → 2022년 51만 명, 사례관리 지
원 2018년 1,954가구 → 2022년 4,038가구

b. 결혼이민자·귀화자 중 한국생활에 어려움을 느끼는 비율이 8%p 감
소하는 등 한국생활 적응도 향상

c. 2018년 70.1% → 2021년 62.1%(2018년, 2021년 다문화가족 실태조사 기준)

② 「한부모가족지원법」 개정(2021.4.21. 시행)을 통해 한국국적 아동을 양육
하는 외국인에 대해 대한민국 국민과의 혼인 여부에 관계없이 지원 가
능하도록 제도 개선

③ 국제결혼 중개과정에서의 인권보호 및 가정폭력 등 폭력피해 지원 강화

a. 「결혼중개업법」 시행규칙 개정(2021.1.8. 시행)을 통해 인권침해적 결

혼중개 광고행위에 대한 규제 근거 마련

b. 24시간 다국어(13개국) 폭력피해 상담 제공 및 폭력피해 이주여성 전
문 상담소(9개소)·자립지원금 신설(2019)

c. 다누리콜센터 지원 실적 : 2018년 132,115건 → 2022년 208,656건

(2) 다문화가족 자녀의 건강한 성장·발달을 위한 자녀양육 지원 강화

① 영유아기 자녀 생활지도와 언어발달 지원 등 다문화가족 자녀의 안정적
성장·발달을 위한 지원서비스 확대

* 방문교육(자녀 생활지도) 지원기간 확대(10개월 → 12개월, 2019~), 언어발
달 지원대상 확대(만 12세 이하 → 초등학교 재학 중일 경우, 만 12세를 초과해
도 지원, 2021~)

② 다문화가족 내 이중언어 사용 환경을 조성하고, 다양한 능력을 갖춘 다
문화가족 인재를 DB에 등재하고 유관기관에 연계

* 다문화가족 인재DB 등재자 : 2018년 771명 → 2022년 1,515명

③ 학령기 자녀 증가에 대응한 종합적 지원방안을 마련하고, 취학 전후 기
초학습, 청소년기 상담·진로컨설팅 등의 지원을 2022년부터 추진

a. '학령기 다문화가족 자녀 포용적 지원방안' 수립(2022)

주요 내용 : 학력격차 해소 및 진로지도, 학교적응을 위한 체계적 지
원, 심리·정서 및 또래관계 형성 지원, 다문화 수용성 증진 등

b. 2022년 신규 기초학습 지원 90개 지역, 정서안정·진로컨설팅 지원
78개 지역

(3) 다문화 수용성 제고를 위한 다문화 이해교육 등 확대

① 다문화 이해 증진을 위해 연령별·대상별 교육과정을 개발하고, 유관기
관과 콘텐츠 연계를 강화하여 다문화 이해교육 확산

☆ 다문화 이해교육 실적 : 2018년 123,457명 → 2022년 270,496명
유아·청소년, 경찰·교육자 등 교육과정 개발 / 중앙교육연수원·나

라배움터 등 콘텐츠 연계(2022)

② 다문화가족과 지역주민 간 교류·소통공간 신규 운영(80개소, 2019~), 결혼이민자가 찾아가는 다문화친화활동(다이음) 확대(5개월 → 10개월, 2022~)

③ 정부정책 등에 대한 다문화가족 차별 요소 점검·컨설팅 연구 신규 실시(2022)

2) 개선 필요사항

① 다문화 한부모·본국 귀환 가족 등 다문화가족의 다변화된 수요를 반영한 가구유형별·정착주기별 지원방안 마련 및 확대

② 영유아기 성장발달 지원부터 후기청소년 실태파악까지 다문화 아동·청소년의 성장단계별 맞춤형 지원서비스 강화

③ 다문화 이해교육을 실시하고 있으나, 성인의 다문화 수용성이 하락하고 있어서 일반국민에 대한 다문화 수용성 제고 방안 다각화

3. 제4차 기본 계획 추진방향

1) 추진방향

① 결혼이민자의 정착과 자녀양육 지원을 넘어 현 정부 국정과제를 반영하여 다문화가족 자녀의 성장단계별 맞춤형 지원 강화에 중점

 － 다문화 아동·청소년이 동등한 출발선 위에서 우리 사회의 미래 인재로 성장할 수 있도록 취학 전후·청소년기 등 성장단계별 지원서비스 체계화

② 결혼이민자의 다변화된 수요를 반영하여 정착주기별, 가구유형별 촘촘한 지원서비스 강화

③ 다문화가족이 우리 사회의 구성원으로 자리매김하여 조화롭게 살아갈 수 있도록 우리 사회의 다문화 이해 증진 및 차별적 인식 해소

④ 범부처, 지자체 협력 강화를 통해 효율적인 다문화가족 정책 추진

2) 향후 달라지는 모습

추진방향 및 성과는 [그림 7-1]과 같다.

추진방향	핵심 성과지표	'21년	'27년
1. 자녀 학업·진로 지원	· 다문화가족 자녀의 학업적응도	4.23점	학업적응도 향상(4.38점)
	· 다문화가족 자녀의 학력격차 비율	31%p	학력격차 완화(26%p)
2. 다문화가족 정착 지원	· 결혼이민자의 한국생활 적응 비율	37.9%	적응 비율 증가(47.9%)
3. 다문화 수용성 제고	· 차별 경험 비율	16.3%	차별 경험 감소(13.8%)
	· 다문화 수용성 척도	71.39점	수용성 제고(74.39점)

[그림 7-1] 추진방향 및 성과

자료: 여성가족부(2023a: 22).

3) 비전 및 목표

비전 및 목표는 [그림 7-2]와 같다.

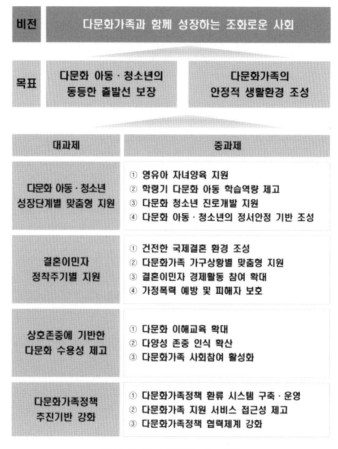

[그림 7-2] 추진방향 및 성과

자료: 여성가족부(2023a: 23).

4) 다문화 아동·청소년 지원체계

동등한 출발선 보장을 위한 다문화 아동·청소년 맞춤형 지원체계 강화 방안은 <표 7-3>과 같다.

〈표 7-3〉다문화 맞춤형 지원체계

전달체계 / 성장단계	다문화가족 지원체계 / 양육 및 성장	각급 학교 및 교육부 지원체계 / 교육 및 학교적응	청소년 등 기타 지원체계 / 각종 자원 연계
영유아 미취학	• 양육단계별 부모교육 및 지역 돌봄공동체 강화 • 언어발달 및 생활지도 강화 • 이중언어 친화적 가족환경조성	• 학교 준비 격차 해소를 위한 유치원 단계 지원체계 강화	• 누리과정에 다문화교육 반영
초등 취학전후 기초학습기	• 정보제공, 학부모 교육품앗이 • 가족센터 내 기초학습 지원 강화 • 이중언어 기초교육 • 정체성 확립 및 부모-자녀 관계 증진(자녀성장지원)	• 학교교육 진입 안내 및 지원 • 한국어학급 등 한국어교육 강화 • 학교적응 지원(징검다리과정) • 학습결손 보완(두드림학교)	– • 청소년수련시설 등 활용한 체험프로그램 강화
중·고등학생 진로탐색기	• 이중언어 교육·인재 DB 연계 • 청소년 진로컨설팅·상담 강화 • 대학생 멘토링 연계	• 진로체험 정보제공(꿈길) 및 진로교육(진로탄탄) • 청소년기 심리상담 강화 (학교, 교육지원청 등) • 교원 등 다문화교육 역량 강화 및 다문화교육 근거 마련 • 학교폭력 예방 및 피해자 지원	• 청소년 국제교류 참여 확대 • 다문화청소년 중심 진로체험처 발굴 확대 • 폴리텍 다솜고등학교 운영 • 지역사회 청소년 통합 지원체계를 통한 위기청소년 지원
후기 청소년기	• 지원 수요 등 조사 • 맞춤형 서비스 연계 체계 구축	–	• 폴리텍 전문기술과정 참여 확대 • KOICA·KOTRA 등 기관과 연계한 글로벌 전문인력 양성 • 청소년상담복지센터 등을 통해 후기청소년 심리상담 지원·연계

자료: 여성가족부(2023: 24).

중도입국 자녀

① 법무부 정보연계를 통한 공교육 진입 지원

② 가족센터-학교 간 한국어교육 연계

③ 레인보우스쿨을 통한 한국어·사회적응 지원

④ 이주배경청소년 통계 구축 추진

귀환 다문화가족 자녀

① 귀환가족·자녀 규모 파악

② 자녀 대상 돌봄, 한국어교육, 한국문화이해 프로그램 제공

5) 추진과제

(1) 다문화 아동·청소년 성장단계별 맞춤형 지원

1-1. 영유아 자녀양육 지원

1-1-1. 부모의 영유아 자녀양육 역량강화

여가부 : 부모교육 및 돌봄친화적 환경조성

① 임신·출산·영·유아기 등 단계별 맞춤형 부모교육 실시

② 가정 내 이중언어 사용 활성화를 위해 이중언어의 장점 등에 대한 교육을 하고, 이중언어를 활용한 부모-자녀 간 상호작용 프로그램 운영

③ 지역사회 내 공동육아나눔터를 확대하여 육아 공간을 제공하고, 돌봄품앗이 활동 지원

1-1-2. 영유아 자녀의 성장·발달 지원

여가부 : 건강한 성장·발달을 위한 서비스 지원 여가부

① 다문화 아동의 언어발달상태를 평가하고, 적절한 언어교육을 제공하여 언어발달 지원

② 정서발달과 생활습관 형성, 건강지도 등 찾아가는 생활지도 서비스 운영

교육부 : 다문화 유아에 대한 교육 지원

① 유치원의 다문화학급 내 교사, 부모, 유아를 위한 지원자료 개발

    a. 교사 : 다문화 유아 놀이·생활지도, 학부모 소통법 등

    b. 부모 : 유아교육 이해·참여 지원자료

    c. 유아 : 학급 내 다문화 친구를 이해할 수 있도록 하는 다문화 프로그램 등

② 유아학비 등 지원대상을 다문화가족 등으로 확대 추진

  * 2022년 저소득층 대상 월 15만 원의 유아학비 추가 지원 → 2023년 방과 후 과정비, 특성화 프로그램비도 지원 → 2025년 다문화가족, 북한이탈주민 등으로 대상 확대 추진

1-2. 학령기 다문화 아동 학습역량 제고

1-2-1. 학령기 다문화 아동 학교적응 지원

교육부 : 학교교육 준비 지원

① 다문화 유아 교수·학습자료 배포, 국·공립 유치원에서 멘토링 활동 등 학교 준비 격차 해소를 위한 유치원 단계 지원체계 강화

② 시·도교육청 및 지역 다문화교육지원센터를 통해 입학·편입학, 정책학교, 학적 생성 등 공교육 진입 전(全) 과정 지원

③ 다문화학생과 학부모의 방문이 잦은 유관기관에 공교육 진입 안내자료 배포

④ 법무부 정보연계를 통해 초등학교 입학 예정인 만 6세 중도입국 자녀 학부모 대상 입학 안내자료 제공 등 절차 안내 강화

여가부·교육부 : 학부모 역량 제고

① 다문화 학부모에게 학제·학교생활 등 안내를 강화하고 자녀교육 관련 상담 기회 확대

② 교육정보 나눔을 위한 다문화가족 부모 품앗이 자조모임 등 운영

③ 가족센터의 통번역지도사 및 다누리콜센터를 통해 다문화 학부모에게 학교 공지와 가정통신문 등 통번역 지원

교육부 : 학교적응을 위한 징검다리 과정 운영 교육부

① 초등 입학 및 학교급 전환기 학습자 특성에 맞는 준비교육 운영

② 학부모가 함께 참여할 수 있도록 학부모용 안내자료 다국어 제작·배포

1-2-2. 학령기 다문화 아동 기초학습 지원

여가부·교육부 : 한국어교육 강화

① 한국어 집중교육을 위한 한국어학급 확대 및 찾아가는 한국어교육 실시 등 학교 내 한국어교육 강화

 * 2022년 444학급 → 2023년 527학급 → 2024년 570학급 내외(잠정) → 2025년 단계적 확대

 − 한국어 교육과정 학습자료 개발 및 교원연수 등 역량강화 추진

② 한국어학급이 운영되지 않는 지역이나 학교 밖 지원이 필요한 경우, 가족센터와 연계하여 중도입국 자녀 등에 대한 한국어교육 실시

한국어학급	가족센터 한국어교육
■ **대상** : 학교 내 다문화 학생 ■ **개소수** : ('22) 444개 학급	■ **대상** : 중도입국자녀(학교밖 청소년 포함) ■ **개소수** : 228개 센터

학교 내 한국어학급과 가족센터의 한국어교육 간 연계·협력 강화

여가부·교육부 : 기초학력 향상 지원

① 취학 전후 기초학습 지원프로그램을 운영하는 가족센터를 단계적으로 확대하고, 찾아가는 서비스 등 사업방식 다양화

 ☆ 2022년 신규 도입한 기초학습 지원프로그램이 일부 지역에서만 운영되고 있어서 지역별 편차가 있으며, 센터 방문방식으로만 운영되어 접근성 한계 개선 필요

② 청소년방과후아카데미에서 숙제·보충학습·독서지도 등의 학습지원과 다문화 특화 프로그램 시행 등 방과 후 돌봄 지원

현 행	개 선
■**운영현황:** ('22년) 90개 가족센터 ■**운영방식:** 가족센터 방문	■**운영현황:** ('23년) 138개 →('24년) 160개 내외(잠정) →('25년~) 단계적 확대 ■**운영방식:** 가정, 공공기관 등으로 찾아가는 서비스 도입 추진

청소년방과후아카데미 개요

① 목적 : 방과 후 돌봄이 필요한 청소년에게 종합서비스를 제공하여 건강한 성장 및 자립역량 배양
② 지원대상 : 방과 후 돌봄이 필요한 청소년(초4~중3)
③ 규모/유형 : 2022년 기준 전국 342개소 / 기본형, 농산어촌형, 장애형, 다문화형
④ 프로그램 : 지역여건, 학부모의 수요를 고려한 기초학습, 체험활동, 급식, 상담, 캠프 운영 등

③ 다문화학생이 어려워하는 교과 주요 개념과 어휘 등에 대한 교과보조교재 및 영상콘텐츠 제작, 배포
④ 디지털 기반 교육혁신 시범교육청의 디지털 선도학교 운영과 연계하여 다문화학생 대상 맞춤교육지원 사례 발굴 및 확산 추진

교육부 : 다문화학생 밀집지역의 기초학력 제고

① 다문화학생 밀집학교에 기초학력 '두드림 학교' 우선 지정 등 추진
  * 복합적 요인에 의한 학습부진 학생에 대한 종합 지원을 제공
② 다문화학생 밀집지역에 교육력 제고 등을 위한 교육국제화특구 운영(특구 내에 「초·중등교육법」 제23조 및 제29조를 적용받지 않는 학교를 운영할 수 있어서 교육과정 운영 자율성 확보 가능)

1-2-3. 이주배경청소년 지원

여가부·통계청·법무부·교육부 : 이주배경청소년 현황 분석

① 통계청 등 행정데이터 연계를 통한 이주배경청소년 종합 통계 구축 추진
② 관계부처 통계자료 연계를 통해 다문화학생 취학률 등 교육기회 보장 관련 지표 시범 발굴 추진
  * 통계청, 교육부(다문화학생 학적 통계) 등 행정데이터 연계하여 유형별 연령별 지역별 현황 등 분석

여가부 : 이주배경청소년 한국어교육 등 사회 적응 지원

① 한국어 능력 부족 등으로 어려움을 겪는 이주배경청소년에게 레인보우

스쿨에서 상담, 한국어 교육, 진로교육, 사회적응 프로그램 등 지원

  a. 위탁기관별 상황에 따라 주간, 야간, 주말 등 운영방식 다변화 추진

  b. 이주민 밀집지역 중심으로 지역 내 자원 연계사업 활용 지속 추진

② 국립청소년수련시설 등과 협력하여 이주배경청소년 등에게 청소년 활동 참여 기회 제공

여가부 : 학교 밖 다문화청소년 지원

① 학업중단 다문화청소년 정보를 학교밖청소년지원센터로 연계하여 상담·건강검진·학력취득·직업훈련 등 지원

② 다문화청소년 중 학업을 중단하는 고등학생도 사전 동의 절차 없이 학교밖청소년지원센터로 연계할 수 있도록 법률 개정 추진

  * 의무교육(초·중) 대상 청소년이 학교를 그만두는 경우, 사전 동의 없이 학교밖청소년지원센터로 연계 가능(「학교 밖 청소년 지원에 관한 법률」 개정, 2021. 9월 시행)

1-3. 다문화청소년 진로개발 지원

1-3-1. 다문화청소년 진로·직업 프로그램 확대

여가부·교육부 : 다문화청소년 맞춤형 진로프로그램 다각화

① 가족센터의 청소년상담사를 활용한 다문화청소년 대상 진로컨설팅 프로그램 단계적 확대

  a. 2022년 78개소 → 2023년 113개소 → 2024년 130개소 내외(잠정) → 2025~ 단계적 확대

청소년기 상담·진로컨설팅 개요

① 대상 : 만 7~18세 다문화가족 자녀

② 지원내용

  a. 상담 : 학령기 다문화가족 자녀가 가정 내 문제, 학업, 교우관계 등 생활 전반에서 느낄 수 있는 고민을 편안하게 상담할 수 있도록 지원

  b. 진로지도 : 다문화가족 자녀가 본인의 적성과 강점을 고려하여 스스로 진로를 설계할 수 있도록 외부 전문기관과 연계 등 진로컨설팅 제공

　　　b. 유관기관의 대학생 멘토링 사업과 연계하여 사업 효과성 제고

　　　c. 다문화학생 멘토링장학금 사업(한국장학재단) : 다문화가족 학생과 대학생 간 멘토링을 통해 다문화학생의 학교생활 적응 및 기초학습을 지원하고, 대학생에게는 장학금을 지원

② 진로체험지원센터와 가족센터 등의 협업을 통해 다문화학생 중심 진로체험처 지속 발굴·확대

　　－ 진로체험정보제공 시스템('꿈길')을 통해 진로체험 관련 정보 상시 제공

③ 다문화학생의 특성을 고려한 진로교육 프로그램 보급 및 맞춤형 '원격영상 진로멘토링' 제공

한국폴리텍다솜고등학교 전경
(충북 제천 소재)

고용부 : 다문화청소년 직업교육 강화

① 다문화청소년 특화 기숙형 기술고등학교(폴리텍 다솜고등학교) 운영

② 전문기술과정 등 직업훈련과정 선발 시 다문화청소년 참여 확대 추진

* 고용노동부 산하 공공 직업교육훈련기관인 폴리텍대학에서 운영하는 교육과정 중 하나로, 취업을 원하는 만 15세 이상인 미취업자 대상 직업훈련 제공

1-3-2. 다문화 아동·청소년의 이중언어 역량강화 및 인재 양성

여가부·교육부 : 이중언어 교육 및 인재DB 활용 활성화

① 가족센터 내 이중언어 교육 프로그램 개발 및 기초·심화 학습과정 실시

　　a. 결혼이민자 부모의 언어를 직접 배울 수 있는 이중언어 교실 운영 및 사업대상 확대

　　b. 기존 이중언어 지원은 가정 내 이중언어 사용 활성화를 위한 환경조성 위주였으나, 이중언어 직접 교육을 선호하는 이용자의 수요를 반

영하여 사업 개선(이중언어 전담인력을 확충하고, 온·오프라인 병행 수업 도입 추진)

현 행	개 선
■ **대상:** 영유아 자녀를 둔 다문화가족 ■ **내용:** 다문화가족 부모 대상 이중언어 사용코칭 ■ **운영방식:** 센터 방문	■ **대상:** <u>만12세 이하</u> 자녀를 둔 다문화가족 ■ **내용:** 다문화가족 자녀가 <u>직접 이중언어를 배울 수 있는 프로그램</u> 추가 ■ **방식:** 편리한 서비스 이용을 위한 <u>온-오프라인 혼합 방식</u>

② 우수한 이중언어 능력을 갖춘 다문화 아동·청소년을 인재DB에 등록하고, 국제교류·해외봉사단, 장학생 추천 등 적재적소에 연계

③ 국립국제교육원, 대학 등과 협력하여 이중언어 인재양성을 위한 온·오프라인 강좌 운영 추진(초·중·고 학생 등을 대상으로 다문화가족지원센터 등 다양한 기관과 연계하여 운영)

여가부·외교부·산업부 : 국제교류 참여를 통한 다문화청소년 글로벌 역량 강화

① 청소년 국제교류, 해외자원봉사단, 국제 청소년 서밋 등 국제교류 프로그램에 다문화청소년 참여 기회 확대

② 이중언어 능력과 특정분야 전문성을 갖춘 청년층 차세대 무역전문인력 양성(다문화 무역인) 추진

1-3-3. 다문화 후기청소년(만 19세 이상) 지원

여가부·통계청 : 다문화 후기청소년 지원 수요 등 실태 파악

① 통계청 협업을 통해 다문화 후기청소년의 규모 등 현황 파악 추진

② 다문화가족 실태조사 등을 통해 다문화 후기청소년의 지원 수요 등 실태 파악

여가부·고용부 : 다문화 후기청소년 맞춤형 서비스 연계

① 가족센터의 청소년상담사 등을 통해 다문화 후기청소년을 발굴하여 초기상담을 제공하고, 지원 수요에 따른 유관기관 서비스 연계 추진

    a. 청소년상담복지센터 등을 통해 다문화 후기청소년 맞춤형 심리상담 지원

    b. 폴리텍대학, 내일이룸학교 등을 통한 직업훈련 제공

    c. 청년일자리도약장려금을 통한 취업 촉진 및 청년내일채움공제로 경제적 지원 확대(6개월 이상 실업, 고졸이하 학력, 국민취업지원제도 참여자 등 취업애로청년에 해당하는 경우 지원)

    * 5인 이상 50인 미만 제조업·건설업 중소기업에 신규취업 시 2년 후 만기금(1,200만 원) 지급

② 국민내일배움카드, K – 디지털 기초역량훈련(K – Digital Credit) 등 제도를 통해 다문화청소년의 신기술·디지털 분야 기초역량 개발 지원

③ 가족센터의 1인 가구 사회적 관계망 형성 프로그램 제공

후기청소년 지원체계(안)(가족센터)는 [그림 7 – 3]과 같다.

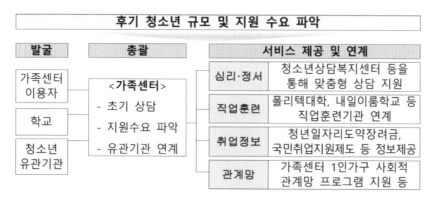

[그림 7-3] 후기청소년 지원체계(안)(가족센터)

자료: 여성가족부(2023: 32).

1-4. 다문화 아동·청소년의 정서안정 기반 조성

1-4-1. 다문화 아동·청소년의 심리·정서적 안정 지원

여가부 : 가족센터 내 다문화 아동·청소년 성장지원 프로그램 확대

① 초등학생 다문화 아동의 정체성 회복, 사회성 리더십 개발을 위한 성장
   지원 프로그램을 전국 가족센터 공통필수사업으로 확대

K-디지털 기초역량훈련(K-Digital Credit)

① 개념 : 국민들이 디지털 역량 부족으로 노동시장 진입 및 적응에 어려움을 겪지 않도록 신
   기술·디지털 분야 기초역량 개발을 지원하는 정부지원 훈련
② 대상 : 국민내일배움카드를 발급받은 사람
③ 훈련내용 : 코딩, 빅데이터 분석 등 기초 디지털 영역부터 최근 등장한 메타버스까지 다양
   한 신기술과정 및 직무융합과정들이 초·중급으로 구성
④ 참여방법 : 직업훈련포털(www.hrd.go.kr)에서 수강신청 가능 - 가족센터의 1인 가구 사
   회적 관계망 형성 프로그램 제공

   - 다문화 아동·청소년의 이주배경부모의 국가·문화에 대한 이해증진
     프로그램 강화

성장지원 프로그램	① 가족관계 : 부모교육 및 부모·자녀 관계 향상 프로그램 ② 심리건강 : 초기상담 및 심리치료 필요시 유관기관 연계 ③ 사회성발달 : 리더십 강화 프로그램, 봉사활동, 자조모임 등 ④ 미래설계 : 진로 및 직업체험활동, 직업탐색·경제교육

여가부·교육부 : 학교 안팎 심리상담 지원체계 강화

① 학생정서·행동특성검사 다국어 검사지를 활용하여 건강한 정서·행동
   발달 지원

② 진학·진로 등 청소년기 고민 해소를 위한 심리상담(학교, 교육지원청 등)
   강화

③ 가족센터에서 청소년상담사가 다문화 아동·청소년의 생활 전반에 대한
   전문 심리상담 1:1 지원 및 기관(청소년상담복지센터 등) 연계

④ 또래 간 정서지지상담 및 다문화학생의 교우관계 개선을 위한 또래상담
프로그램 보급 활성화

    a. 가족센터·다문화가족지원센터 종사자를 또래상담 지도자로 양성하
고, 특성화 프로그램(다문화 또래상담) 보급 확대(가족센터·다문화가족지
원센터, 학교밖청소년지원센터 등)

    b. 다문화 아동·청소년의 이주배경부모의 국가·문화에 대한 이해증진
프로그램 강화

여가부·교육부 : 학교 안팎 심리상담 지원체계 강화

① 학생정서·행동특성검사 다국어 검사지를 활용하여 건강한 정서·행동
발달 지원

② 진학·진로 등 청소년기 고민해소를 위한 심리상담(학교, 교육지원청 등)
강화

③ 가족센터에서 청소년상담사가 다문화 아동·청소년의 생활 전반에 대한
전문심리상담 1:1 지원 및 기관(청소년상담복지센터 등) 연계

④ 또래 간 정서지지상담 및 다문화학생의 교우관계 개선을 위한 또래상담
프로그램 보급 활성화

    – 가족센터·다문화가족지원센터 종사자를 또래상담 지도자로 양성하
고, 특성화 프로그램(다문화 또래상담) 보급 확대(가족센터·다문화가족지
원센터, 학교밖청소년지원센터 등)

여가부 : 지역사회 청소년 통합지원체계(청소년 안전망) 운영

① 지역사회의 청소년 관련 자원을 연계하여 다문화 위기청소년을 조기 발
견하고 상담, 보호, 자활 지원 등 서비스 제공

② 필수연계기관 이외에도 다문화가족 지원기관 등과 연계를 강화하여 다
문화 아동·청소년 맞춤형 지원 강화 추진(가족센터, 다문화교육센터, 교육복
지센터, 드림스타트 등)

지역사회 청소년통합지원체계 개요

① 목적 : 지역사회 청소년 관련 자원을 연계하여 위기청소년에 대한 맞춤형 서비스 제공
② 추진체계 : 여성가족부 ↔ 지방자치단체 ↔ 청소년상담복지센터
③ 주요 사업내용
  a. 위기청소년 조기 발견·보호 및 지원, 상담전화 설치·운영
  b. 청소년상담·긴급구조·보호·의료지원·학업지원·자활지원 등 서비스 제공
  c. 필수연계기관 상호 연계·협력, 1388 청소년지원단 운영 등
④ 필수연계기관 : 지방자치단체, 청소년상담복지센터, 청소년복지시설 및 지원시설 등, 시·도 교육청 및 교육지원청, 각급 학교, 지방경찰청 및 경찰서, 지방고용노동청 및 지청, 공공보건의료기관 및 보건소, 청소년비행예방센터, 학교밖청소년지원센터, 보호관찰소

1-4-2. 차별 없는 학교환경 조성

교육부 : 교원의 다문화교육 역량강화

① 누리과정 및 초중등 교육과정에 다문화교육내용 반영 확대
② 교원연수 지원 등을 통해 교원의 다문화교육 역량을 강화하고 다문화교육 관련 우수사례 공유·확산
③ 차별 상황에 대한 교원의 문제해결력 제고를 위해 차별 상황별 대응 매뉴얼 개발 및 보급

교육부 : 다문화교육 모델 개발

① 다문화교육에 대한 체계적인 근거 마련을 위해 「초·중등교육법」 개정 추진(다문화학생의 범위 규정, 특별학급·다문화교육지원센터 설치·운영 근거마련 등)
② 다문화교육 경험이 풍부한 교원들로 다문화교육 중앙지원단을 구성하여 다문화교육정책 운영 지원

다문화교육 중앙지원단의 주요 역할은 다음과 같다.

> ### 다문화교육 중앙지원단 주요 역할
>
> ① 중앙 및 지역 단위 전문인력 활동(정책자문, 연수·워크숍 강사 활동 등)
> ② 다문화교육 정책학교 운영 지원(운영계획서 검토, 현장방문 및 컨설팅 실시 등)
> ③ 중앙단위 다문화교육 자료개발 및 자문·감수, 다문화교육 우수사례 발굴 및 공유 등

③ 다문화 정책학교 및 연구학교 운영 내실화를 통해 일반학교에 적용 가능한 다문화교육 모델 개발 및 공유

여가부·교육부 : 학교폭력 예방 및 피해 다문화청소년 지원

① 학교폭력 예방 프로그램(어울림) 개발 시 공감, 소통 등 구성원이 조화롭게 생활할 수 있는 교육내용 반영

② 학교폭력 등 문제 대응 시 다문화 감수성을 제고하고, 다문화학생의 진술 기회 확보를 위해 다문화 상담사, 통번역사 등 참여

③ 학교 등 1차 지원기관에서 폭력 피해학생 등 다문화 위기청소년 발굴 후 전문기관(청소년상담복지센터, Wee센터, 정신건강복지센터 등)으로 적극 연계

(2) 결혼이민자 정착주기별 지원

2-1. 건전한 국제결혼 환경조성

2-1-1. 국제결혼중개 피해 예방을 위한 제도적 기반 강화

여가부 : 국제결혼중개 피해 방지를 위한 제도 개선 추진

① 이용자의 과도한 비용 부담을 방지하기 위해 결혼중개수수료의 상·하한선 제시 검토

② 속성결혼 관행으로 인한 피해 예방 방안 마련 추진

    * 맞선에서 결혼식까지 평균 5.7일 소요 : (1~3일) 42.0% > (10일 이상) 37.3% > (4~6일) 13.6% > (7~9일) 7.0% 순(2020년 결혼중개업 실태조사)

여가부 : 국제결혼중개업 관련 통계기반 정비

① 국제결혼중개 이용자 피해사례조사 등 실태조사 내실화

② 국제결혼중개업체 행정처분 현황, 결혼중개실적 등 상세정보 공시를 통

해 통계정보 제공 강화

* 지자체별 매월 15일까지 홈페이지에 중개업체의 현황(상호, 대표자, 신고·등록일, 소재지, 영업·휴업·폐업) 및 최근 3년 이내의 영업정지 이상의 행정처분 및 과태료 처분현황 공시

2-1-2. 국제결혼중개업 관리·감독 강화 및 교육 확대

여가부 : 온라인상의 국제결혼중개업 모니터링 등 점검

① 국제결혼중개업체의 온라인상 인권침해성 표시·광고 모니터링에 대한 법적 근거마련 추진

② 온라인상의 거짓·과장 등 불법 표시·광고 행위를 차단하는 상시 모니터링 전담체계 강화

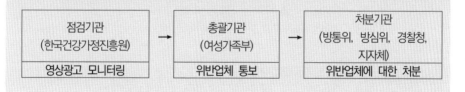

상시 모니터링 전담체계 개요

① 주요 기능 : 국제결혼중개업체의 불법행위 차단하고 건전한 결혼중개문화 조성을 위해 유튜브, SNS 등 온라인상의 표시·광고를 대상으로 모니터링을 실시

② 점검내용 : 미등록업체의 광고행위, 거짓·과장 표시·광고, 결혼중개 시 차별 및 편견 조장, 인신매매나 인권 침해 등의 표시·광고 등 점검

③ 온라인 영상광고 모니터링 체계

점검기관 (한국건강가정진흥원)	→	총괄기관 (여성가족부)	→	처분기관 (방통위, 방심위, 경찰청, 지자체)
영상광고 모니터링		위반업체 통보		위반업체에 대한 처분

여가부·지자체 : 지방자치단체의 국제결혼중개업 관리·감독 강화

① 국제결혼중개업에 대한 온·오프라인 지도점검 및 개선조치 내실화

② 지자체 지도점검 역량강화를 위해 국제결혼중개업 담당공무원에 대한 교육훈련을 확대하고 업무매뉴얼 제작·배포

③ 지자체 국제결혼 지원사업의 성차별 등 요소를 점검하고 개선을 위한 권고 추진

> * 특정 성별 영향평가 실시(2020) → 지자체 권고(2021.9월) → 미이행 지자
> 체 이행점검(2023~) → 성차별적 국제결혼지원사업 자제요청(~2023년 말)

여가부·법무부 : 국제결혼중개업자·국제결혼(예정)자 대상 교육 강화

① 국제결혼중개업자뿐 아니라, 종사자까지 교육을 확대하고, 교육회차 확
대, 온라인 교육시행 등 교육 내실화 추진

현 행		개 선
■ **대상** : 결혼중개업자 ■ **회차** : 7회 280여명 ■ **방식** : 집합교육(6시간)	▶	■ **대상** : 결혼중개업자 및 종사자 ■ **회차** : 14회 500여명 ■ **방식** : 온라인 및 집합교육(8시간)

② 국제결혼 당사자 간 상호이해 제고를 위한 결혼이민(예정)자 대상 현지
사전교육, 배우자 대상 국제결혼안내프로그램 등 제공

국제결혼안내 프로그램 내용은 <표 7-4>와 같다.

〈표 7-4〉 국제결혼안내 프로그램 내용

현지사전교육	대상 : 현지 결혼이민예정자 　　　베트남(하이퐁, 호치민, 껀터), 필리핀, 태국 내용 : 사전정보제공 프로그램 및 상담서비스 제공
피해예방교육	대상 : 국제결혼중개업 이용자 내용 : 피해예방 교육, 국제결혼 제도 이해 및 가족상담 등
국제결혼안내 프로그램	대상 : 베트남 등 국가*의 국민을 결혼동거 목적으로 초청하려는 사람 　　　* 중국, 베트남, 필리핀, 캄보디아, 몽골, 우즈베키스탄, 태국 내용 : 현지 국가의 제도·문화·예술 등 소개, 결혼사증 발급절차 및 기준, 인권교 　　　육, 상담·피해사례 공유 등

자료: 여성가족부(2023a: 39).

③ 국제결혼중개 피해 구조강화를 위해 국제결혼중개 피해상담전화 홍보
를 강화하고 상담 시 통번역 지원
   * 국제결혼피해 상담전화(02-333-1311, 한국건강가정진흥원), 한국소비자
     원, 대한법률구조공단

2-2. 다문화가족 가구 상황별 맞춤형 지원

2-2-1. 결혼이민자 초기 적응 지원 강화

여가부·법무부 : 결혼이민자의 의사소통 및 조기적응 지원

① 가족센터를 통한 통번역 서비스 제공 및 실용 한국어교육 강화

② 조기적응 프로그램, 사회통합 프로그램 콘텐츠 내실화 및 가족센터의
부부교육 등 각종 교육과 연계 강화

③ 다문화가족 초기 적응기의 복잡한 문제해결을 위한 초기 상담, 수요 파
악, 서비스 연계 등을 지원하는 사례관리 서비스 강화

여가부 : 결혼이민자에 대한 한국생활 정보제공 강화

① 다누리콜센터를 통한 다국어 상담 및 종합 정보제공 기능 강화

다누리콜센터 개요

① 주요 기능 : 다문화가족, 이주여성 등 대상 상담, 통번역, 정보제공, 폭력피해 긴급지원 등
   • 긴급 구조와 위기 개입을 위한 보호시설 및 유관기관 연계, 3자통화 기능으로 경찰·응급
     ·병원·관공서 등에서 현장 의사소통 지원 등
② 지원언어 : 이주여성 전문상담원이 13개 언어로 상담
③ 서비스 내용 : 폭력피해 긴급지원 및 사후관리, 종합생활정보 제공, 생활통역 및 3자 통화
   서비스, 가족상담 및 부부상담, 변호사 상담(대한변호사협회)
④ 서비스 제공방법
   • 전화상담 : 3자 통화 가능, 24시간 (대표번호 1577-1366)
   • 온라인상담 : 다누리포털사이트(www.liveinkorea.kr) → 1:1 상담실
   • 방문상담 : 다누리콜센터 상담원이 직접 찾아가는 상담, 상담원과 상호 일정 조정
   • 면접상담 : 다누리콜센터에 직접 내방하여 상담, 예약상담 실시

② 종합가이드북「한국생활안내」를 지속 현행화하고, e-book, 다누리앱
 등을 통해 접근성 제고
  *「한국생활안내」내용 : 대한민국 소개, 다문화가족·외국인 지원서비스,
    체류 및 국적취득, 한국문화와 생활, 임신과 육아, 자녀교육, 건강과 의료
③ 한국생활에 꼭 필요한 주제별 정보를 담은 '정보더하기' 내실화
  * 외국인 건강보험 당연가입제도, 영유아 건강검진, 긴급복지지원, 어린
    이집 생활이야기 등 주제별 정보 제공

2-2-2. 장기 안착기 다문화가족 지원 확대

여가부·방통위 : 장기 정착 다문화가족 맞춤형 프로그램 다양화

① 장기 정착 결혼이민자의 미래설계와 역량강화를 지원하는 자립지원패
 키지를 전국 가족센터 공통필수사업으로 확대

자립지원패키지	① 미래찾기 : 본인의 역량 분석, 비전설정, 지역자원 찾기
	② 길찾기 : 학부모·직업인·사회인으로서의 역량강화
	③ 서비스연계 : 지역사회 내 필요한 서비스 탐색 및 연계 지원

② 다문화가족구성원이 참여하는 가족관계 및 상호이해 증진 프로그램 강화
③ 다문화가족 손자녀 양육지원을 위해 국내에 체류하는 조부모(결혼이민자
 의 부모)에 대한 교육, 상담 등 서비스 도입 추진
④ 미디어 이해·활용 격차 해소를 위해 다문화가족 대상 맞춤형 디지털 미
 디어 리터러시 교육 지원(미디어에 대한 쉬운 접근과 올바른 이해, 효과적 활용
 및 창작을 지원하는 미디어 리터러시 역량 제고 교육)
⑤ 결혼이민자의 노후 대비 지원을 위한 노년기 1인 가구 대상 노년준비
 교육 추진

여가부·행안부·경찰청·소방청·질병청 : 생활안전교육 실시 및 다국어 지원

⑥ 한국생활 중 발생할 수 있는 재난 등 상황에 대비하여 가족센터, 유관기
 관을 통한 다문화가족 재난안전교육 활성화
⑦ 한국생활에 도움이 되는 운전면허교실, 외국인도움센터, 119생활안전교

육 등 지속 운영

⑧ 감염병·재난상황 발생 시 방역지침 다국어 안내 및 다국어 재난 대응 정보제공 등 정보 접근성 강화

⑨ 대형사고, 재난 경험 후 발생한 트라우마 등 사후 회복을 위한 심리상담 시 다누리콜센터 등을 통해 통역 지원

⑩ 각종 사건·사고 대응을 위한 112, 119시스템 내 다국어, 비언어적 신고 체계 운영

2-2-3. 취약 다문화가족의 생활 지원

여가부·법무부 : 다문화 한부모가족 지원 내실화

① 다문화 한부모가족의 자녀양육 지원 등을 위한 사례관리 지원

② 저소득 한부모가족의 생활안정을 위한 아동양육비 지원 지속 확대

③ 전국 가족센터에서 양육비 이행 상담, 정보안내 및 면접교섭 등 지원

④ 한부모 결혼이민자가 안정적으로 체류하며 자녀를 양육할 수 있도록 체류안정 및 자녀양육 지원 등을 위한 제도 지속 운영 및 점검

    a. F-6-2(미성년 자녀양육), F-6-3(혼인단절), F-2-15(자녀가 성년이 된 자녀양육자) 등 사증 운영

    b. 다문화가족의 자녀양육 지원 등을 위해 결혼이민자의 부모 등을 초청할 수 있는 방문동거(F-1-5) 비자를 운영 중이며, 한부모 결혼이민자는 체류가능기간, 횟수 등 우대

여가부·외교부·복지부 : 본국 귀환 다문화가족 현지 지원 강화

① 본국 정부와 협력하여 귀환 가족·자녀의 규모 파악 추진

② 귀환 결혼이민자·자녀의 현지 생활 지원을 위한 돌봄·교육, 체류·법률, 건강·의료, 상담 등 서비스 제공

③ 현지 한국 기업과의 취업연계 및 한국국적의 자녀가 성장한 이후 역귀환 등을 고려하여 한국어교육 및 한국문화이해 프로그램 강화(현지에서 '한-베 자녀 여름캠프' 등 한국 학생들과 상호교류 기회 확대)

④ 베트남에서 실시하고 있는 본국 귀
환 다문화가족지원사업모델(국외 다
문화가족지원센터)을 타 국가(지역)로
확산 추진

다문화가족지원센터
(충북 청주 소재)

국외 다문화가족지원센터

① 목적 : 이혼·사별 등의 사유로 본국으로 귀환한 결혼이민자 및 한국국적 자녀의 안정적인
체류, 의료·교육 등 지원
② 지원내용 : 지원체계 마련 및 귀환 결혼이민자·자녀 대상 지원프로그램 운영
   a. 기초학습 및 학업지원, 의료지원 연계, 심리 및 부모상담, 귀환 결혼이민자 대상의 취업
   소양 교육 및 취업연계, 가정 법률상담 및 행정절차 지원
   b. 자조모임, 한국어교육, 어린이 도서관 및 공부방 운영

2-3. 결혼이민자 경제활동 참여 확대

2-3-1. 결혼이민자 자립·취업 역량강화 지원

여가부·문체부·교육부 : 결혼이민자 자립·취업 기초소양 함양 지원

① 결혼이민자 등의 한국어 능력 제고를 위해 한국어 교육과정과 교육자료
를 내실화하고, 한국어교육협의체 운영을 통해 관계부처 간 협업 추진

② 가족센터에서 취업기초소양교육을 실시하고, 자립지원패키지를 통해 미
래설계 및 자립 역량강화 지원

③ 학점은행제, 독학학위제를 통한 고등교육 기회 안내 및 검정고시 지원

여가부·교육부 : 결혼이민자 직무 역량강화 지원

① 새일센터를 통해 기업 등 현장 수요를 반영한 결혼이민자 맞춤형 직업
교육훈련 프로그램 제공

② 평생교육지원체계를 활용하여 직업 역량강화 프로그램 제공

　＊ K－MOOC 플랫폼을 통해 한국어강좌를 운영하고, 다양한 학문분야
　　의 강좌에 외국어 자막서비스 확대

농식품부·지자체 : 결혼이민자 농업인 양성

① 전문농업인이 결혼이민농업인을 지도하는 맞춤형 교육 등 결혼이민자
　정착단계별 농업교육 지원

② 농촌지역 결혼이민자의 농가도우미 연계서비스 제공(농가도우미 : 출산 또
　는 출산예정 여성농업인이 출산으로 영농을 일시 중단하는 경우, 농가도우미가 영농
　을 대행할 수 있도록 지원)

2－3－2. 결혼이민자 취·창업 지원

여가부·고용부·지자체 : 결혼이민자 맞춤형 일자리 발굴 등 취업 지원

① 가족센터의 통번역, 이중언어 전문인력 및 지역사회 내 다문화 지원시
　설 종사자 등 결혼이민자 맞춤형 취업기회 확대 추진

② 기관 간 연계(가족센터－새일센터－고용센터 등)를 통한 구직자 발굴·연계

③ 집단상담, 국민내일배움카드제, 국민취업제도 등을 통한 취업지원

④ 취업 후 고용이 유지될 수 있도록 새일센터 등을 통해 사후관리 서비스
　제공

⑤ 지역맞춤형 일자리 창출사업, 지역공동체 일자리사업 등 지자체 일자리
　사업 추진 시 결혼이민자 참여 보장 및 독려

여가부·중기부·고용부 : 결혼이민자 창업지원 프로그램 제공

① 창업 훈련, 경진대회, 자금지원, 창업보육센터, 단계별 멘토링 및 컨설
　팅 등 창업지원 서비스 제공

② 새일센터 내 창업상담사 배치로 창업서비스 연계 지원

③ 사회적 기업 취·창업 지원을 위해 결혼이민자 등 여성 특화 사회적 기
　업가 아카데미 개설 및 맞춤형 멘토링 등 제공(다문화가족지원단체, 선배 사
　회적기업 등과의 네트워크를 통해 맞춤형 멘토링 제공)

④ 결혼이민자 등 취약계층을 채용하는 사회적 기업에 대한 지원 지속

2-4. 가정폭력 예방 및 피해자 보호

2-4-1. 입국 전-입국 초기의 폭력피해 예방프로그램 내실화

여가부·법무부 : 현지사전교육, 국제결혼안내프로그램의 폭력피해 예방교육 강화

① 현지사전교육(결혼이민자), 국제결혼안내프로그램(배우자) 내 폭력피해 예방 관련 교육내용 모니터링 및 개선

여가부 : 폭력예방교육 운영 확대

① 다문화가족 밀집지역 등으로 찾아가는 폭력예방교육 운영 확대

2-4-2. 폭력피해 대응체계 내실화

여가부 : 가정폭력 등 실태 파악을 위한 방안 마련

① 다문화가족 가정폭력 실태 등 파악을 위한 연구, 조사 등 추진

여가부·경찰청·지자체 : 다기관 협업을 통한 신속한 긴급지원

① 다누리콜센터의 폭력피해 상담역량을 강화하고, 경찰 현장출동, 긴급피난처, 전문상담소 연계 등 긴급지원 강화

② 가족센터 사례관리 등을 통한 폭력피해 발견 시 전문상담소로 연계 강화

③ 지역사회 내 폭력피해 예방과 지원을 위한 다기관협력네트워크를 구축하여 결혼이민자 지역안전망 강화 추진

여가부·경찰청 : 폭력피해지원체계 안내 등 접근성 제고

① 112 신고앱, 다누리콜센터-상담소-보호시설 등 지원체계에 대한 온·오프라인 다국어 안내 및 홍보 강화

전문상담소	① 기능 : 폭력피해 이주여성, 동반 자녀에 대한 고용·체류 등 상담 및 상담을 위한 통·번역, 임시 보호 지원 ② 운영현황 : 상담소 9개소
보호시설	① 기능 : 폭력피해 이주여성, 동반 자녀에 대한 보호 및 의료·법률·주거·직업 훈련 등 제공 ② 운영현황 : 쉼터 28개소, 그룹홈 3개소, 자활지원센터 1개소

2-4-3. 폭력피해자 보호·자립지원 강화

여가부·경찰청 : 전문상담소·보호시설을 통한 지원 강화

① 폭력피해 이주여성 보호시설(쉼터, 그룹홈, 자활지원센터) 등을 통한 통번

역, 법률, 의료, 주거, 자립 지원 강화

② 폭력피해 이주여성 전문상담소 상담원의 역량강화 등 안정적 운영 기반 강화

③ 보호시설 종사자, 이용자의 안전보장을 위한 보호시설 – 경찰서 간 핫라인 등 협업 강화

④ 보호시설 퇴소 후 자립지원을 위한 자립지원금 확대 추진

법무부 : 폭력피해자에 대한 체류안정 지원 강화

① 폭력피해를 입은 결혼이민자의 체류안정을 위한 「출입국관리법」 제25조의2(결혼이민자에 대한 특칙) 등 제도 지속 운영 및 점검

  * 가정폭력 등을 이유로 재판, 수사 또는 그 밖의 권리구제 절차가 진행 중인 국민의 배우자에 대해서는 절차가 종료될 때까지 그리고 피해 회복 등을 위하여 필요하다고 인정되는 경우, 체류기간 연장을 허가할 수 있음.

폭력피해를 입은 결혼이민자의 체류 안정을 위한 「출입국관리법」

제25조의2(결혼이민자 등에 대한 특칙) ① 법무부장관은 다음 각 호의 어느 하나에 해당하는 외국인이 체류기간 연장허가를 신청하는 경우에는 해당 재판 등의 권리구제 절차가 종료할 때까지 체류기간 연장을 허가할 수 있다.

  1. 「가정폭력범죄의 처벌 등에 관한 특례법」 제2조제1호의 가정폭력을 이유로 법원의 재판, 수사기관의 수사 또는 그 밖의 법률에 따른 권리구제 절차가 진행 중인 대한민국 국민의 배우자인 외국인

  2. 「성폭력범죄의 처벌 등에 관한 특례법」 제2조제1항의 성폭력범죄를 이유로 법원의 재판, 수사기관의 수사 또는 그 밖의 법률에 따른 권리구제 절차가 진행 중인 외국인

  3. 「아동학대범죄의 처벌 등에 관한 특례법」 제2조제4호의 아동학대범죄를 이유로 법원의 재판, 수사기관의 수사 또는 그 밖의 법률에 따른 권리구제 절차가 진행 중인 외국인 아동 및 「아동복지법」 제3조제3호의 보호자(아동학대행위자는 제외한다)

  4. 「인신매매등방지 및 피해자보호 등에 관한 법률」 제3조의 인신매매등피해자로서 법원의 재판, 수사기관의 수사 또는 그 밖의 법률에 따른 권리구제 절차가 진행 중인 외국인

② 법무부장관은 제1항에 따른 체류 연장기간 만료 이후에도 피해 회복 등을 위하여 필요하다고 인정하는 경우에는 체류기간 연장을 허가할 수 있다.

(3) 상호 존중에 기반을 둔 다문화 수용성 제고

3-1. 다문화 이해교육 확대

3-1-1. 대상별 맞춤형 다문화 이해교육 강화

다누리배움터(홈페이지, 2024)에 따르면, 가족다양성(다문화) 이해교육이란 일반 국민을 대상으로 다양한 가족에 대한 이해를 돕고, 포용적 인식을 확산할 수 있도록 지원하는 교육을 말한다.

다문화 이해교육 이미지
(다누리배움터 홈페이지, 2024).

여가부 : 일반국민 대상 다문화 이해교육 확대

① 다누리배움터를 통한 일반국민 대상 온라인 다문화 이해교육 운영 및 다누리배움터 홍보 강화 등 교육 접근성 제고 추진

② 다문화 이해교육 강사가 기업 학교 단체 등으로 직접 찾아가는 오프라인 다문화 이해교육 확대

③ 국가평생교육 인프라 등을 활용한 다문화·이주배경에 대한 이해 증진 교육 추진

다문화 이해교육 개요

① 목적 : 다문화수용성 제고를 위해 대상별 맞춤형 다문화 이해교육 실시

② 교육대상 : 일반국민, 교사, 공무원, 시설종사자, 기관 및 단체 등

③ 운영방법

　a. 온라인 : 다누리배움터(www.danurischool.kr)에서 10개 과정 운영(일반, 교육자, 시설종사자, 직장인, 유·아동, 청소년, 경찰, 군인, 공직자, 전문강사)

　b. 오프라인 : 외부기관 대상 전문강사를 채용하여 찾아가는 다문화 이해교육 실시

여가부 : 공무원, 유관기관 종사자 대상 다문화 이해교육 강화

① 다문화가족 지원 및 민원 담당 공무원 대상 다문화 이해교육 확대 추진

② 가족센터 등 다문화가족 지원기관 종사자 양성교육 및 보수교육 시 다문화 이해교육 비중 강화

여가부·복지부·교육부 : 연령별·대상별 맞춤형 교육과정 운영

① 고령층 맞춤형 교육과정을 개발하고, 노인복지시설 등으로 찾아가는 다문화 이해교육 확대

② 다문화 아동 보육 전문 역량제고를 위한 보육교직원 대상 다문화 이해교육 강화

③ 학부모의 다문화 이해 증진 및 편견 해소를 위한 온·오프라인 다문화 이해교육 운영

④ 병영 내 문화다양성 존중 및 다문화 장병의 원활한 복무여건 조성을 위해 부대 내 다문화 이해교육 확대

3-1-2. 다문화 이해교육의 부처 간 연계 강화

여가부·법무부·문체부 : 부처 간 전문강사 연계 강화

① 다문화 이해교육, 세계시민교육, 문화다양성 교육 등 부처 간 전문강사 연계를 강화하여 교육 운영 효율성 제고

여가부·법무부·교육부 : 기관별 교육플랫폼을 활용한 교육 확산

② 각 부처 소관 교육·연수기관에 다문화 이해교육 콘텐츠를 제공하는 등 연계를 강화하여 다문화 이해교육 저변 확대

3-2. 다양성 존중 인식 확산

3-2-1. 공공부문 등 다문화가족 차별 요소 점검

여가부 : 정부 정책, 간행물 등 점검 및 컨설팅 추진

① 다문화가족의 실생활과 밀접한 관련성이 있는 주요 정책 등에 대한 다문화가족 차별 요소 점검·컨설팅 추진

② 정부간행물 등 대상 다문화가족 차별 표현 및 요소 점검·컨설팅 추진

③ 정책 점검·컨설팅 관련 교육자료 개발, 컨설턴트 양성, 협력체계 구축 등 제도적 기반 조성 추진

여가부 : 가족 다양성 모니터링단 운영 및 차별 요소 모니터링

① 다문화·한부모가족, 청년 등이 참여하는 모니터링단을 운영하여 간행

물·대중매체 등 대상 다양한 가족 및 다문화·인종차별적 요소 점검(모니터링 결과를 활용한 인식개선 활동 실시)

3-2-2. 미디어 환경 및 사회적 인식개선

방심위 : 인종·문화 차별적 방송내용에 대한 심의 강화

① 방송심의규정에 의거하여, 인권 및 문화다양성 관점에서 차별적 요소를 시정하기 위한 심의 기능 강화

여가부·법무부·문체부 : 인식개선 홍보·캠페인 확대

② 다양한 가족의 이야기와 가족 다양성 포용 메시지 확산

    a. 다문화가족을 주체적인 사회구성원으로 바라볼 수 있도록 다문화 인식개선 홍보 및 캠페인 등 추진

    b. 대중성·인지도 제고를 위해 TV 프로그램, 유튜버 등 협업을 통한 콘텐츠 제작·배포 추진

③ '가정의 달' 계기 다문화가족 인식개선에 기여한 유공자 포상 및 상호이해 증진을 위한 행사 등 추진

④ 세계인 주간, 문화다양성 주간 계기 강연, 포럼, 문화행사 등 다양한 프로그램 추진

3-3. 다문화가족 사회참여 활성화

3-3-1. 다문화가족과 지역주민 간 교류·소통 기반 확대

여가부 : 교류·소통공간 및 프로그램 확대

① 가족센터 내 다문화가족과 지역주민 간 교류·소통공간 운영

> ### 다문화가족 교류소통공간 개요
>
> ① 목적 : 다문화가족의 커뮤니티 공간 제공, 지역주민과의 소통·융합 프로그램을 통해 지역사
>   회의 다문화 수용성 제고
> ② 내용
>   a. 다문화가족 자조모임 : 결혼이민자의 한국사회 적응을 위한 취미활동, 정보공유 등
>   b. 지역사회 통합지원 : 다문화가족과 선주민 간 소통프로그램, 결혼이민자 재능나눔 등
>   c. 자녀돌봄·성장지원 : 센터 이용 결혼이민자의 자녀돌봄 공간 제공, 청소년 문화 공간 등

② 교류·소통공간을 통해 정보공유, 문화 상호교류 등 다양한 프로그램 실시

문체부·지자체 : 지역사회 내 다문화 프로그램 운영·확산

① 도서관 내 다문화 담당자의 역량강화 및 문화다양성 이해와 체험을 위
  한 도서관 내 다문화프로그램 운영 지원(다문화프로그램 공유시스템을 통해
  우수 프로그램 확산)

② 지역별 문화자원 및 인구특성 등에 기반한 지역특화 문화다양성 확산
  프로그램 운영(지역별 특성에 따라 성별·국적 등에 기초해 다양하게 나타나는 문
  화다양성 의제 발굴 및 상호문화교류·소통 활성화 프로그램 운영)

③ 지역 단위 기념행사, 우수 정책사례 공모 및 유공자 포상, 성과 공유회
  등 활성화

3-3-2. 다문화가족 사회참여 기회 확대

여가부·선관위·지자체 : 다문화가족 정책 참여기회 확대

① 다문화가족참여회의 및 정책간담회 등 현장 의견수렴 확대

> ### 다문화가족참여회의 개요
>
> ① 위원 구성 : 결혼이민자, 배우자 및 자녀 등 다문화가족 20명 내외
> ② 주요 기능 : 다문화가족이 직접 정책과정에 참여하여 다문화가족 정책 및 사업에 관한 의견
>   과 정책 아이디어를 제안
> ③ 위촉방법 : 17개 시·도 추천 및 대국민 공모 등을 거쳐 출신국 및 가족구성원 대표성 등을
>   고려하여 위촉

② 가족센터 운영위원회 및 지자체 다문화가족지원협의회 등 참여 확대

③ 시민참여 역량강화와 환경조성을 위한 다국어 정보제공 및 교육 추진

여가부·농식품부·지자체 : 지역사회 내 결혼이민자 사회활동 활성화

① 결혼이민자의 다양한 자조모임 지원 및 자원봉사 활성화, 우수사례 발굴·확산

② 결혼이민자가 직접 지역기관으로 찾아가는 다문화친화활동 활성화(찾아가는 결혼이민자 다이음 : 결혼이민자가 직접 다문화친화활동 강사로 활동하며, 자립역량을 강화하고, 지역사회의 다문화수용성 제고에 기여)

③ 농촌 지역 결혼이민자 리더십 제고 및 다문화 공존을 위한 지원프로그램 개발 및 운영

(4) 다문화가족정책 추진기반 강화

4-1. 다문화가족정책 환류 시스템 구축·운영

4-1-1. 정책환경과 수요에 기반한 지원체계 내실화

여가부 : 정책 기초자료 수집을 위한 실태조사 실시

① 3년 주기 실태조사를 통해 다문화가족의 현황, 어려움, 지원수요 등을 파악하여 기본 계획 및 각종 대책 마련의 기초자료로 활용

② 국민 다문화 수용성 조사를 실시하여 다문화 수용성 변화 추이 분석 및 국민 다문화 수용성 조사 법적근거 마련 검토

여가부 : 다문화가족 지원 현장 의견수렴 및 환류 강화

① 가족센터 등 현장간담회를 통해 종사자 및 이용자 의견수렴 강화

② 전국 가족센터장과의 소통을 통한 서비스 전달체계 발전방안 모색

③ 다문화가족 참여회의 등 정책당사자의 정책제언을 바탕으로 지원서비스 발굴·확대 추진

4-2. 다문화가족 지원서비스 접근성 제고

4-2-1. 대상자 발굴과 서비스 안내를 위한 기관 간 연계 강화

여가부·법무부·지자체 : 신규 입국자 정보 연계 확대

① 조기적응프로그램, 현지사전교육 수료자 중 개인정보 제공에 동의한 결혼이민자 정보를 가족센터로 연계, 서비스 안내 활성화

② 가족센터의 지원이 필요한 결혼이민자 발굴을 위해 주민센터, 출입국관서 등과 연계 강화

여가부 : 행정복지센터─가족센터 간 연계 추진

① 행정복지센터 찾동이(찾아가는 동행정복지센터)와 연계하여 지역주민에게 '찾아가는 가족센터' 운영

4─2─2. 정책수혜자 중심의 서비스 접근성 제고

여가부·행안부·복지부 : 정부24, 복지로 등 온라인 시스템 연계 강화

① 가족센터 홈페이지 등을 통해 다문화가족 지원서비스에 대한 온라인 안내를 강화하고 서비스 신청 편의 증진

② 정부24, 복지로 등을 통해 다문화가족 지원서비스를 안내하고 온라인으로 서비스를 신청할 수 있도록 시스템 연계 추진

여가부·지자체 : 다문화 친화적인 공공서비스 제공

① 지자체, 학교 등 공공기관 홈페이지, 정책홍보책자 등 다국어 지원 확대

② 지역사회 내 통·번역 자원 활용 및 인근 지역자원과의 연계·협력을 통한 다언어 통·번역 지원체계 마련 추진

③ 지역사회의 특성을 반영한 다양한 다문화가족 지원사업 확대 추진

4─3. 다문화가족정책 협력체계 강화

4─3─1. 범부처 다문화가족정책 조정과 협력 강화

국조실·여가부·법무부 : 다문화가족정책 관련 정부위원회 간 연계·협력 강화

① 다문화가족정책위원회─외국인정책위원회 등을 통한 정책조정 및 간사부처 간 협력 강화

② 실무협의체, 실무분과위원회의 정례적 개최를 통한 정책협의 강화

③ 연간 다문화가족정책 시행계획 및 추진실적 점검·환류 체계의 실효성 제고

여가부·법무부 : 이민정책과 다문화가족정책 간 연계·협력 강화

① 이민자 증가 등 정책환경 변화에 대응한 이민정책 및 다문화가족정책의 종합적 정책방향 협의 활성화

② 이민자의 초기적응, 장기정착 등 정착단계별 효율적 지원을 위한 연계·협력 강화

4-3-2. 중앙-지방 간 다문화가족정책 협력체계 구축

여가부·지자체 : 중앙과 지방 간 소통·협력 체계 마련

① 시·도 과장 회의 및 지자체 간담회 등을 통한 소통·협력 강화

여가부·지자체 : 지역 내 유관기관 협력 강화 및 정책 우수사례 확산

① 지역자원 및 유관기관을 활용한 지역 특화 다문화가족 서비스 개발

② 연간 다문화가족정책 시행계획 추진실적 분석 등을 통해 지자체 정책 모범사례를 발굴하여 확산

4-3-3. 주요 결혼상대국과의 국제협력 강화

여가부·외교부 : 결혼이민자의 인권보호를 위한 국제협력 강화

① 결혼이민자의 인권보호를 위한 국가 간 정보교환 및 제도개선 추진

여가부 : 국제결혼이민관 역할 내실화

① 베트남 국제결혼이민관을 지속 파견하여 결혼이민자 인권침해 예방

② 결혼이민자 다수 국가 대상 국제결혼이민관 파견 확대 추진

국제결혼이민관 개요

① 주요 기능 : 주재국 정부(여성연맹) 및 관계기관 등과 협력, 다문화가족 지원사업 점검, 국제결혼 인권상담 및 사건사고 현지대응 등
② 파견기관/인원 : 주베트남 한국대사관(하노이)/과장급(4급) 1명
③ 추가 검토지역 : 베트남(호치민), 태국, 필리핀 등

가족정책 전달체계

아동, 청소년, 장애인, 노인 등 개별 가족구성원이 아니라, 가족 자체를 단위로 하는
분야를 가족정책으로 이해하고, 전달체계 역시 서비스 전달체계로 이해하면 비교적
쉽게 가족정책 전달체계를 그릴 수 있을 것이다. 여기에서는 가정정책의 전달체계를
학습하고자 한다.

학습목표

1. 전달체계의 중요성 인식
2. 전달체계 각 기관의 업무내용 숙지
3. 사례연구

학습내용

1. 가족정책 전달체계의 개념
2. 가족정책 전달체계의 구성원칙
3. 전달체계 : 중앙 및 지방정부
4. 전달체계 실행기관

가족정책 전달체계

1. 가족정책 전달체계의 개념

가족정책 전달체계를 명확하게 제시하기란 매우 어렵다. 그 이유는 우선 가족복지와 가족정책 영역을 구체적으로 분리하여 설정하기가 어렵고, 전통적 가족복지 대상으로서 아동, 청소년, 노인 등이 모두 가족구성원이기 때문에 개별 대상자를 어떻게 포함하여 가족복지와 가족정책 개념을 구성할 것인가에 대한 뚜렷한 사회적 합의도 없기 때문이다.

이런 한계에도 불구하고, 아동, 청소년, 장애인, 노인 등 개별 가족구성원이 아니라, 가족 자체를 단위로 하는 분야를 가족정책으로 이해하고, 전달체계 역시 서비스 전달체계로 이해하면 비교적 쉽게 가족정책 전달체계를 그릴 수 있을 것이다.

가족정책 전달체계와 관련하여 우선, 중앙정부에서는 현재 '여성가족부'의 명칭에서 알 수 있듯이, 명시적 가족정책은 여성가족부 소관이다. 반면, 보건복지부는 인구정책실 하에 출산, 아동, 노인, 보육 관련 업무를 배치하였다. 이는 보건복지부가 가족정책이 아니라, 개별 가족구성원으로서 아동, 노인 관련 정책을 인구정책 관점에서 접근하기 때문이라고 해석할 수 있다(보건복지부 홈페이지, 2024). 따라서, 보건복지부에서는 가족복지를, 여성가족부에서는 가족정책을 담당한다고 구분할 수 있으나, 국내법 자체가 개별 가족구성원과 집단 가족구성원을 뚜렷이 구별하지 않고 있으므로 굳이 양자를 구별하여 분리할 필요성이 없을 경우도 많다.

한편, 가족정책에서 '일·가정양립'지원정책의 비중이 커지면서 고용노동부도 중요한 전달체계로 등장하였다. 일·가정양립의 한 축에 해당하는 일과 관련된 많은 업무들이 고용노동부 소관이기도 하지만, 모성보호와 돌봄정책 등 많은 부분이 근로자를 대상으로 함과 동시에, 사업주의 협조와 법적 의무수행을 기반으로 하기 때문이다. 또한 지방정부는 중앙정부가 결정한 정책을 실제로 지역주민들의 가장 가까이에서 집행하는 역할을 수행한다. 보육, 모성보호, 가족친화적 사회환경 조성 등 지방정부가 지역주민의 신청을 직접 받고 서비스를 대면적·직접적으로 전달하고 있다(권신영 외, 2020: 98).

가족정책을 실행하는 대표적인 기관으로는 한국가정건강진흥원(가족센터)이 있으며, 이와 관련한 자격제도로는 건강가정사가 있다.

2. 가족정책 전달체계의 구성원칙

가족정책 전달체계의 구성원칙은 다음과 같다(도미향 외, 2019: 176 – 179).

1) 통합성

건강가정사업 및 서비스는 그 운영에 있어서 지역주민이 제기하는 욕구를 전문적으로 충족시킬 수 있는 전담조직 및 부서별로 각각의 기능과 역할이 분담되어 있으나, 그 업무의 수행에 있어서 인적·물적 자원을 상호 연계하여 체계적이며 유기적으로 운영해야 한다. 건강가정사업 및 서비스가 지나치게 해당 업무나 부서를 중심으로 개별적으로 운영된 나머지 서비스 이용자에 대한 전체적인 맥락을 고려하지 않은 채 서비스를 제공하거나 접근해서는 안

된다. 통합성을 고려하지 않는다면, 건강가정사업이나 서비스는 서비스 이용자인 소비자에게 중복된 서비스를 제공할 우려가 있다. 심할 때는 한 사례에 대해서 부서별로 접근방식이 상이할 경우, 서비스 이용자에게 혼돈을 야기할 위험이 있을 뿐 아니라, 기관에 대한 신뢰를 잃게 할 수도 있는 것이다.

지역주민의 욕구를 충족시킬 수 있는 자원은 제한될 수밖에 없으므로 이의 한계를 고려하는 차원에서도 건강가정사업 및 서비스의 통합성에 대한 고려는 매우 중요한 의미를 갖는다. 이를 위해서는 지역주민의 욕구를 포괄적으로 사정하여야 한다.

2) 전문성

가족정책이 구체적인 서비스로 전환되기 위해서는 그 과정에 전문가의 개입이 필수적이다. 건강가정사업 및 서비스를 전달하는 전문인력인 건강가정사들은 지역주민 및 가정이 제기하는 문제를 예방하거나 해결하는 것과 관련된 전문적인 지식과 기술을 갖추어야 한다. 이를 위해서는 사회의 다양한 변화를 포착할 수 있어야 하며, 이러한 변화가 각 개인 및 가정에 미치는 영향을 한발 앞서 포착하고, 이에 접근할 수 있는 바람직한 대안을 제시할 수 있는 전문적인 능력을 확보할 수 있어야 한다. 무엇보다 건강가정에 대한 철학과 관점을 견지할 수 있어야 하며, 이를 토대로 배타적이기보다는 다양한 학문과 전문가들이 상호 교류하고 협력할 수 있는 역량을 배양해 나가야 한다.

3) 지속성

건강가정사업 및 서비스가 지역주민이 제기하는 욕구에 효과적으로 대응하기 위해서는 일회적이기보다는 지속성을 확보하여 제공하여야 한다. 실제로 지역주민이 제기하는 욕구는 일회적인 건강가정사업이나 서비스로 제공할 수 없는 것이 대부분이며, 변화하는 상황과 환경을 고려하여 서비스 공급자와 서비스 이용자인 수요자 간의 지속적인 관계를 토대로 서비스가 제공될 때 효과적일 수 있다. 건강가정사업과 서비스가 지속적으로 전달되기 위해서는 이와 관련된 서비스 공급체계 간의 상호 연계와 협력이 이루어져야 하며, 이는 협약서나 공문서 작성 등으로 더욱 구체화될 수 있다.

4) 포괄성

지역주민이나 가족의 건강성을 향상시키는 데 단일화된 서비스는 한계가 있으며, 서비스 이용자인 소비자의 욕구는 매우 다양하고 다른 욕구와도 밀접한 관련이 있다. 따라서, 지역주민이나 가족이 제기하는 욕구의 다양성과 다른 서비스와의 연계를 고려하여 건강가정사업 및 서비스는 포괄적으로 제공할 수 있어야 하며, 이를 유지할 수 있는 연계체계를 구축하여야 한다. 최근 들어 네트워크가 강조되는 것은 같은 맥락이다.

5) 적절성

건강가정사업과 서비스는 이용자인 소비자가 제기하는 욕구를 충족시키는 데 적절한 양과 질, 수준, 기간, 인력, 전문성, 개입시기 등을 확보할 수 있어야 하며, 이를 통해 궁극적인 사업의 목표를 달성할 수 있는 것이어야 한다. 구체적으로 기관 차원에서는 서비스 이용자인 지역주민이나 가족이 제기하는 욕구를 충족시킬 수 있는 운영방식, 서비스 인력, 인적·물적 자원 활용체계, 재정능력 등을 갖추어야 한다.

6) 접근성

건강가정사업과 서비스에서 요구되는 접근성이란, 지역주민이나 가족 등 누구나 쉽게 건강가정사업과 서비스를 이용할 수 있는 지리적인 요건을 갖추어야 함을 의미한다. 설사 전문적인 사업 및 서비스를 운영한다고 하더라도, 접근성이 확보되지 않는다면 실질적인 서비스 혜택이 지역주민이나 가족 등에게 미치는 데는 한계가 있을 수밖에 없기 때문이다. 서비스 소비자인 이용자의 관점에서 건강가정지원센터를 이용하는 데 수반되는 장애요인을 찾아서 이를 제거하고, 접근성이 떨어진다면 이를 보완할 수 있는 물리적·정서적·심리적 측면에서의 대안을 모색해야 할 것이다.

3. 전달체계 : 중앙 및 지방정부

1) 중앙정부 : 여성가족부

전통적으로 여성은 가족 내에서 어머니 또는 아내의 역할만 수행해 왔지만, 현대사회에서는 근로자, 생계부양자로서 역할을 수행해야 하는 여성의 수가 확대되고 있다. 이에 변화된 가족구조 및 기능에 부합하는 변화가 요구되고 있다. 이에 여성가족부는 여성주의 관점에서 가족정책의 기초를 구축하는 역할을 담당하고 있다.

여성가족부는 여성정책의 기획과 종합 및 여성의 권익증진, 청소년의 육성·복지 및 보호, 가족과 다문화가족 정책의 수립·조정·지원, 여성·아동·청소년에 대한 폭력피해 예방 및 보호를 목적으로 설립되었다(박미은 외, 2022: 211).

2023년 여성가족부 주요 업무내용을 보면 다음과 같다.

2023년 여성가족부 주요 업무내용

목표 I. 약자에게 더 따뜻하고 안전한 사회 조성

다양한 가족을 촘촘하게 지원하겠습니다.
① 한부모가족 생활 지원 및 양육비 이행률 제고
② 청소년(한)부모의 양육 및 자립 지원 강화
③ 결혼이민자의 안정적 정착 및 자녀양육 지원

아동·청소년을 더 안전하게 보호하겠습니다.
① 청소년 사회안전망 강화 및 위기 유형별 지원 확대
② 신 유해약물·매체로부터 청소년 보호 강화
③ 아동·청소년 성범죄 대응 강화

5대 폭력을 피해자 보호·지원을 확대하겠습니다.
① 5대 폭력 범죄에 대한 빈틈없는 대응
② 폭력 예방 및 인신매매 등 피해자 지원

목표 II. 저출산, 저성장 위기를 극복할 미래인재 양성발표영상
함께 돌보고, 함께 일하는 사회를 만들겠습니다.
① 자녀돌봄 지원 확대 및 가족친화 문화 확산
② 여성 고용 확대 및 글로벌 협력 강화
청소년을 미래 인재로 키우겠습니다.
① 미래세대로서의 청소년 역량 제고
② 학교 밖 청소년 성장 지원 강화
③ 다문화청소년 이중언어 능력 향상 및 진로설계 지원

목표 III. 촘촘하고 든든한 지원을 위한 사회서비스 고도화
가족·청소년 지원서비스를 혁신하겠습니다.
① 민간자원 활용 및 서비스 고도화로 돌봄 인력 확대
② 청소년 지원인프라 개편 및 전달체계 고도화
③ 연계·협력으로 사각지대 없는 가족서비스 전달체계 구축

여성가족부의 가족정책은 청소년가족정책실 산하 가족정책관이 총괄하고 있다. 가족정책관에는 아이돌봄서비스 관리개선TF를 제외한 가족정책과 등 4개 부서가 있는데, 그 업무내용은 다음과 같다.

(1) 가족정책과

① 건강가정 기본 계획의 수립·조정 및 연도별 시행계획의 총괄
② 중앙부처 및 지방자치단체 가족정책의 협의·조정 총괄
③ 가족 관련 법령의 관리·운영
④ 가족제도·가족실태에 관한 조사·연구
⑤ 가정의 날 등 가족 관련 행사에 관한 사항
⑥ 가족 관련 법인·단체의 지도·감독 및 육성·지원에 관한 사항
⑦ 한국건강가정진흥원의 지도·감독
⑧ 가족센터 운영기관 및 가족센터 관리
⑨ 공동육아나눔터 운영 등 돌봄 지원

⑩ 건강가정사 자격제도 운영

⑪ 가족상담 및 가족교육 등 프로그램 지원

(2) 가족지원과

① 미혼모 및 청소년한부모의 자립 지원에 관한 사항

② 한부모가족 지원 관련 계획의 수립 및 법령의 관리·운영

③ 한부모가족 아동양육·교육 등 지원

④ 한부모가족 복지시설의 지원·육성 및 종사자 능력개발

⑤ 한부모가족 복지단체의 지원 및 관리

⑥ 한부모가족 실태조사 계획 수립·시행

⑦ 가족 역량강화 지원

⑧ 양육비 이행 관련 법령의 관리·운영 및 제도개선에 관한 사항

⑨ 양육비 이행 인식개선을 위한 교육·홍보에 관한 사항

⑩ 양육비이행심의위원회의 운영에 관한 사항

⑪ 양육비이행관리원의 지도·관리 및 감독에 관한 사항

(3) 가족문화과

① 가족친화 사회환경 관련 법령의 관리·운영

② 가족친화기업 등의 인증·관리

③ 가족친화 사회환경 관련 실태조사 및 계획의 수립·시행

④ 가족친화 직장·마을 환경 조성 지원

⑤ 민주적이고 양성평등한 가족문화의 확산 및 건전가정의례법령 관련 사항

⑥ 아이돌봄서비스 등 가족의 자녀양육 지원

(4) 다문화가족과

① 중앙부처 및 지방자치단체의 다문화가족 지원정책 총괄

② 다문화가족정책위원회 실무위원회의 운영

③ 다문화가족 관련 조사·연구 및 법령의 관리·운영

④ 가족센터의 운영 지원

⑤ 다문화가족의 자녀양육 지원에 관한 사항

⑥ 결혼이민자의 경제·사회적 자립 지원

⑦ 다문화가족 정책의 홍보

⑧ 다문화 이해교육에 관한 사항

⑨ 다문화가족 종합정보 전화센터의 운영 지원

⑩ 국제결혼 건전화와 결혼이민자 인권보호 관련 대책의 수립·시행

⑪ 결혼중개업 관리에 관한 법령의 관리·운영

⑫ 결혼중개업 등록·신고의 관리 및 피해 예방

⑬ 국제결혼 예정자의 사전 준비 지원에 관한 사항

2) 지방정부

중앙부처인 여성가족부의 행정적 지원 아래 지방정부의 수준에서는 광역·시·군·구를 통해 한국건강가정진흥원을 거쳐 실질적으로는 건강가정지원센터 및 다문화가족지원센터를 통하여 전달된다. 최근 건강가정지원센터와 다문화가족지원센터의 운영이 통합되는 방향으로 추진되고 있는 추세에 있다. 기초자치단체의 수준에서는 지역사회 내의 행정기관, 사회복지기관 및 민간기관 등과의 협력을 통하여 지역주민에게 전달되는 것이다. 이에 따라, 건강가정지원센터는 건강가정사업을 전담하는 조직으로서의 성격을 갖는다. 행정기관은 지방자치단체의 성격에 따라 건강가정지원센터와 관련된 부서가 다르지만, 대체로 시·군·구의 가족여성정책과 사회복지과 또는 주민복지과 등과 긴밀한 협력관계를 통하여 서비스가 전달되게 하며, 그 밖에 건강가정사업의 내용에 따라 아동청소년과, 주민생활지원과, 행정복지센터와 업무상 관계를 맺을 수 있다.

(1) 광역시 : 경기도

경기도의 경우, 사회복지에 관한 업무는 복지국과 여성가족국이 담당하고 있는데, 가족정책에 관한 업무는 여성가족국이 담당하고 있다. 여성가족국에는 여성정책과, 가족다문화과, 보육정책과, 아동돌봄과, 고용평등과 등이 편제되어 있다.

(2) 시·군·구 : 김포시

김포시의 경우, 사회복지는 복지교육국에서 담당하고 있다. 복지교육국 산하에는 복지과, 교육청소년과, 노인장애인과, 여성가족과, 보육과 등이 편제되어 있는데, 가정정책에 관한 업무는 여성가족과에서 담당하고 있다.

4. 전달체계 실행기관

1) 한국가정건강진흥원(가족센터)

(1) 설립근거 및 조직

한국가정건강진흥원은 「건강가정기본법」 제34조의2제1항에 따라 다양한 가족의 삶의 질 제고 및 가족 역량강화를 위한 가족정책을 효율적이고 체계적으로 지원하기 위하여 설립된 기관을 말한다. 한국가정건강진흥원 법인으로 하며, 그 주된 사무소의 소재지에서 설립등기를 함으로써 성립한다.

한국가정건강진흥원은 전국에 가족센터를 두고, 중앙에는 중앙가족센터를 운영한다. 가족센터는 건강가정지원센터와 다문화가족지원센터를 통한 기관이다. 현재 지방자치단체별로 건강가정센터와 다문화가족센터를 별도로 운영하는가 하면 연계하여 건강가정·다문화가족지원센터가 운영되기도 하며, 이두 기관이 통합하여 가족센터로 운영되기도 한다. 이런 추세를 감안하면, 전국 지방자치단체에 산재해 있는 건강가정지원센터와 다문화가족지원센터는 조만간 가족센터로 일원화될 것으로 보인다.

여기에서는 각각의 업무내용을 학습하고자 한다.

(2) 설립목적과 방향

2005년 1월 1일부터 시행된 「건강가정기본법」에 따라 가족정책의 전달체계로서, 정부의 가족정책 추진방향에 부응하여 건강가정사업을 실시하도록 설립되었다. 국가 및 지방자치단체는 가정문제의 예방, 상담 및 치료, 건강가정 유지를 위한 프로그램의 개발, 가족문화운동의 전개, 가정 관련 정보 및 자료 제공을 위하여 중앙, 시도 및 시군구에 센터의 설치 및 운영을 의무화하고 있다.

요보호가족뿐 아니라, 모든 가족구성원을 위한 서비스 제공 및 평등하고 민주적인 가족관계를 지향한다. 가족 전체를 고려한 통합적 서비스, 가족문제 예방, 돌봄 및 가족기능강화를 위한 포괄적 서비스, 그리고, 건강가정 서비스의 전문화를 위한 유관기관과 긴밀한 네트워크를 형성하여 효과적인 서비스 제공하고 있다. 그 내용은 다음과 같다.

첫째, 가정생활에 도움받기를 원하는 누구나 이용할 수 있다. 다양한 가족문제로 고민할 때 가족센터가 함께한다. 가족센터는 긴급, 일시적인 시간제 돌봄서비스인 아이돌봄서비스를 지원하며, 가정생활 전반에 관한 문제를 함께 고민한다.

둘째, 가족의 건강한 변화와 성장을 돕는다. 가족도 변화하고 성장해 갈 수 있다. '가정경영아카데미'를 통해 가족 누구나 가족성장을 위해 필요한 교육을 받을 수 있다. 가족형태에 따른 편견을 없애고, 지역 내 이웃 간의 돌봄영역을 확대하여 가족이 건강하게 성장하도록 돕는다.

(3) 사업 운영 및 영역

「건강가정기본법」제34의2제7항에 따른 한국가정건강진흥원의 사업은 다음과 같다.

한국가정건강진흥원의 사업

⑦ 진흥원은 다음 각 호의 사업을 한다.
1. 가족상담 및 가족교육 사업
2. 가족친화 사회환경 조성사업
3. 아이돌봄 및 자녀양육지원 사업
4. 「양육비 이행확보 및 지원에 관한 법률」에 따른 양육비 이행 전담기관 운영
5. 다문화가족, 한부모가족, 조손가족 등 취약 가족의 역량강화 지원 사업
6. 다문화가족의 사회통합지원 사업
7. 제35조의 건강가정지원센터, 「다문화가족지원법」 제12조의 다문화가족지원센터 및 「가족 친화 사회환경의 조성 촉진에 관한 법률」 제19조의 가족친화지원센터의 사업 관리 및 종사 자 교육훈련
8. 가족사업 관련 대내외 교류 및 협력 사업
9. 가족정책 및 사업개발을 위한 조사, 연구
10. 제1호부터 제9호까지의 사업에 부수되는 사업 또는 이와 관련하여 국가기관 등으로부터 위탁받은 사업
11. 그 밖에 진흥원의 목적달성을 위하여 정관으로 정하는 사항

전국의 가족센터는 가족문제의 예방과 해결을 위한 가족돌봄나눔사업, 생애주기별 가족교육사업, 가족상담사업, 가족친화문화조성사업, 정보제공 및 지역사회 네트워크 사업을 추진하고 있다. 2023년 현재 전국 210개의 지역센터가 운영되고 있다(한국건강가정진흥원 홈페이지, 2024).

일반가족은 물론 한부모가족, 조손가족, 다문화가족, 일탈청소년가족, 군인가족, 수용자가족, 맞벌이가족, 이혼 전후 가족 등의 다양한 가족지원을 위한 상담, 교육 및 문화 프로그램이 결합된 맞춤형 통합서비스를 제공한다. 또한 아이돌보미 지원, 공동육아나눔터사업 등의 돌봄지원사업, 취약가족과 위기가족을 위한 취약·위기가족지원사업, 미혼모부자가족지원사업, 기타 타 부처와 유관기관과의 협력사업 등을 통해 다양한 가족사업을 수행하고 있다.

(4) 사업내용

① 가족교육

가족서비스 수행기관에서는 가족 내에서 발생하는 문제를 예방하고, 가족관계향상, 의사소통방법, 역할지원 등 가족구성원의 역량을 강화시키기 위한 부모, 부부, 조부모, 자녀 등 가족을 대상으로 한 생애주기별 다양한 교육을 운영하고 있다. 더불어, 일·가정양립과 가족생활의 남성참여 활성화를 위하여 자녀와의 놀이방법 등을 비롯한 좋은 아버지가 되기 위한 양육방법을 알려주는 남성 대상 육아교육도 운영된다.

② 가족상담

사회가 급변하고 복잡해지면서 가족구성원 간의 갈등, 불화문제 등을 경험할 가능성이 많아지고 있어서 이를 슬기롭게 극복하여 가족이 성장하는 데 도움을 주기 위한 가족상담을 운영한다.

부부관계 회복을 위한 부부상담, 부모-자녀 간 발생할 수 있는 문제해결을 위한 부모자녀상담, 임신·출산·양육에 따른 갈등상담, 이혼전후 갈등상담 등 생애주기에 따라 발생되는 가족 내 다양한 갈등과 문제에 대해 상담한다.

③ 가족돌봄나눔

이웃과 사회의 돌봄이 필요한 가족에게 나눔을 실천하는 사업으로, 가정 내 돌봄을 나누고 실천하는 것으로 국한하지 않고 이웃과 지역사회의 돌봄이 필요한 가족으로 확장하여 물적·인적 자원을 나눔으로써 돌봄 대상 가족의 행복과 삶의 질 향상에 기여하고 있다.

주요 프로그램으로는 가족단위의 봉사를 통해 바람직한 가족의 가치를 형성하고, 거주 지역사회에 대한 참여의식을 고취하는 '모두가족봉사단', 평소 함께하기 어려운 가족들이 한자리에 모일 기회를 제공하는 '가족사랑의 날'이 있다.

④ 가족 역량강화 지원

경제, 심리·정서, 양육 등 다양한 어려움을 겪고 있는 취약가족, 사회적 외상으로 인해 직·간접적으로 피해를 경험한 위기가족 등 다양한 가족을 대상으로 가족단위 맞춤형 서비스를 제공한다.

배움지도사, 키움보듬이, 지지리더 파견, 지역사회 자원연계 등을 통하여 취약·위기 가족이 가진 복합적 문제해결 및 욕구해소를 위해 지속적인 사례관리 제공, 가족기능 회복과 역량을 강화할 수 있도록 돕는다.

⑤ 아이돌봄지원사업

가정의 아이돌봄을 지원하여 아이의 복지증진 및 보호자의 일·가정양립을 통한 가족구성원의 삶의 질 향상과 양육친화적인 사회환경을 조성하는 사업을 말한다.

부모의 출장, 야근 또는 아동의 질병 등으로 발생하는 일시적인 양육공백에 따른 돌봄수요에 탄력적으로 대응하여 시설보육의 사각지대를 보완하고, 자녀의 안전과 건강한 양육을 위해 1:1 개별보육을 선호하는 취업부모에게 가정 내 12세 이하 아동을 대상으로 돌봄서비스를 제공하고 있다.

(5) 가족센터 담당업무

각 가족센터에서 담당하는 업무는 다음과 같다.

가족서비스 지원
① 전국 가족센터 중앙관리
② 가족서비스 기획 및 연구
③ 돌봄서비스 지역기반 강화
④ 가족서비스 종사자 역량강화

다양한 가족지원
① 가족 다양성 인식개선

② 한부모 가족지원

③ 다문화 가족지원

④ 가족친화지원사업

양육비이행 지원

① 양육비 이행지원 서비스

② 양육비 이행확보 지원신청 안내

③ 한시적 양육비 긴급지원 신청 안내

(6) 전달체계 내용

가족센터는 가족상담, 가족생활교육, 가족친화적 문화조성, 정보제공 및 지역사회 네트워크 사업을 동일하게 추진하고 있다. 아울러 한부모가족, 조손가족, 다문화가족, 맞벌이가족, 군인가족, 재소자가족, 이혼 전후 가족 등 다양한 가족지원을 위한 상담, 교육 및 문화의 맞춤 통합서비스와 아이돌봄 서비스지원 등 가족돌봄 지원서비스를 시행하고 있다.

2) 건강가정지원센터

(1) 설립근거

「건강가정기본법」 제35조제1항, 동법 시행령 제3조제1항, 동법 시행규칙 제6조에는 가족정책을 전담할 수 있는 전담기구와 건강가정지원센터를 설치하도록 규정하고 있다. 이러한 법적 근거에 의거하여 중앙정부와 지방정부의 건강가정사업 방침에 따라 건강가정사업은 건강가정지원센터(2022년 1월 1일 현재)가 전담조직으로서의 기능을 수행하게 된다. 건강가정지원센터는 전국 광역·시·군·구에 150여 개소가 운영되고 있다(여성가족부 홈페이지, 2024).

(2) 사업내용

건강가정지원센터는 건강가정사업을 가족교육, 가족상담, 가족친화적 문화조성사업, 가족돌봄지원사업, 다양한 가족통합서비스, 정보제공 및 지역사회

연계사업 등으로 구분하고, 이를 위하여 교육팀, 문화팀, 상담팀, 가족지원팀 (아이돌보미 전담 인력 포함)을 두고 있다. 배치 인원은 센터장 이외에 각 팀별로 최소 1인을 두게 되어 있어서 대체로 건강가정지원센터는 최소 5명의 인력을 보유하게 되는데, 그 규모는 지역의 특성을 고려한 각 센터별 사업의 유형과 특성화 프로그램에 따라 차이가 있다. 특히, 2013년도 이후에는 별도로 운영 되던 건강가정지원센터와 다문화가족지원센터의 병합이 추진되고 있어서 향 후 가족지원사업의 변화가 예측되고 있다.

구체적인 사업내용은 다음과 같다.

① 가족교육 : 생애주기별 가족생활교육, 남성 대상 교육
② 가족상담 : 가족상담, 이혼 전후 가족상담
③ 가족친화문화조성 : 가족사랑의 날, 가족친화문화 프로그램(가족캠프, 가 족축제, 가족체험활동 등)
④ 가족돌봄 : 모두가족봉사단, 모두가족품앗이, 아버지-자녀가 함께하는 돌봄 프로그램
⑤ 다양한 가족 통합서비스 : 다양한 가족의 기능강화 및 지원을 위한 교육 ·상담·문화 프로그램이 장기적으로 통합 제공되는 사업
⑥ 지역사회 연계 : 지역사회복지협의체 참여 및 연계사업
⑦ 아이돌보미 사업 : 부모의 맞벌이 등의 사유로 양육공백이 발생한 가정 에 돌보미를 파견하여 돌봄서비스 제공

3) 다문화가족지원센터

(1) 정의

다문화가족지원센터를 통해 진행되는 사업의 전달체계를 살펴보면, 총괄기 관은 여성가족부이며, 사업방향 설정 및 사업지침 보급, 예산지원 및 사업평 가, 중앙관리기관 선정 및 관리 등을 수행한다.

다문화가족지원체계에서 핵심적인 역할을 담당하고 있는 것은, 다문화가족 지원센터이다. 다문화가족지원센터는 다문화가족의 안정적인 정착과 가족생

활을 지원하기 위한 종합서비스를 제공한다.

현재 다문화가족지원센터는 일반센터와 통합센터로 구분되고 있다. 일반센터는 다문화가족에 필요한 전문인력과 시설을 갖춘 법인·단체 중 다문화가족지원센터로 지정되어 국비·지방비를 지원받아 운영되는 센터를 의미한다. 그리고 통합센터는 2014년부터 건강가정지원센터와의 통합추진계획에 따라 「건강가정기본법」 및 「다문화가족기본법」에 의하여 설치·운영되고 있다. 통합센터의 설치이유는 건강가정지원센터와 다문화가족지원센터로 가족유형에 따라 이원화되어 있던 가족서비스 전달체계를 가족유형과 상관없이 다양한 가족에 대한 보편적이고 포괄적인 서비스를 한 곳에서 제공하고자 시·군·구 단위로 센터를 운영하는 것이다.

최근에는 건강가정지원센터와 연합하여 건강가정·다문화가족지원센터로 운영되거나 가족센터로 통합하는 추세에 있다.

(2) 업무내용

다문화가족지원센터의 업무는 건강가정지원센터와 통합업무와 개별업무로 분류된다. 또한 다문화가족지원센터를 지원하기 위해 광역자치단체(16개 시·도)에 거점센터가 운영되고 있다.

각 센터 유형별 사업은 일반센터의 경우, 다문화가족을 대상으로 사업을 진행하고, 통합센터는 일반가족과 다문화가족을 모두 대상으로 사업을 진행한다. 그리고 거점센터의 경우는 관할지역의 일반센터와 통합센터 사업을 지원하고 네트워크 구축과 더불어 지역의 특성화 사업을 개발하는 역할을 담당한다.

① 일반센터 업무

다문화가족지원사업은 기본프로그램 사업과 특성화 사업으로 나누어 운영하고 있다. 기본프로그램 사업은 가족관계 향상을 위한 프로그램 등을 운영하는 가족교육, 배우자부부교육 등을 운영하는 성평등교육, 다문화 이해교육, 다문화가족지원 법 및 제도 교육 등을 운영하는 인권교육, 취업지원 및 다문

화가족 자조모임 등을 운영하는 사회통합교육, 개인, 가족 등 상담, 지역사회
네트워크를 위한 홍보 및 자원 연계로 나누어진다.

다문화가족지원센터의 업무내용은 <표 8-1>과 같다.

〈표 8-1〉 다문화가족지원센터 운영 사업 개요

사업구분	사업영역
기본 사업	가족영역 성평등·인권 영역 사회통합 영역 상담영역 홍보 및 자원 연계
특성화 사업	다문화가족 방문교육 사업 다문화가족 자녀 언어발달지원사업 결혼이민자 통번역서비스 사업 다문화가족 사례관리 사업 결혼이민자 멘토링 사업 다문화가족 자녀성장 지원사업

② 통합센터의 업무

통합센터 업무(건강가정지원센터와 연계)는 다문화가족을 포함한 모든 가족을
대상으로 하는 통합센터가 수행하는 사업을 말한다.

첫째, 가족관계영역으로 부모역할 강화, 가족관계 개선, 가족의사소통, 가
족구성원의 역량강화를 위한 맞춤형 서비스 지원, 가족형태·생애주기·문제
유형별 가족 갈등과 문제해결, 성평등·인권의식 고취를 위한 교육·상담·문
화프로그램을 제공한다.

둘째, 가족돌봄영역으로 가족구성원의 일시적·장기적 부재, 상황적 위기
등으로 가족기능이 약화된 가족에 대한 돌봄서비스 지원, 가족유형 특성에 따
른 맞춤형 가족 기능강화 서비스를 제공한다.

셋째, 가족생활영역으로 가족특성에 따른 고충상담, 생활정보제공, 초기정
착지원 등 맞춤형 가족생활 프로그램을 운영한다.

넷째, 가족과 함께하는 지역공동체 영역으로 성평등한 가족문화, 지역사회 공동체 문화, 가족친화사회 환경조성, 다문화 인식개선 등 가족과 지역사회를 연계하는 프로그램을 운영한다.

다섯째, 상담영역으로 생애주기에 따라 발생되는 가족 내 다양한 갈등과 문제상황을 면접상담, 전화상담, 사이버상담, 집단상담 등의 방법으로 문제해결을 유도하고, 개인 및 가족의 역량을 강화시키는 데 목적을 두고 있다.

③ 거점센터의 업무

첫째, 다문화가족지원사업이 있다. 결혼이민자와 가족들이 사회참여 및 공헌의 기회를 제공하는 사회통합 프로그램, 다문화가족 커뮤니티 지원 프로그램, 다문화가족의 가족 간 소통부재 해소를 위한 전문가 상담관리를 지원한다.

둘째, 다문화자녀 성장지원이 있다. 다문화가족 자녀에게 스포츠 체험기회 및 운동경기 관람기회를 제공하여 건강한 신체활동 장려 및 건전한 가치관 정립을 하기 위함이다. 이외에 사춘기 자녀를 둔 다문화가족 캠프와 학교생활 적응에 어려움을 겪는 다문화가족 자녀의 멘토링사업 등이 있다.

셋째, 결혼이민자 취업지원사업이 있다. 전문기관과 연계하여 취·창업을 희망하는 결혼이민자의 일자리지원사업과 결혼이민자의 기초학습 능력과 자존감을 높여 교육격차 해소와 사회적응을 돕는 사업 등이 있다.

넷째, 종사자지원사업이다. 다문화가족지원센터 종사자들을 대상으로 업무 역량강화 교육을 진행하여 다문화사업의 이해를 증진 및 안정적인 사업수행을 하기 위함이다.

다섯째, 다문화사회 구현을 위한 사업이다. 다문화가족 모두가 참여하여 다문화축제를 통해 다문화가족의 자존감 고취와 다문화사회 인식개선을 위한 사업진행이다.

이외에도 정책 토론회와 지역사회 네트워크 협력사업 등이 있다.

가족 관련 법제도

개요

가족 관련법들은 사실상 법제도 전반에 걸쳐 있다. 가족은 하나의 집단이면서도 개인이기 때문이다. 가족구성원인 개인은 가족 모두에게 영향을 준다. 따라서 가족 관련법에 대한 학습은 단지 그 대상을 가족으로 제한할 필요는 없다. 여기에서는 가족 관련 법제도를 학습하고자 한다.

학습목표

1. 가족 관련법의 기초 이해
2. 주요 내용과 현실 접목
3. 법적 미비점 및 개선방안 연구

학습내용

1. 건강가정기본법
2. 저출산·고령사회기본법
3. 아동수당법
4. 아동복지법
5. 청소년복지지원법(청소년복지법)
6. 노인복지법
7. 가정폭력 방지 및 피해자 보호 등에 관한 법률(가정폭력방지법)
8. 다문화가족지원법

가족 관련 법제도

1. 건강가정기본법

1) 개요

「건강가정기본법」은 건강한 가정생활의 영위와 가족의 유지 및 발전을 위한 국민의 권리·의무와 국가 및 지방자치단체 등의 책임을 명백히 하고, 가정문제의 적절한 해결방안을 강구하며, 지원정책을 강화함으로써 건강가정 구현에 기여하기 위해 제정한 법이다.

건강가정이란 가족구성원의 욕구가 충족되고 인간다운 삶이 보장되는 가정으로 정의한다. 가족구성원은 부양·자녀양육·가사노동 등 가정생활의 운영에 동참해야 하고, 서로 존중하며 신뢰해야 한다.

국가와 지방자치단체는 출산과 육아의 사회적 책임을 인식하고, 모성보호와 태아의 건강보장 등 적절한 출산환경을 조성하는 데 적극적으로 지원해야 한다. 가정의 중요성을 고취하고 개인·가정·사회의 적극적인 참여 분위기를 조성하기 위해 매년 5월을 가정의 달로, 5월 15일을 가정의 날로 정한다(제12조).

건강가정에 관한 주요 시책을 심의하기 위해 국무총리에 소속되는 중앙건강가정정책위원회와 건강가정실무기획단을 둔다. 특별시·광역시·도에는 건강가정위원회를 둔다. 보건복지부 장관은 5년마다 가정의 자립증진대책 등이 포함된 건강가정기본계획을 세워야 한다. 관계 중앙행정기관장 및 시·도지사는 매년 기본 계획에 따라 시행계획을 세워 시행해야 한다.

국가와 지방자치단체는 5년마다 가족실태조사를 실시하고, 그 결과를 발표해야 한다. 또 가정이 원활한 기능을 수행하도록 가족구성원의 정신적·신체적 건강과 소득보장 등 경제생활의 안정, 안정된 주거생활 등을 지원해야 한다. 자녀양육의 지원을 강화하고, 가족의 건강증진, 가족부양의 지원, 민주적이고 성평등한 가족관계의 증진 등에 힘써야 한다.

이 밖에 가사·육아·산후조리·간병 등을 돕는 가정봉사원을 지원할 수 있다. 이혼조정을 내실화하고, 이혼의 의사가 정해진 가족이 자녀양육·재산·정서 등의 모든 문제를 준비할 수 있도록 지원해야 한다. 중앙과 특별시·광역시·도 및 시·군·구에 건강가정지원센터를 두고, 전문가로서 건강가정사를 두어야 한다.

이 법률은 5장으로 나누어진 전문 36조와 부칙으로 구성되어 있다([시행 2005. 1. 1.][법률 제7166호, 2004. 2. 9., 제정]).

2) 주요 내용

제1조(목적) 이 법은 건강한 가정생활의 영위와 가족의 유지 및 발전을 위한 국민의 권리·의무와 국가 및 지방자치단체 등의 책임을 명백히 하고, 가정문제의 적절한 해결방안을 강구하며 가족구성원의 복지증진에 이바지할 수 있는 지원정책을 강화함으로써 건강가정 구현에 기여하는 것을 목적으로 한다.

제2조(기본이념) 가정은 개인의 기본적인 욕구를 충족시키고 사회통합을 위하여 기능할 수 있도록 유지·발전되어야 한다.

제3조(정의) 이 법에서 사용하는 용어의 정의는 다음과 같다.

1. "가족"이라 함은 혼인·혈연·입양으로 이루어진 사회의 기본단위를 말한다.

2. "가정"이라 함은 가족구성원이 생계 또는 주거를 함께하는 생활공동체로서 구성원의 일상적인 부양·양육·보호·교육 등이 이루어지는 생활단위를 말한다.

2의2. "1인 가구"라 함은 1명이 단독으로 생계를 유지하고 있는 생활단위를 말한다.

3. "건강가정"이라 함은 가족구성원의 욕구가 충족되고 인간다운 삶이 보장되는 가정을 말한다.

4. "건강가정사업"이라 함은 건강가정을 저해하는 문제(이하 "가정문제"라 한다)의 발생을 예방하고 해결하기 위한 여러 가지 조치와 가족의 부양·양육·보호·교육 등의 가정기능을 강화하기 위한 사업을 말한다.

제4조(국민의 권리와 의무) ① 모든 국민은 가정의 구성원으로서 안정되고 인간다운 삶을 유지할 수 있는 가정생활을 영위할 권리를 가진다.

② 모든 국민은 가정의 중요성을 인식하고 그 복지의 향상을 위하여 노력하여야 한다.

제5조(국가 및 지방자치단체의 책임) ① 국가 및 지방자치단체는 건강가정을 위하여 필요한 제도와 여건을 조성하고 이를 위한 시책을 강구하여 추진하여야 한다.

② 국가 및 지방자치단체는 제1항의 시책을 강구함에 있어 가족구성원의 특성과 가정유형을 고려하여야 한다.

③ 국가 및 지방자치단체는 민주적인 가정형성, 가정친화적 환경조성, 양성평등한 가족가치 실현 및 가사노동의 정당한 가치평가를 위하여 노력하여야 한다.

제7조(가족가치) 가족구성원은 부양·자녀양육·가사노동 등 가정생활의 운영에 함께 참여하여야 하고 서로 존중하며 신뢰하여야 한다.

제8조(혼인과 출산) ① 모든 국민은 혼인과 출산의 사회적 중요성을 인식하여야 한다.

② 국가 및 지방자치단체는 출산과 육아에 대한 사회적 책임을 인식하고

모·부성권 보호 및 태아의 건강보장 등 적절한 출산·육아환경을 조성하기 위하여 적극적으로 지원하여야 한다.

　제9조(가족해체 예방) ① 가족구성원 모두는 가족해체를 예방하기 위하여 노력하여야 한다.

　② 국가 및 지방자치단체는 가족해체를 예방하기 위하여 필요한 제도와 시책을 강구하여야 한다.

　제12조(가정의 날) 가정의 중요성을 고취하고 건강가정을 위한 개인·가정·사회의 적극적인 참여분위기를 조성하기 위하여 매년 5월을 가정의 달로 하고, 5월 15일을 가정의 날로 한다.

　제15조(건강가정기본계획의 수립) ① 여성가족부장관은 관계 중앙행정기관의 장과 협의하여 건강가정기본 계획(이하 "기본 계획"이라 한다)을 5년마다 수립하여야 한다.

　제20조(가족실태조사) ① 국가 및 지방자치단체는 개인과 가족의 생활실태를 파악하고, 건강가정 구현 및 가정문제 예방 등을 위한 서비스의 욕구와 수요를 파악하기 위하여 3년마다 가족실태조사를 실시하고 그 결과를 발표하여야 한다.

　제22조(자녀양육지원의 강화) ① 국가 및 지방자치단체는 자녀를 양육하는 가정에 대하여 자녀양육으로 인한 부담을 완화하고 아동의 행복추구권을 보장하기 위하여 보육, 방과후 서비스, 양성이 평등한 육아휴직제 등의 정책을 적극적으로 확대 시행하여야 한다.

　제25조(가족부양의 지원) ① 국가 및 지방자치단체는 영·유아 또는 노인 등 부양지원을 요하는 가족구성원이 있는 가정에 대하여 부양부담을 완화하기 위한 시책을 적극적으로 강구하여야 한다.

　제29조(가정의례) ① 개인과 가정은 건전한 가정의례를 확립하도록 노력하여야 한다.

　② 국가 및 지방자치단체는 건전한 가정의례를 확립하기 위한 지원정책을 수립하여야 한다.

제30조(가정봉사원) ① 국가 및 지방자치단체는 건강한 가정을 유지하기 위하여 필요한 경우에는 가정을 방문하여 가사·육아·산후조리·간병 등을 돕는 가정봉사원(이하 "가정봉사원"이라 한다)을 지원할 수 있다.

제32조(건강가정교육) ① 국가 및 지방자치단체는 건강가정교육을 실시하여야 한다.

② 제1항의 규정에 의한 교육내용에는 다음 각호의 사항이 포함되어야 한다.

1. 결혼준비교육

2. 부모교육

3. 가족윤리교육

4. 가족가치실현 및 가정생활관련 교육 등

제34조의2(한국건강가정진흥원의 설립 등) ① 다양한 가족의 삶의 질 제고 및 가족역량 강화를 위한 가족정책을 효율적이고 체계적으로 지원하기 위하여 한국건강가정진흥원(이하 "진흥원"이라 한다)을 설립한다.

제35조(건강가정지원센터의 설치) ① 국가 및 지방자치단체는 가정문제의 예방·상담 및 치료, 건강가정의 유지를 위한 프로그램의 개발, 가족문화운동의 전개, 가정관련 정보 및 자료제공 등을 위하여 건강가정지원센터(이하 "센터"라 한다)를 설치·운영하여야 한다.

2. 저출산·고령사회기본법

1) 개요

우리나라는 2005년에 저출산 및 인구의 고령화에 따른 변화에 대응하는 저출산·고령사회 정책의 기본 방향과 그 수립 및 추진 체계에 관한 사항을 규정함으로써 국가의 경쟁력을 높이고 국민의 삶의 질 향상과 국가의 지속적인 발전에 이바지할 목적으로 「저출산·고령사회기본법」을 제정하였다. 저출산·고령사회위원회는 2020년 12월에 「제4차 저출산 고령사회 기본 계획(2021~2025)」을 발표하였다.

이 법률은 4장으로 나누어진 전문 32조와 부칙으로 구성되어 있다([시행 2005. 9. 1.][법률 제7496호, 2005. 5. 18., 제정]).

2) 주요 내용

제1조(목적) 이 법은 저출산 및 인구의 고령화에 따른 변화에 대응하는 저출산·고령사회정책의 기본방향과 그 수립 및 추진체계에 관한 사항을 규정함으로써 국가의 경쟁력을 높이고 국민의 삶의 질 향상과 국가의 지속적인 발전에 이바지함을 목적으로 한다.

제2조(기본이념) 이 법은 국가의 지속적인 발전을 위한 인구 구성의 균형과 질적 향상을 실현하고, 국민이 건강하고 안정된 노후생활을 할 수 있도록 하는 것을 기본이념으로 한다.

제3조(정의) 이 법에서 사용하는 용어의 정의는 다음과 같다.

1. "인구의 고령화"라 함은 전체인구에서 노인의 인구비율이 증가하는 현상을 말한다.

2. "저출산·고령사회정책"이라 함은 저출산 및 인구의 고령화에 따른 변화에 대응하기 위하여 수립·시행하는 정책을 말한다.

제4조(국가 및 지방자치단체의 책무) ① 국가는 종합적인 저출산·고령사회정책을 수립·시행하고, 지방자치단체는 국가의 저출산·고령사회정책에 맞추어 지역의 사회·경제적 실정에 부합하는 저출산·고령사회정책을 수립·시행하여야 한다.

② 국가 및 지방자치단체는 다른 법률의 규정에 의하여 중·장기계획 및 연도별 시행계획 등 주요정책을 수립하는 경우 제20조의 규정에 의한 저출산·고령사회기본 계획을 고려하여야 한다.

제5조(국민의 책무) ① 국민은 출산 및 육아의 사회적 중요성과 인구의 고령화에 따른 변화를 인식하고 국가 및 지방자치단체가 시행하는 저출산·고령사회정책에 적극 참여하고 협력하여야 한다.

② 국민은 가정 및 지역사회의 일원으로 상호연대를 강화하고 각자의 노후

생활을 건강하고 충실하게 영위할 수 있도록 노력하여야 한다.

제6조(다른 법률과의 관계) 국가는 저출산·고령사회정책과 관계되는 다른 법률을 제정 또는 개정하는 경우 이 법의 목적과 기본이념에 맞도록 하여야 한다.

제7조(인구정책) 국가 및 지방자치단체는 적정인구의 구조와 규모를 분석하고 인구변동을 예측하여 국가 및 지방자치단체의 지속적인 성장과 발전을 위한 인구정책을 수립·시행하여야 한다.

제7조의2(인구교육) 국가 및 지방자치단체는 국민이 저출산 및 인구의 고령화 문제의 중요성을 이해하고, 결혼·출산 및 가족생활에 대한 합리적인 가치관을 형성할 수 있도록 하는 인구교육을 활성화하여야 하며, 이에 필요한 시책을 강구하여야 한다.

제11조(고용과 소득보장) ① 국가 및 지방자치단체는 일할 의욕과 능력이 있는 고령자가 최대한 일할 수 있는 환경을 조성하여야 한다.

② 국가 및 지방자치단체는 연금제도 등 노후소득보장체계를 구축하고 노인에게 적합한 일자리를 창출하는 등 국민이 경제적으로 안정된 노후생활을 할 수 있도록 필요한 조치를 강구하여야 한다.

제12조(건강증진과 의료제공) ① 국가 및 지방자치단체는 성별·연령별 건강상의 특성과 주요 건강위험요인을 고려하여 국민의 건강증진을 위한 시책을 강구하여야 한다.

② 국가 및 지방자치단체는 노인을 위한 의료·요양 제도 등을 확립·발전시키고 필요한 시설과 인력을 확충하기 위하여 노력하여야 한다.

제20조(저출산·고령사회기본계획) ① 정부는 저출산·고령사회 중·장기 정책목표 및 방향을 설정하고, 이에 따른 저출산·고령사회기본 계획(이하 "기본 계획"이라 한다)을 수립·추진하여야 한다.

② 보건복지부장관은 관계 중앙행정기관의 장과 협의하여 5년마다 기본 계획안을 작성하고, 제23조의 규정에 의한 저출산·고령사회위원회 및 국무회의의 심의를 거친 후 대통령의 승인을 얻어 이를 확정한다. 수립된 기본 계획을

변경할 때에도 또한 같다.

　③ 기본 계획에는 다음 각 호의 사항이 포함되어야 한다.

　1. 저출산·고령사회정책의 기본목표와 추진방향

　2. 기간별 주요 추진과제와 그 추진방법

　3. 필요한 재원의 규모와 조달방안

　4. 그 밖에 저출산·고령사회정책으로 필요하다고 인정되는 사항

　제23조(저출산·고령사회위원회) ① 저출산·고령사회정책에 관한 중요사항을 심의하기 위하여 대통령 소속하에 저출산·고령사회위원회(이하 "위원회"라 한다)를 둔다.

　제28조(전문인력의 양성) ① 국가 및 지방자치단체는 저출산 및 인구의 고령화에 따른 변화에 대응하기 위하여 필요한 분야의 전문인력을 양성하여야 한다.

　② 국가 및 지방자치단체는 제1항의 규정에 의한 전문인력을 양성하기 위하여 연구소·대학 그 밖에 필요하다고 인정하는 기관을 전문인력 양성기관으로 지정하고, 해당 전문인력 양성기관에 대하여 필요한 지원을 할 수 있다.

　제30조의2(인구의 날) ① 인구구조 불균형이 초래하는 정치적·경제적·사회적 파급영향에 대하여 국민의 이해와 관심을 높이고, 저출산·고령화 대응에 민간의 참여를 유도하기 위하여 매년 7월 11일을 인구의 날로 정한다.

　② 국가와 지방자치단체는 인구의 날 취지에 적합한 행사와 교육·홍보 사업을 실시하도록 노력하여야 한다.

3. 아동수당법

1) 개요

　「아동수당법」은 아동의 건강한 성장 환경을 조성하여 아동의 기본적 권리와 복지 증진에 기여하기 위해 도입된 제도로, 2018년 9월부터 시행되었다. 시행 초기에는 0세부터 만 6세 미만(0~71개월)의 아동이 있는 가구의 소득인

정액이 선정기준액(2인 이상 전체 가구의 소득 하위 90% 수준) 이하인 경우 월 10만 원씩 지급했으나, 2019년부터 지급 대상이 '만 6세 미만의 모든 아이'로 확대됐다. 또한 2019년 9월부터는 지급 대상이 만 7세 미만(생후 84개월)으로 확대되었고, 2022년부터는 그 지급대상 연령이 만 7세까지로 확대됐다.

이 법률은 6장으로 나누어진 전문 26조와 부칙으로 구성되어 있다([시행 2018. 9. 1.][법률 제15539호, 2018. 3. 27., 제정]).

2) 주요 내용

제1조(목적) 이 법은 아동에게 아동수당을 지급하여 아동 양육에 따른 경제적 부담을 경감하고 건강한 성장 환경을 조성함으로써 아동의 기본적 권리와 복지를 증진함을 목적으로 한다.

제2조(정의) 이 법에서 사용하는 용어의 뜻은 다음과 같다.

1. "아동수당 수급권"이란 이 법에 따른 아동수당을 받을 권리를 말한다.

2. "아동수당 수급권자"란 아동수당 수급권을 가진 아동을 말한다.

3. "수급아동"이란 제9조에 따라 아동수당의 지급이 결정되어 아동수당을 받을 예정이거나 받고 있는 아동을 말한다.

4. "보호자"란 아동의 친권자·후견인 또는 그 밖의 사람으로서 아동을 사실상 보호·양육하고 있는 사람을 말한다.

제3조(국가 등의 책무) ① 국가와 지방자치단체는 아동수당이 아동 양육에 따른 경제적 부담을 경감하고 아동의 건강한 성장 환경을 조성하는 데 필요한 수준이 되도록 최대한 노력하여야 한다.

② 국가와 지방자치단체는 제1항에 따라 필요한 비용을 부담할 수 있도록 재원을 조성하여야 한다.

③ 보호자는 아동의 기본적 권리와 복지 증진을 위하여 아동수당을 사용하여야 한다.

제4조(아동수당의 지급 대상 및 지급액) ① 아동수당은 8세 미만의 아동에게 매월 10만원을 지급한다.

제6조(아동수당의 지급 신청) ① 아동수당을 지급받으려는 보호자 또는 보건복지부령으로 정하는 보호자의 대리인(이하 "보호자등"이라 한다)은 특별자치시장·특별자치도지사·시장·군수·구청장에게 아동수당의 지급을 신청할 수 있다.

제9조(아동수당의 지급 결정 등) ① 특별자치시장·특별자치도지사·시장·군수·구청장은 제7조에 따른 조사·질문 등을 거쳐 아동수당 수급권의 발생·변경·상실에 관한 사항을 확인하고, 아동수당의 지급 여부 등을 결정한다.

제18조(아동수당 수급권의 보호) ① 아동수당 수급권은 양도하거나 담보로 제공할 수 없으며, 압류 대상으로 할 수 없다.

제21조(아동수당정보시스템의 구축·운영) 보건복지부장관은 이 법에 따른 아동수당 관련 자료 또는 정보의 효율적 처리·관리와 기록·관리 업무의 전산화를 위하여 대통령령으로 정하는 바에 따라 「사회보장기본법」 제37조제2항에 따른 사회보장정보시스템을 연계·활용하여 아동수당정보시스템을 구축·운영할 수 있다.

4. 아동복지법

1) 개요

「아동복지법」은 아동이 건전하게 출생하여 행복하고 건강하게 육성되도록 그 복지를 보장함을 목적으로 하여 18세 미만의 자를 그 적용대상으로 하는 법이다.

「아동복지법」은 1981년 「아동복리법」을 「아동복지법」으로 전면 개정하여 아동이 건전하게 출생하여 행복하고 건강하게 성장할 수 있도록 규정하고 있다. 국가·국민·보호자 등의 아동에 대한 보호양육과 건전한 육성의무를 주제로 하고 있으므로, 아동이 그 보호자로부터 유실·유기 또는 이탈된 경우와 그 보호자가 아동을 양육하기에 부적당하거나 능력이 없는 경우 또는 기타의 경우에 보호받을 아동을 요보호아동으로 정의하고 있다.

최근 「아동복지법」은 교사의 교권과 관련하여 강한 개정 압박을 받고 있다.

이 법률은 7장으로 나누어진 전문 75조와 부칙으로 구성되어 있다([시행 1962. 1. 1.][법률 제912호, 1961. 12. 30., 제정]).

「아동복지법」 개정 시위 중인 교사들
(2023.9.2. 국회 앞)

2) 주요 내용

제1조(목적) 이 법은 아동이 건강하게 출생하여 행복하고 안전하게 자랄 수 있도록 아동의 복지를 보장하는 것을 목적으로 한다.

제2조(기본 이념) ① 아동은 자신 또는 부모의 성별, 연령, 종교, 사회적 신분, 재산, 장애유무, 출생지역, 인종 등에 따른 어떠한 종류의 차별도 받지 아니하고 자라나야 한다.

② 아동은 완전하고 조화로운 인격발달을 위하여 안정된 가정환경에서 행복하게 자라나야 한다.

③ 아동에 관한 모든 활동에 있어서 아동의 이익이 최우선적으로 고려되어야 한다.

④ 아동은 아동의 권리보장과 복지증진을 위하여 이 법에 따른 보호와 지원을 받을 권리를 가진다.

제3조(정의) 이 법에서 사용하는 용어의 뜻은 다음과 같다.

1. "아동"이란 18세 미만인 사람을 말한다.

2. "아동복지"란 아동이 행복한 삶을 누릴 수 있는 기본적인 여건을 조성하고 조화롭게 성장·발달할 수 있도록 하기 위한 경제적·사회적·정서적 지원을 말한다.

3. "보호자"란 친권자, 후견인, 아동을 보호·양육·교육하거나 그러한 의무가 있는 자 또는 업무·고용 등의 관계로 사실상 아동을 보호·감독하는 자를 말한다.

4. "보호대상아동"이란 보호자가 없거나 보호자로부터 이탈된 아동 또는 보호자가 아동을 학대하는 경우 등 그 보호자가 아동을 양육하기에 적당하지 아니하거나 양육할 능력이 없는 경우의 아동을 말한다.

5. "지원대상아동"이란 아동이 조화롭고 건강하게 성장하는 데에 필요한 기초적인 조건이 갖추어지지 아니하여 사회적·경제적·정서적 지원이 필요한 아동을 말한다.

6. "가정위탁"이란 보호대상아동의 보호를 위하여 성범죄, 가정폭력, 아동학대, 정신질환 등의 전력이 없는 보건복지부령으로 정하는 기준에 적합한 가정에 보호대상아동을 일정 기간 위탁하는 것을 말한다.

7. "아동학대"란 보호자를 포함한 성인이 아동의 건강 또는 복지를 해치거나 정상적 발달을 저해할 수 있는 신체적·정신적·성적 폭력이나 가혹행위를 하는 것과 아동의 보호자가 아동을 유기하거나 방임하는 것을 말한다.

7의2. "아동학대관련범죄"란 다음 각 목의 어느 하나에 해당하는 죄를 말한다.

가. 「아동학대범죄의 처벌 등에 관한 특례법」 제2조제4호에 따른 아동학대범죄

나. 아동에 대한 「형법」 제2편제24장 살인의 죄 중 제250조부터 제255조까지의 죄

8. "피해아동"이란 아동학대로 인하여 피해를 입은 아동을 말한다.

9. 삭제

10. "아동복지시설"이란 제50조에 따라 설치된 시설을 말한다.

11. "아동복지시설 종사자"란 아동복지시설에서 아동의 상담·지도·치료·양육, 그 밖에 아동의 복지에 관한 업무를 담당하는 사람을 말한다.

제4조(국가와 지방자치단체의 책무) ① 국가와 지방자치단체는 아동의 안전·건강 및 복지 증진을 위하여 아동과 그 보호자 및 가정을 지원하기 위한 정책을 수립·시행하여야 한다.

제7조(아동정책기본계획의 수립) ① 보건복지부장관은 아동정책의 효율적인 추진을 위하여 5년마다 아동정책기본계획(이하 "기본 계획"이라 한다)을 수립하여야 한다.

제10조(아동정책조정위원회) ① 아동의 권리증진과 건강한 출생 및 성장을 위하여 종합적인 아동정책을 수립하고 관계 부처의 의견을 조정하며 그 정책의 이행을 감독하고 평가하기 위하여 국무총리 소속으로 아동정책조정위원회(이하 "위원회"라 한다)를 둔다.

제10조의2(아동권리보장원의 설립 및 운영) ① 보건복지부장관은 아동정책에 대한 종합적인 수행과 아동복지 관련 사업의 효과적인 추진을 위하여 필요한 정책의 수립을 지원하고 사업평가 등의 업무를 수행할 수 있도록 아동권리보장원(이하 "보장원"이라 한다)을 설립한다.

제11조(아동종합실태조사) ① 보건복지부장관은 3년마다 아동의 양육 및 생활환경, 언어 및 인지 발달, 정서적·신체적 건강, 아동안전, 아동학대 등 아동의 종합실태를 조사하여 그 결과를 공표하고, 이를 기본 계획과 시행계획에 반영하여야 한다.

제12조(아동복지심의위원회) ① 시·도지사, 시장·군수·구청장(자치구의 구청장을 말한다. 이하 같다)은 다음 각 호의 사항을 심의하기 위하여 그 소속으로 아동복지심의위원회(이하 "심의위원회"라 한다)를 각각 둔다.

제13조(아동복지전담공무원 등) ① 아동복지에 관한 업무를 담당하기 위하여 특별시·광역시·도·특별자치도(이하 "시·도"라 한다) 및 시·군·구(자치구를 말한다. 이하 같다)에 각각 아동복지전담공무원(이하 "전담공무원"이라 한다)을 둘 수 있다.

제14조(아동위원) ① 시·군·구에 아동위원을 둔다.
② 아동위원은 그 관할 구역의 아동에 대하여 항상 그 생활상태 및 가정환경을 상세히 파악하고 아동복지에 필요한 원조와 지도를 행하며 전담공무원, 민간전문인력 및 관계 행정기관과 협력하여야 한다.

제15조(보호조치) ① 시·도지사 또는 시장·군수·구청장은 그 관할 구역에서 보호대상아동을 발견하거나 보호자의 의뢰를 받은 때에는 아동의 최상의 이익을 위하여 대통령령으로 정하는 바에 따라 다음 각 호에 해당하는 보호조치를 하여야 한다.

제15조의2(아동통합정보시스템의 구축·운영) ① 보건복지부장관은 아동복지 관련 자료 또는 정보의 효율적 처리 및 통합관리를 위하여 「사회보장기본법」 제37조제2항에 따라 설치된 사회보장정보시스템 및 「사회보장급여의 이용·제공 및 수급권자 발굴에 관한 법률」 제24조의2에 따라 설치된 사회서비스정보시스템을 연계·활용하여 아동통합정보시스템(이하 "아동정보시스템"이라 한다)을 구축·운영하여야 한다.

제22조(아동학대의 예방과 방지 의무) ① 국가와 지방자치단체는 아동학대의 예방과 방지를 위하여 다음 각 호의 조치를 취하여야 한다.

제23조(아동학대예방의 날) ① 아동의 건강한 성장을 도모하고, 범국민적으로 아동학대의 예방과 방지에 관한 관심을 높이기 위하여 매년 11월 19일을 아동학대예방의 날로 지정하고, 아동학대예방의 날부터 1주일을 아동학대예방주간으로 한다.

제37조(취약계층 아동에 대한 통합서비스지원) ① 국가와 지방자치단체는 아동의 건강한 성장과 발달을 도모하기 위하여 대통령령으로 정하는 바에 따라 아동의 성장 및 복지 여건이 취약한 가정을 선정하여 그 가정의 지원대상아동과 가족을 대상으로 보건, 복지, 보호, 교육, 치료 등을 종합적으로 지원하는 통합서비스를 실시한다.

제38조(자립지원) ① 국가와 지방자치단체는 보호대상아동의 위탁보호 종료 또는 아동복지시설 퇴소 이후의 자립을 지원하기 위하여 다음 각 호에 해당하는 조치를 시행하여야 한다.

제44조의2(다함께돌봄센터) ① 시·도지사 및 시장·군수·구청장은 초등학교의 정규교육 이외의 시간 동안 다음 각 호의 돌봄서비스(이하 "방과 후 돌봄서비스"라 한다)를 실시하기 위하여 다함께돌봄센터를 설치·운영할 수 있다.

제45조(아동보호전문기관의 설치 등) ① 삭제

② 지방자치단체는 학대받은 아동의 치료, 아동학대의 재발 방지 등 사례관리 및 아동학대예방을 담당하는 아동보호전문기관을 시·도 및 시·군·구에 1개소 이상 두어야 한다.

제50조(아동복지시설의 설치) ① 국가 또는 지방자치단체는 아동복지시설을 설치할 수 있다.

5. 청소년복지지원법(청소년복지법)

1) 개요

「청소년복지지원법」은 여성가족부 주관으로 이미 시행 중에 있는 청소년우대, 청소년의 건강, 지역사회 청소년통합지원체계, 가출·학업중단·이주배경청소년에 대한 지원, 예방적·회복적 보호지원, 헬프콜1388 청소년 전화 운영 등 기존의 청소년복지사업의 법적 근거가 마련되었다는 데 의의가 있다. 또한 「청소년복지지원법」은 「아동복지법」에서 다루지 못한 18세 이상의 후기청소년을 위한 복지지원을 별도로 규정하고 있다는 점에서 상당한 의미가 있다.

이 법률은 10장으로 나누어진 전문 45조와 부칙으로 구성되어 있다([시행 2005. 2. 10.][법률 제7164호, 2004. 2. 9., 제정]).

2) 주요 내용

제1조(목적) 이 법은 「청소년기본법」 제49조제4항에 따라 청소년복지 향상에 관한 사항을 규정함을 목적으로 한다.

제2조(정의) 이 법에서 사용하는 용어의 뜻은 다음과 같다.

1. "청소년"이란 「청소년기본법」 제3조제1호 본문에 해당하는 사람을 말한다.

2. "청소년복지"란 「청소년기본법」 제3조제4호에 따른 청소년복지를 말한다.

3. "보호자"란 친권자, 법정대리인 또는 사실상 청소년을 양육하는 사람을 말한다.

4. "위기청소년"이란 가정 문제가 있거나 학업 수행 또는 사회 적응에 어려움을 겪는 등 조화롭고 건강한 성장과 생활에 필요한 여건을 갖추지 못한 청소년을 말한다.

5. "가정 밖 청소년"이란 가정 내 갈등·학대·폭력·방임, 가정해체, 가출 등의 사유로 보호자로부터 이탈된 청소년으로서 사회적 보호 및 지원이 필요한 청소년을 말한다.

6. "청소년부모"란 자녀를 양육하는 부모가 모두 청소년인 사람을 말한다.

제3조(청소년의 우대) ① 국가 또는 지방자치단체는 그가 운영하는 수송시설·문화시설·여가시설 등을 청소년이 이용하는 경우 그 이용료를 면제하거나 할인할 수 있다.

② 국가 또는 지방자치단체는 다음 각 호의 어느 하나에 해당하는 자가 청소년이 이용하는 시설을 운영하는 경우 청소년에게 그 시설의 이용료를 할인하여 주도록 권고할 수 있다.

1. 국가 또는 지방자치단체의 재정적 보조를 받는 자

2. 관계 법령에 따라 세제상의 혜택을 받는 자

3. 국가 또는 지방자치단체로부터 위탁을 받아 업무를 수행하는 자

③ 제1항 또는 제2항에 따라 이용료를 면제받거나 할인받으려는 청소년은 시설의 관리자에게 주민등록증, 학생증, 제4조에 따른 청소년증 등 나이를 확인할 수 있는 증표 또는 자료를 제시하여야 한다.

④ 제1항 또는 제2항에 따라 이용료를 면제받거나 할인받을 수 있는 시설의 종류 및 청소년의 나이 기준 등은 대통령령으로 정한다.

제9조(지역사회 청소년통합지원체계의 구축·운영) ① 지방자치단체의 장은 관할구역의 위기청소년을 조기에 발견하여 보호하고, 청소년복지 및 「청소년기본법」 제3조제5호에 따른 청소년보호를 효율적으로 수행하기 위하여 지방자치단체, 공공기관, 「청소년기본법」 제3조제8호에 따른 청소년단체 등이 협력하여 업무를 수행하는 지역사회 청소년통합지원체계(이하 "통합지원체계"라 한다)를 구축·운영하여야 한다.

② 국가는 통합지원체계의 구축·운영을 지원하여야 한다.

③ 통합지원체계에 반드시 포함되어야 하는 기관 또는 단체 등 통합지원체계의 구성 등에 필요한 사항은 대통령령으로 정한다.

제9조의2(통합지원체계 전담기구) ① 특별시·광역시·특별자치시·도·특별자치도 및 시·군·구(자치구를 말한다. 이하 같다)는 통합지원체계에 관한 업무를 효율적으로 추진하기 위하여 통합지원체계 전담기구를 설치할 수 있다.

② 제1항에 따른 통합지원체계 전담기구에 여성가족부령으로 정하는 바에 따라 전담공무원 및 민간 전문인력을 배치할 수 있다.

③ 관계 행정기관, 「청소년 기본법」 제3조제8호에 따른 청소년단체(이하 "청소년단체"라 한다) 및 같은 법 제3조제6호에 따른 청소년시설을 설치·운영하는 자는 전담공무원 및 민간 전문인력의 업무 수행에 협조하여야 한다.

④ 제1항에 따른 통합지원체계 전담기구의 사무 범위, 조직 및 운영, 제2항에 따른 전담공무원의 임용 등에 필요한 사항은 해당 지방자치단체의 조례로 정한다.

제10조(청소년복지심의위원회) ① 지방자치단체의 장은 통합지원체계의 원활한 운영을 위하여 필요하다고 인정하는 경우에는 위기청소년의 복지 및 보호와 관련된 정책 등 대통령령으로 정하는 사항을 심의하는 청소년복지심의위원회(이하 "심의위원회"라 한다)를 둘 수 있다.

② 심의위원회는 통합지원체계를 구성하는 기관·단체의 장 또는 종사자와 그 밖에 청소년복지에 대하여 지식과 경험이 풍부한 사람으로 구성한다.

③ 심의위원회는 심의를 효율적으로 수행하기 위하여 필요하다고 인정하는 경우에는 실무위원회를 둘 수 있다.

④ 제1항부터 제3항까지의 규정에서 정한 사항 외에 심의위원회 및 실무위원회의 구성, 위원의 위촉 및 회의 절차 등 심의위원회 및 실무위원회의 운영에 필요한 사항은 해당 지방자치단체의 규칙으로 정한다.

제12조의2(위기청소년통합지원정보시스템의 구축 및 운영 등) ① 여성가족부장관은 위기청소년 관련 정보의 효율적 처리, 정보 공유 및 기관 간 서비

스 연계 등 통합지원체계를 효율적으로 운영하기 위하여 대통령령으로 정하는 바에 따라 위기청소년통합지원정보시스템(이하 "통합정보시스템"이라 한다)을 구축·운영할 수 있다.

제14조(위기청소년 특별지원) ① 국가 및 지방자치단체는 대통령령으로 정하는 바에 따라 위기청소년에게 필요한 사회적·경제적 지원(이하 "특별지원"이라 한다)을 할 수 있다.

② 특별지원은 생활지원, 학업지원, 의료지원, 직업훈련지원, 청소년활동지원 등 대통령령으로 정하는 내용에 따라 물품 또는 서비스의 형태로 제공한다. 다만, 위기청소년의 지원에 반드시 필요하다고 인정되는 경우에는 금전의 형태로 제공할 수 있다.

③ 특별지원 대상 청소년의 선정 기준, 범위 및 기간과 그 밖에 필요한 사항은 대통령령으로 정한다.

제16조(가정 밖 청소년에 대한 지원) ① 여성가족부장관 또는 지방자치단체의 장은 가정 밖 청소년의 발생을 예방하기 위한 교육·홍보·연구·조사 등 각종 정책을 수립·시행하여야 한다.

② 국가 및 지방자치단체는 가정 밖 청소년의 가정·사회 복귀를 돕기 위하여 상담, 보호, 자립 지원, 사후관리 등 필요한 조치를 하여야 한다.

③ 보호자는 가정 밖 청소년의 발생을 예방하기 위하여 노력하여야 하며, 가정 밖 청소년의 가정·사회 복귀를 위한 국가 및 지방자치단체 등의 노력에 적극 협조하여야 한다.

④ 여성가족부장관 또는 지방자치단체의 장은 제1항 및 제2항에 따른 가정 밖 청소년 발생 예방 및 보호·지원에 관한 업무를 청소년단체에 위탁할 수 있다.

제18조(이주배경청소년에 대한 지원) 국가 및 지방자치단체는 다음 각 호의 어느 하나에 해당하는 청소년의 사회 적응 및 학습능력 향상을 위하여 상담 및 교육 등 필요한 시책을 마련하고 시행하여야 한다.

1. 「다문화가족지원법」 제2조제1호에 따른 다문화가족의 청소년

2. 그 밖에 국내로 이주하여 사회 적응 및 학업 수행에 어려움을 겪는 청소년

제18조의2(청소년부모에 대한 가족지원서비스) ① 국가 및 지방자치단체는 청소년부모에게 다음 각 호의 가족지원서비스를 제공할 수 있다.

1. 아동의 양육 및 교육 서비스

2. 「지역보건법」 제11조제1항제5호사목에 따른 방문건강관리사업 서비스

3. 교육·상담 등 가족 관계 증진 서비스

4. 그 밖에 대통령령으로 정하는 청소년부모에 대한 가족지원 서비스

② 제1항에 따른 가족지원서비스 대상 청소년부모의 선정 기준, 범위 및 기간과 그 밖에 필요한 사항은 대통령령으로 정한다.

제22조(한국청소년상담복지개발원) ① 국가는 청소년복지 관련 정책 수립을 지원하고 사업을 효율적이고 체계적으로 수행하기 위하여 한국청소년상담복지개발원(이하 "청소년상담원"이라 한다)을 설립한다.

제31조(청소년복지시설의 종류) 「청소년기본법」 제17조에 따른 청소년복지시설(이하 "청소년복지시설"이라 한다)의 종류는 다음 각 호와 같다.

1. 청소년쉼터: 가정 밖 청소년에 대하여 가정·학교·사회로 복귀하여 생활할 수 있도록 일정 기간 보호하면서 상담·주거·학업·자립 등을 지원하는 시설

2. 청소년자립지원관: 일정 기간 청소년쉼터 또는 청소년회복지원시설의 지원을 받았는데도 가정·학교·사회로 복귀하여 생활할 수 없는 청소년에게 자립하여 생활할 수 있는 능력과 여건을 갖추도록 지원하는 시설

3. 청소년치료재활센터: 학습·정서·행동상의 장애를 가진 청소년을 대상으로 정상적인 성장과 생활을 할 수 있도록 해당 청소년에게 적합한 치료·교육 및 재활을 종합적으로 지원하는 거주형 시설

4. 청소년회복지원시설: 「소년법」 제32조제1항제1호에 따른 감호 위탁 처분을 받은 청소년에 대하여 보호자를 대신하여 그 청소년을 보호할 수 있는 자가 상담·주거·학업·자립 등 서비스를 제공하는 시설

6. 노인복지법

1) 개요

「노인복지법」은 국민 노후의 건강 유지와 적절한 의료의 확보를 도모하기 위해서 질병 예방, 치료, 기능훈련 등의 보건사업을 종합적으로 실시함으로써 국민보건의 향상 및 노인복지의 증진을 도모하는 것을 목적으로 한 것으로 1981년부터 시행되었다. 1986년에 법률의 일부가 개정되어, 노인보건시설이 질병, 부상 등에 의해 자리에 누운 상태에 있는 노인 또는 이에 준하는 상태에 있는 노인에 대해서 간호, 의학적 관리하에서 간병 또는 기능훈련 기타 필요한 의료를 행하는 동시에 그 일상생활상을 돌보는 것을 목적으로 하는 시설로서 규정되었다.

이 법률은 7장으로 나누어진 전문 62조와 부칙으로 구성되어 있다([시행 1981. 6. 5.][법률 제3453호, 1981. 6. 5., 제정]).

2) 주요 내용

제1조(목적) 이 법은 노인의 질환을 사전예방 또는 조기발견하고 질환상태에 따른 적절한 치료·요양으로 심신의 건강을 유지하고, 노후의 생활안정을 위하여 필요한 조치를 강구함으로써 노인의 보건복지증진에 기여함을 목적으로 한다.

제1조의2(정의) 이 법에서 사용하는 용어의 정의는 다음과 같다.

1. "부양의무자"라 함은 배우자(사실상의 혼인관계에 있는 자를 포함한다)와 직계비속 및 그 배우자(사실상의 혼인관계에 있는 자를 포함한다)를 말한다.

2. "보호자"라 함은 부양의무자 또는 업무·고용 등의 관계로 사실상 노인을 보호하는 자를 말한다.

3. "치매"란 「치매관리법」 제2조제1호에 따른 치매를 말한다.

4. "노인학대"라 함은 노인에 대하여 신체적·정신적·정서적·성적 폭력 및 경제적 착취 또는 가혹행위를 하거나 유기 또는 방임을 하는 것을 말한다.

제2조(기본이념) ① 노인은 후손의 양육과 국가 및 사회의 발전에 기여하여 온 자로서 존경받으며 건전하고 안정된 생활을 보장받는다.

② 노인은 그 능력에 따라 적당한 일에 종사하고 사회적 활동에 참여할 기회를 보장받는다.

③ 노인은 노령에 따르는 심신의 변화를 자각하여 항상 심신의 건강을 유지하고 그 지식과 경험을 활용하여 사회의 발전에 기여하도록 노력하여야 한다.

제5조(노인실태조사) ① 보건복지부장관은 노인의 보건 및 복지에 관한 실태조사를 3년마다 실시하고 그 결과를 공표하여야 한다.

제6조(노인의 날 등) ① 노인에 대한 사회적 관심과 공경의식을 높이기 위하여 매년 10월 2일을 노인의 날로, 매년 10월을 경로의 달로 한다.

제7조(노인복지상담원) ① 노인의 복지를 담당하게 하기 위하여 특별자치도와 시·군·구(자치구를 말한다. 이하 같다)에 노인복지상담원을 둔다.

② 노인복지상담원의 임용 또는 위촉, 직무 및 보수 등에 관하여 필요한 사항은 대통령령으로 정한다.

제8조(노인전용주거시설) 국가 또는 지방자치단체는 노인의 주거에 적합한 기능 및 설비를 갖춘 주거용시설의 공급을 조장하여야 하며, 그 주거용시설의 공급자에 대하여 적절한 지원을 할 수 있다.

제25조(생업지원) ① 국가, 지방자치단체, 그 밖의 공공단체 중 대통령령으로 정하는 기관은 소관 공공시설에 식료품·사무용품·신문 등 일상생활용품의 판매를 위한 매점이나 자동판매기의 설치를 허가 또는 위탁할 때에는 65세 이상 노인의 신청이 있는 경우 이를 우선적으로 반영하여야 한다.

제27조의3(독거노인종합지원센터) ① 보건복지부장관은 홀로 사는 노인에 대한 돌봄과 관련된 다음 각 호의 사업을 수행하기 위하여 독거노인종합지원센터를 설치·운영할 수 있다.

제30조(노인재활요양사업) ①국가 또는 지방자치단체는 신체적·정신적으로 재활요양을 필요로 하는 노인을 위한 재활요양사업을 실시할 수 있다.

제31조(노인복지시설의 종류) 노인복지시설의 종류는 다음 각호와 같다.

1. 노인주거복지시설

2. 노인의료복지시설

3. 노인여가복지시설

4. 재가노인복지시설

5. 노인보호전문기관

6. 제23조의2제1항제2호의 노인일자리지원기관

7. 제39조의19에 따른 학대피해노인 전용쉼터

제39조의19(학대피해노인 전용쉼터의 설치) ① 국가와 지방자치단체는 노인학대로 인하여 피해를 입은 노인(이하 이 조에서 "학대피해노인"이라 한다)을 일정 기간 보호하고 심신 치유 프로그램을 제공하기 위하여 학대피해노인 전용쉼터(이하 "쉼터"라 한다)를 설치·운영할 수 있다.

7. 가정폭력 방지 및 피해자 보호 등에 관한 법률(가정폭력방지법)

1) 개요

「가정폭력방지법」 가정폭력의 예방·방지와 가정폭력 피해자를 보호·지원함을 목적으로 제정된 법률이다. 이 법은 가정폭력의 예방·방지와 더불어 가정폭력으로 인한 피해자를 보호하기 위한 구체적인 방안에 관하여 국가나 지방자치단체의 의무에 관한 사항을 규정하고 있다.

우리나라는 1990년대 중반 가정폭력의 문제가 심각하게 대두되었으나, 이에 대한 형사개입은 「형법」의 보충성의 원칙과 가정사 형사불개입의 원칙에 따라 자제되어 왔다. 이러한 형사사법의 소극성은 가정폭력의 심각성을 상승시킨 요인이었다. 이에 대한 반성으로 1997년 가정폭력의 방지목적으로 두 개의 특별법이 제정되었다. 즉, 「가정폭력 범죄의 처벌 등에 관한 특례법」과 「가정폭력 방지 및 피해자 보호 등에 관한 법률」이 그것이다. 전자는 가정폭력범죄의 처벌에 관한 특칙을 규정하고 있고, 후자는 가정폭력범죄의 피해자 보호에 관하여 규정하고 있다.

이 법률은 전문 22조와 부칙으로 구성되어 있다([시행 1998. 7. 1.][법률 제 5487호, 1997. 12. 31., 제정]).

2) 주요 내용

제1조의2(기본이념) 가정폭력 피해자는 피해 상황에서 신속하게 벗어나 인 간으로서의 존엄성과 안전을 보장받을 권리가 있다.

제2조(정의) 이 법에서 사용하는 용어의 뜻은 다음과 같다.

1. "가정폭력"이란 「가정폭력범죄의 처벌 등에 관한 특례법」 제2조제1호의 행위를 말한다.

2. "가정폭력행위자"란 「가정폭력범죄의 처벌 등에 관한 특례법」 제2조제4 호의 자를 말한다.

3. "피해자"란 가정폭력으로 인하여 직접적으로 피해를 입은 자를 말한다.

4. "아동"이란 18세 미만인 자를 말한다.

제4조(국가 등의 책무) ① 국가와 지방자치단체는 가정폭력의 예방·방지 와 피해자의 보호·지원을 위하여 다음 각 호의 조치를 취하여야 한다.

제4조의2(가정폭력 실태조사) ① 여성가족부장관은 3년마다 가정폭력에 대한 실태조사를 실시하여 그 결과를 발표하고, 이를 가정폭력을 예방하기 위 한 정책수립의 기초자료로 활용하여야 한다.

제4조의3(가정폭력 예방교육의 실시) ①국가기관, 지방자치단체 및 「초· 중등교육법」에 따른 각급 학교의 장, 그 밖에 대통령령으로 정하는 공공단체 의 장은 가정폭력의 예방과 방지를 위하여 필요한 교육을 실시하고, 그 결과 를 여성가족부장관에게 제출하여야 한다.

제4조의4(아동의 취학 지원) ① 국가나 지방자치단체는 피해자나 피해자가 동반한 가정구성원 (「가정폭력범죄의 처벌 등에 관한 특례법」 제2조제2호의 자 중 피해 자의 보호나 양육을 받고 있는 자를 말한다. 이하 같다)이 아동인 경우 주소지 외의

지역에서 취학(입학·재입학·전학 및 편입학을 포함한다. 이하 같다)할 필요가 있을 때에는 그 취학이 원활히 이루어지도록 지원하여야 한다.

제4조의5(피해자에 대한 불이익처분의 금지) 피해자를 고용하고 있는 자는 누구든지 「가정폭력범죄의 처벌 등에 관한 특례법」에 따른 가정폭력범죄와 관련하여 피해자를 해고(解雇)하거나 그 밖의 불이익을 주어서는 아니 된다.

제4조의6(긴급전화센터의 설치·운영 등) ① 여성가족부장관 또는 시·도지사는 다음 각 호의 업무 등을 수행하기 위하여 긴급전화센터를 설치·운영하여야 한다. 이 경우 외국어 서비스를 제공하는 긴급전화센터를 따로 설치·운영할 수 있다.

제4조의7(가정폭력 추방 주간) ① 가정폭력에 대한 사회적 경각심을 높이고 가정폭력을 예방하기 위하여 대통령령으로 정하는 바에 따라 1년 중 1주간을 가정폭력 추방 주간으로 한다.

제5조(상담소의 설치·운영) ① 국가나 지방자치단체는 가정폭력 관련 상담소(이하 "상담소"라 한다)를 설치·운영할 수 있다

제7조(보호시설의 설치) ① 국가나 지방자치단체는 가정폭력피해자 보호시설(이하 "보호시설"이라 한다)을 설치·운영할 수 있다.

제7조의2(보호시설의 종류) ① 보호시설의 종류는 다음 각 호와 같다.

1. 단기보호시설 : 피해자등을 6개월의 범위에서 보호하는 시설

2. 장기보호시설 : 피해자등에 대하여 2년의 범위에서 자립을 위한 주거편의(住居便宜) 등을 제공하는 시설

3. 외국인보호시설 : 외국인 피해자등을 2년의 범위에서 보호하는 시설

4. 장애인보호시설 : 「장애인복지법」의 적용을 받는 장애인인 피해자등을 2년의 범위에서 보호하는 시설

제8조의3(가정폭력 관련 상담원 교육훈련시설) ① 국가나 지방자치단체는 상담원(상담원이 되려는 자를 포함한다)에 대하여 교육·훈련을 실시하기 위하여 가정폭력 관련 상담원 교육훈련시설(이하 "교육훈련시설"이라 한다)을 설치·운영할 수 있다.

제18조(치료보호) ① 의료기관은 피해자 본인, 가족, 친지나 긴급전화센터, 상담소 또는 보호시설의 장 등이 요청하면 피해자에 대하여 다음 각 호의 치료보호를 실시하여야 한다.

1. 보건에 관한 상담 및 지도
2. 신체적·정신적 피해에 대한 치료
3. 그 밖에 대통령령으로 정하는 의료에 관한 사항

8. 다문화가족지원법

1) 개요

「다문화가족지원법」은 다문화가족구성원이 안정적인 가족생활을 영위하고, 사회구성원으로서의 역할과 책임을 다할 수 있도록 함으로써 이들의 삶의 질 향상과 사회통합에 이바지함을 목적으로 하는 법안이다. 「다문화가족지원법」은 다문화가족구성원이 안정적인 가족생활을 영위하고 사회구성원으로서의 역할과 책임을 다할 수 있도록 함으로써, 이들의 삶의 질 향상과 사회통합에 이바지함을 목적으로 하는 법안이다.

여성가족부장관은 다문화가족 지원을 위해 5년마다 다문화가족정책에 관한 기본 계획을 수립해야 하며, 다문화가족의 현황 및 실태를 파악하고 다문화가족 지원을 위한 정책수립에 활용하기 위해 3년마다 그 실태조사를 실시하고 결과를 공표하여야 한다. 여기에 다문화가족의 삶의 질 향상과 사회통합에 관한 중요 사항을 심의·조정하기 위하여 국무총리 소속으로 다문화가족정책위원회를 둔다.

국가와 지방자치단체는 결혼이민자 등이 대한민국에서 생활하는 데 필요한 기본적 정보를 제공하고, 사회적응교육과 직업 교육·훈련 및 언어소통 능력 향상을 위한 한국어교육 등을 받을 수 있도록 필요한 지원을 할 수 있다. 또 다문화가족 내 가정폭력을 예방하기 위하여 노력해야 하며, 가정폭력으로 피해를 입은 결혼이민자 등을 보호·지원할 수 있다. 아울러 결혼이민자 등이 건강하게 생활할 수 있도록 영양·건강에 대한 교육, 산전·산후 도우미 파견, 건강검진 등의 의료서비스를 지원할 수 있으며, 의료서비스 제공 시 외국어 통역 서비스를 제공할 수 있다. 이 밖에 다문화가족구성원인 아동·청소년이 학교생활에 신속히 적응할 수 있도록 교육지원대책을 마련해야 하고, 그 구성원의 언어발달을 위하여 한국어 및 결혼이민자 등인 부 또는 모의 모국어 교육을 위한 교재지원 및 학습지원 등 언어능력 제고를 위하여 필요한 지원을 할 수 있다.

국가와 지자체는 다문화가족지원센터를 설치·운영하는 데, 지원센터는 ① 다문화가족을 위한 교육·상담 등 지원사업의 실시, ② 결혼이민자 등에 대한 한국어교육, ③ 다문화가족 지원서비스 정보제공 및 홍보, ④ 다문화가족 지원 관련 기관·단체와의 서비스 연계, ⑤ 일자리에 관한 정보 제공 및 일자리의 알선, ⑥ 다문화가족을 위한 통역·번역 지원사업, ⑦ 다문화가족 내 가정폭력 방지 및 피해자 연계 지원 등의 업무를 수행한다. 지원센터에는 다문화가족에 대한 교육·상담 등의 업무를 수행하기 위해 관련 분야에 대한 학식과 경험을 가진 전문인력을 두어야 한다. 특히, 국가 또는 지자체는 다문화가족 지원 및 다문화 이해교육 등의 사업 추진에 필요한 전문인력을 양성하는 데 노력해야 하며, 여가부 장관은 대학이나 연구소 등 적절한 인력과 시설 등을 갖춘 기관이나 단체를 전문인력 양성기관으로 지정하여 관리할 수 있다.

이 법률은 전문 17조와 부칙으로 구성되어 있다([시행 2008. 9. 22.][법률 제 8937호, 2008. 3. 21., 제정]).

2) 주요 내용

제1조(목적) 이 법은 다문화가족구성원이 안정적인 가족생활을 영위하고 사회구성원으로서의 역할과 책임을 다할 수 있도록 함으로써 이들의 삶의 질 향상과 사회통합에 이바지함을 목적으로 한다.

제2조(정의) 이 법에서 사용하는 용어의 뜻은 다음과 같다.

1. "다문화가족"이란 다음 각 목의 어느 하나에 해당하는 가족을 말한다.

가. 「재한외국인 처우 기본법」 제2조 제3호의 결혼이민자와 「국적법」 제2조부터 제4조까지의 규정에 따라 대한민국 국적을 취득한 자로 이루어진 가족

나. 「국적법」 제3조 및 제4조에 따라 대한민국 국적을 취득한 자와 같은 법 제2조부터 제4조까지의 규정에 따라 대한민국 국적을 취득한 자로 이루어진 가족

2. "결혼이민자등"이란 다문화가족의 구성원으로서 다음 각 목의 어느 하나에 해당하는 자를 말한다.

가. 「재한외국인 처우 기본법」 제2조 제3호의 결혼이민자

나. 「국적법」 제4조에 따라 귀화허가를 받은 자

3. "아동·청소년"이란 24세 이하인 사람을 말한다.

제3조(국가와 지방자치단체의 책무) ① 국가와 지방자치단체는 다문화가족 구성원이 안정적인 가족생활을 영위하고 경제·사회·문화 등 각 분야에서 사회구성원으로서의 역할과 책임을 다할 수 있도록 필요한 제도와 여건을 조성하고 이를 위한 시책을 수립·시행하여야 한다.

제3조의2(다문화가족 지원을 위한 기본 계획의 수립) ① 여성가족부장관은 다문화가족 지원을 위하여 5년마다 다문화가족정책에 관한 기본 계획(이하 "기본 계획"이라 한다)을 수립하여야 한다.

제3조의4(다문화가족정책위원회의 설치) ① 다문화가족의 삶의 질 향상과 사회통합에 관한 중요 사항을 심의·조정하기 위하여 국무총리 소속으로 다문화가족정책위원회(이하 "정책위원회"라 한다)를 둔다.

② 정책위원회는 다음 각 호의 사항을 심의·조정한다.

1. 제3조의2에 따른 다문화가족정책에 관한 기본 계획의 수립 및 추진에 관한 사항

2. 제3조의3에 따른 다문화가족정책의 시행계획의 수립, 추진실적 점검 및 평가에 관한 사항

3. 다문화가족과 관련된 각종 조사, 연구 및 정책의 분석·평가에 관한 사항

4. 각종 다문화가족 지원 관련 사업의 조정 및 협력에 관한 사항

5. 다문화가족정책과 관련된 국가 간 협력에 관한 사항

6. 그 밖에 다문화가족의 사회통합에 관한 중요 사항으로 위원장이 필요하다고 인정하는 사항

③ 정책위원회는 위원장 1명을 포함한 20명 이내의 위원으로 구성하고, 위원장은 국무총리가 되며, 위원은 다음 각 호의 사람이 된다.

1. 대통령령으로 정하는 중앙행정기관의 장

2. 다문화가족정책에 관하여 학식과 경험이 풍부한 사람 중에서 위원장이 위촉하는 사람

④ 정책위원회에서 심의·조정할 사항을 미리 검토하고 대통령령에 따라 위임된 사항을 다루기 위하여 정책위원회에 실무위원회를 둔다.

⑤ 그 밖에 정책위원회 및 실무위원회의 구성 및 운영 등에 필요한 사항은 대통령령으로 정한다.

제8조(가정폭력 피해자에 대한 보호·지원) ① 국가와 지방자치단체는 「가정폭력방지 및 피해자보호 등에 관한 법률」에 따라 다문화가족 내 가정폭력을 예방하기 위하여 노력하여야 한다.

② 국가와 지방자치단체는 가정폭력으로 피해를 입은 결혼이민자등을 보호·지원할 수 있다.

③ 국가와 지방자치단체는 가정폭력의 피해를 입은 결혼이민자등에 대한 보호 및 지원을 위하여 외국어 통역 서비스를 갖춘 가정폭력 상담소 및 보호시설의 설치를 확대하도록 노력하여야 한다.

④ 국가와 지방자치단체는 결혼이민자등이 가정폭력으로 혼인관계를 종료하는 경우 의사소통의 어려움과 법률체계 등에 관한 정보의 부족 등으로 불리한 입장에 놓이지 아니하도록 의견진술 및 사실확인 등에 있어서 언어통역, 법률상담 및 행정지원 등 필요한 서비스를 제공할 수 있다.

제10조(아동·청소년 보육·교육) ① 국가와 지방자치단체는 아동·청소년 보육·교육을 실시함에 있어서 다문화가족구성원인 아동·청소년을 차별하여

서는 아니 된다.

② 국가와 지방자치단체는 다문화가족구성원인 아동·청소년이 학교생활에 신속히 적응할 수 있도록 교육지원대책을 마련하여야 하고, 특별시·광역시·특별자치시·도·특별자치도의 교육감은 다문화가족구성원인 아동·청소년에 대하여 학과 외 또는 방과 후 교육 프로그램 등을 지원할 수 있다.

③ 국가와 지방자치단체는 다문화가족구성원인 18세 미만인 사람의 초등학교 취학 전 보육 및 교육 지원을 위하여 노력하고, 그 구성원의 언어발달을 위하여 한국어 및 결혼이민자등인 부 또는 모의 모국어 교육을 위한 교재지원 및 학습지원 등 언어능력 제고를 위하여 필요한 지원을 할 수 있다.

④ 「영유아보육법」 제10조에 따른 어린이집의 원장, 「유아교육법」 제7조에 따른 유치원의 장, 「초·중등교육법」 제2조에 따른 각급 학교의 장, 그 밖에 대통령령으로 정하는 기관의 장은 아동·청소년 보육·교육을 실시함에 있어 다문화가족구성원인 아동·청소년이 차별을 받지 아니하도록 필요한 조치를 하여야 한다.

제12조(다문화가족지원센터의 설치·운영 등) ① 국가와 지방자치단체는 다문화가족지원센터(이하 "지원센터"라 한다)를 설치·운영할 수 있다.

② 국가 또는 지방자치단체는 지원센터의 설치·운영을 대통령령으로 정하는 법인이나 단체에 위탁할 수 있다.

③ 국가 또는 지방자치단체 아닌 자가 지원센터를 설치·운영하고자 할 때에는 미리 시·도지사 또는 시장·군수·구청장(자치구의 구청장을 말한다. 이하 같다)의 지정을 받아야 한다.

④ 지원센터는 다음 각 호의 업무를 수행한다.

1. 다문화가족을 위한 교육·상담 등 지원사업의 실시
2. 결혼이민자등에 대한 한국어교육
3. 다문화가족 지원서비스 정보제공 및 홍보
4. 다문화가족 지원 관련 기관·단체와의 서비스 연계
5. 일자리에 관한 정보제공 및 일자리의 알선

6. 다문화가족을 위한 통역·번역 지원사업

7. 다문화가족 내 가정폭력 방지 및 피해자 연계 지원

8. 그 밖에 다문화가족 지원을 위하여 필요한 사업

⑤ 지원센터에는 다문화가족에 대한 교육·상담 등의 업무를 수행하기 위하여 관련 분야에 대한 학식과 경험을 가진 전문인력을 두어야 한다.

⑥ 국가와 지방자치단체는 제3항에 따라 지정한 지원센터에 대하여 예산의 범위에서 제4항 각 호의 업무를 수행하는 데에 필요한 비용 및 지원센터의 운영에 드는 비용의 전부 또는 일부를 보조할 수 있다.

⑦ 제1항, 제2항 및 제3항에 따른 지원센터의 설치·운영 기준, 위탁·지정 기간 및 절차 등에 필요한 사항은 대통령령으로 정하고, 제5항에 따른 전문인력의 기준 등에 필요한 사항은 여성가족부령으로 정한다.

제13조의2(다문화가족지원사업 전문인력 양성) ① 국가 또는 지방자치단체는 다문화가족지원 및 다문화 이해교육 등의 사업 추진에 필요한 전문인력을 양성하는 데 노력하여야 한다.

② 여성가족부장관은 제1항에 따른 전문인력을 양성하기 위하여 대통령령으로 정하는 바에 따라 대학이나 연구소 등 적절한 인력과 시설 등을 갖춘 기관이나 단체를 전문인력 양성기관으로 지정하여 관리할 수 있다.

③ 국가 또는 지방자치단체는 제2항에 따라 지정된 전문인력 양성기관에 대하여 예산의 범위에서 필요한 경비의 전부 또는 일부를 지원할 수 있다.

④ 제2항에 따른 전문인력 양성기관의 지정 기준 및 절차 등은 대통령령으로 정한다.

제16조(민간단체 등의 지원) ① 국가와 지방자치단체는 다문화가족 지원사업을 수행하는 단체나 개인에 대하여 필요한 비용의 전부 또는 일부를 보조하거나 그 업무수행에 필요한 행정적 지원을 할 수 있다.

② 국가와 지방자치단체는 결혼이민자등이 상부상조하기 위한 단체의 구성·운영 등을 지원할 수 있다.

PART III

가족복지와 가족문제

$Chapter$ 10

빈곤가족

개요

빈곤가족은 물질적 결핍, 심리정서적 손상, 사회문화적 소외와 제도적 배제로 인하여 가족 전체 또는 가족구성원들이 인간으로 생활해 나가는 데 있어서 기본적 욕구가 충족되지 못하여 가족구성원 개인과 가족 전체의 안녕이 깨어진 상태의 가족을 말한다. 여기에서는 빈곤가족을 학습하고자 한다.

학습목표

1. 빈곤 개념의 정리
2. 빈곤 정책과 대책의 차이점 토의
3. 사례연구

학습내용

1. 빈곤의 개념
2. 빈곤가족
3. 빈곤가족정책
4. 빈곤가족 대책

1. 빈곤의 개념

1) 빈곤의 정의

빈곤에 관한 개념적 정의는 시대에 따라 다르고, 국민소득수준에 따라 다르며, 문화와 사회적 신분, 가치판단이나 신념체계에 따라 다르다. 따라서, 빈곤이라는 개념을 모든 사람이 만족하도록 정의를 내리기는 어렵다.

모두가 빈곤이 무엇인지 직관적으로 이해하는 것 같지만, 사회과학적으로

앤서니 기든스

사용하기 위해 동의할 수 있는 정의에 도달하는 것은 어렵다. 세계은행(Word Bank, 2000:15)은 빈곤을 '안녕(well—being)의 확연한 결핍'이라고 정의했다. 기든스(Anthony Giddens)는 간결한 언급은 시작점이지만 무엇이 안녕함을 구성하는 것인지에 대한 질문을 제기한다. 기든스에 따르면, 좋은 건강을 유지하는 능력인가, 좋은 교육을 받는 것인가 또는 충분한 음식을 갖는 것인가? 상대적

226

으로 부유한 발전된 사회들에서 이러한 것들을 즐기는 것은 그럴 만한 자원이 있다는 것을 의미하며, 대부분 수입에 의해 측정된다. 역으로, '빈곤하다'는 것 또는 '확연한 결핍'상태에 있다는 것은 충분한 수입 또는 그러한 자원을 갖지 못했다는 것을 의미한다(Giddens, 2021: 432).

우리가 흔히 쓰고 있는 빈곤이라는 용어의 개념은 물질적인 빈곤을 의미한다. 그러나 물질적인 빈곤의 개념과 함께 비물질적인 빈곤의 개념도 수반되는데, 이 비물질적인 개념으로서의 빈곤은 물질적인 빈곤의 원인이 되기도 하며 결과도 된다(Max-Neef et al., 1989). 여기에서 비물질적인 빈곤의 개념은 매우 광의의 것으로, 정신적 무기력, 탈락감, 문화적 공허감, 소외 등과 같은 것을 말하는 데, 이는 대체로 물질적인 빈곤과 수반되는 특징을 갖는다. 마르크스(Karl Marx)의 『자본론(Capital, 1867)』에서 소외(estrangement, alienation, Entfremdung)와 같은 개념은 이미 사회주의 경제학에서 심층적으로 논의되고 있는 한편, 경제적 빈곤의 결과로서 중요한 의미가 부여되기도 한다.

Karl Marx

『자본론』
(2018)

일반적으로 빈곤은 인간의 기본적 욕구(basic needs)를 충족시킬 수 있는 능력이 부족한 상태, 즉 재화와 서비스를 사용할 수 있는 능력이 부족한 상태라고 정의된다. 해링턴(Michael Harrington)은 1963년 그의 저서 『다른 미국: 미국 빈곤(The Other America: Poverty in the United State)』에서, 그는 빈곤을 다면적 차원에서 최소 수준의 보건, 주택, 식품 그리고 교육을 누리지 못하는 측면에서, 패배주의·비관주의와 같은 심리적인 측면에서, 기회의 불평등 측면에서, 그리고 절대적 측면에서 정의할 수 있다고 주장한다(Harrington, 1997).

『다른 미국』
(1997)

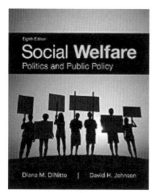

『사회복지』
(2015)

디니토와 존슨(Diana DiNitto and David Johnson)은 그의 저서 『사회복지: 정치와 공공정책(Social Welfare: Politics and Public Policy, 2015)』에서 다음과 같이 빈곤을 정의하고 있다.

① 박탈(deprivation)로서의 빈곤

부족 또는 불충분(insufficiency)으로서의 빈곤을 의미한다. 즉, 품위 있는 생활수준을 유지하는 데 필요한 식품·주거·의복·의료·기타 품목들이 불충분한 상태를 의미한다.

② 불평등(inequality)으로서의 빈곤

소득분배의 불평등성을 의미한다. 이는 어떤 사람들은 대부분의 다른 사람들보다 더 적은 소득과 물질을 갖고 있다고 인식하고 있고, 그리고 그들이 더 많이 가질 권리가 있다고 느끼는 상대적 박탈(relative deprivation) 또는 상대적 빈곤에 초점을 맞추고 있다. 사람들의 박탈감은 사람들이 그들 자신과 평균수준의 다른 가족 간의 격차가 크다는 것을 인식하고, 그 격차가 정당하다고 받아들여지지 않을 때 나타난다.

③ 문화로서의 빈곤

빈곤이 자기 영속적 주기를 타면서 세대 간에 전승되는 일종의 생활양식을 말한다. 빈곤문화는 경제적 박탈이나 사회해체뿐만 아니라, 국가나 지역, 도시와 농촌의 차이를 초월해서 존재하며, 그것은 가족구조, 대인관계, 소비습관, 가치체계 및 시간지향에 있어서 상당한 유사성을 나타낸다. 그러나 모든 사회의 빈민에게 빈곤문화가 존재하는 것이 아니며, 빈곤문화가 생성되기 위해서는 다음의 전제조건이 충족되어야 한다. 임금노동, 이윤추구적 생산, 지속적인 높은 실업률과 잠재실업률, 저임금, 비숙련노동 등과 관련되는 현금경제체제에서 사회가 빈민들에게 사회적·정치적·경제적 조건을 제공해 주지 못하고 있을 때, 핵가족 중심의 친족체제, 사회지배계급이 하층민의 경제적 지위를 개인적 부적응이나 열등감에 기인하는 것으로 간주하는 가치관이 강조될 때이다. 이러한 조건들이 충족된 지역에서 빈민들 간에 나타날 수 있는 생활양식의 하나가 빈곤문화이다. 일단 빈곤문화가 존재하게 되면 그것은 상당 기간 지속되며 전승하는 경향이 있다.

④ 착취(exploitation)로서의 빈곤

지배계급에 의한 착취형태로서의 빈곤을 의미한다. 빈곤은 중산층을 위해 많은 기능을 수행하고 있기 때문에 빈민계급이 계속 유지되고 있다.

빈곤은 이해관계가 얽혀있다고 해서 때로는 정치적인 활동(political activity)이라고도 불린다. 공적 예산이 대거 투입되는 공공부조와 같은 정부의 빈곤정책을 찬성하는 사람들, 주로 사회민주주의와 같은 진보주의자들은 빈곤의 개념을 광의로 정의하고, 그에 따라 빈민의 수가 많게 나타나고 빈곤율이 높게 측정되는 대안을 선호하고, 비록 경제적으로 국가가 풍요롭다 하더라도 그 가운데에는 굶주림, 영양실조, 질병, 무희망, 절망 등과 같은 빈곤문제로 인해 고통을 받는 사람들이 지속적으로 존재한다고 주장한다. 반면, 정부의 빈곤정책을 반대하는 사람들, 주로 신자유주의자들과 같은 보수주의자들은 빈곤에 대한 개념을 협의로 정의함으로써 빈민의 수를 가능한 최소화하고 빈곤율을 낮추려고 노력하면서 빈곤은 자연의 법칙이라고 주장한다. 그들은 빈민들이 만일 기존의 공공서비스를 활용하기만 한다면 굶주림, 영양실조, 질병 등의 문제는 해결될 수 있으며, 빈곤으로 인해 고통받을 필요가 없다고 주장한다 (DiNitto & Johnson, 2015).

그러나 일반적으로 통용되는 빈곤은 경제적인 현상으로서, 만성적이고도 지속적인 물질적 결핍을 의미한다. 물질적 결핍이라 함은 구체적으로 한 단위의 경제주체가 갖는 자원에 대한 지배도가 일정 수준에 미달하고 있는 상태를 의미한다. 즉, 어떤 경제주체가, 그것이 나라이든, 가계이든, 또는 개인이든 지배할 수 있는 자원이 일정 수준에 미달하였을 때, 그 경제주체는 가난하다고 정의될 수 있다.

여기에서 세 가지 개념에 유의하여야 한다(윤석범, 1994: 22-23).

첫째, 경제주체라 함은 흔히 국가, 기업, 가계 또는 개인을 의미하는 데, 특히 국제적인 국가별 빈곤의 비교를 연구대상으로 하지 않는 한 국가는 이러한 빈곤의 연구대상에서 제외될 수 있다. 기업 또한 경영학적 업무성과나 재무제표를 비교하지 않는 한 쉽게 제외되므로 가계와 개인만이 남게 된다. 일반적으로 최소의 경제활동 단위를 가정으로 국한시킬 때, 개인도 가계의 부분집합이 되므로 가계만이 경제주체로 남게 된다.

둘째, 자원에 대한 지배도는 바로 통일된 지배수단을 의미하게 되므로 부나 소득을 지칭한다. 시장경제사회에 있어서 자원에 대한 지배는 시장을 통한 구매의 크기를 의미하는 데, 이는 곧 소독과 시장화될 수 있는(marketable) 부의 수준을 의미하는 것이다. 이 경우, 소득은 가계의 안정된 소득으로서의 '영구'소득(permanent income)이나 평생소득(life-cycle income)을 논리적으로 생각할 수 있는데, '영구'소득은 과거소득과 현재소득의 가중평균을 의미하며, 평생소득은 경제활동기간 중에 벌어들일 수 있는 일생의 소득을 평균한 개념이다. 경우에 따라, 사후적으로 조세가 가감된 가처분소득(disposable income)을 생각할 수도 있다. 즉, 복지사업이 잘 시행되고 있는 후생국가의 경우에는 능력으로 보아서는 빈곤가계이지만, 정부의 보조금과 이전지출로 인하여 최종적으로 얻어지는 가처분소득이 충분히 커질 경우에는 사후적으로 빈곤으로부터 탈피할 수 있는 가계가 되는 경우가 없지 않다. 부의 개념 또한 다양하다고 할 수 있으나, 이 경우 시장화할 수 있는 부라 함은 단순히 물질적이고 가시적인 부만을 의미하는 것이 아니라, 시장에서 화폐로 전환될 수 있는 특허권, 인세, 면허세, 기술 사용료 등과 같은 소득을 창출할 수 있는 인간자본까지도 포함된다. 소득과 부의 개념에는 포함되지 않으나, 여가를 얼마나 즐길 수 있느냐 하는 것도 현대사회에서는 자원의 지배수단의 하나로 포함시키기도 한다.

셋째, '일정 수준'이라는 양적인 개념을 어떻게 정의하느냐 하는 가장 중요한 문제가 남는다. 여기에서 자원을 지배할 수 있는 일정 수준은 곧 빈곤수준을 의미하는 데, 빈곤수준이라고 하는 개념 자체가 상대적일 뿐만 아니라, 극

히 주관적이다. 따라서, '일정 수준'을 어떻게 정의하느냐에 따라 여러 가지
형태의 빈곤 개념이 설정될 수 있을 것이다.

그러므로 빈곤은 다양한 의미를 지닌 개념이다. 빈곤 개념은 시간과 공간
에 따라 상대적인 의미를 갖는다. 그럼에도 불구하고, 빈곤을 정의하려는 시
도가 계속되는 것은, 빈곤은 반드시 해결해야 할 문제라는 사회적 합의가 밑
바탕에 존재하기 때문이다. 각각의 시대적 배경하에서 절대적 빈곤, 상대적
빈곤, 주관적 빈곤, 능력 접근이 빈곤을 설명하는 가장 유력한 개념으로 자리
잡았다. 각 개념은 모두 장단점을 가지고 있다. 그래서 빈곤을 정의하는 단
하나의 확실한 방법은 존재하지 않는다(김윤태·서재욱, 2013: 41).

2) 빈곤의 특성

헤이브먼(Robert H. Haveman)은 1987년 그의 저서 『빈곤정책
과 빈곤연구: 위대한 사회와 사회과학(*Poverty Policy and Poverty
Research: The Great Society and the Social Sciences*)』에서, 그는 빈
곤의 특성을 다음과 같이 주장한다.

① 빈곤은 탄력적(elastic)이다.

② 빈곤은 다차원적(multidimensional)이다.

③ 빈곤은 객관적이지 않다(nonobjective).

④ 빈곤에 대한 정의는 문화의 영향을 받는다.

『빈곤정책과 빈곤연구』
(1987)

델릭(Herman Deleeck) 등은 1992년 『EC에서 빈곤과 사회보장의 적정성: 비
교분석(*Poverty and the Adequacy of Social Security in the EC: A Comparative
Analysis*)』에서, 그들은 빈곤의 특성을 다음과 같이 주장한다.

① 빈곤은 상대적(relative)이다.

빈곤은 시간과 공간의 측면에서 상대적이다. 따라서, 어떤 생활여건이 빈곤
상태에 해당되는지 여부는 사회적·경제적 환경, 당시의 발달수준에 따라 결
정된다. 따라서, 빈곤을 구체적으로 설명하기 어렵고, 또한 빈곤을 절대적 의

미에서 설명할 수 없다.

② 빈곤은 점진적(gradual)이다.

빈곤을 '빈곤상태에 있는 것(poor)'과 '빈곤상태에 있지 않은 것(not-poor)'의 두 가지 범주로만 구분할 수는 없다. 왜냐하면 빈곤의 정도에는 여러 가지가 있으며, 이에 따라 빈곤층을 여러 층으로 구분할 수 있기 때문이다. 예를 들어, 경제적으로 어렵지만 그럭저럭 사는 사람들, 항상 어려운 사람들, 노숙인과 같이 사회의 주변에서 사는 사람들처럼 빈곤층 안에도 여러 범주의 층이 존재한다.

③ 빈곤은 다차원적이다.

빈곤상태는 모든 생활영역에서 나타난다. 예를 들어, 빈곤은 소득영역에서뿐만 아니라, 교육·의료 영역에서도 나타난다. 이 경우, 소득영역이 가장 중요한 역할을 한다.

④ 빈곤은 지속적(durable)이다.

빈곤은 시간 차원과 관련된다. 구체적으로 빈곤을 단기적·장기적·구조적 빈곤으로 구분할 필요가 있다. 단기적 빈곤은 갑자기 소득을 상실하는 것과 같은 상황에 놓이기 때문에 발생한다. 그리고 장기적·구조적 빈곤은 사회적·경제적으로 영구히 불리한 위치에 있기 때문에 발생한다.

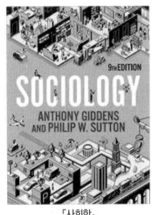

『사회학』
(2021)

그러므로 빈곤의 중요한 특성으로 다차원성, 상대성, 점진성, 지속성, 주관성을 들 수 있다. 따라서, 다양한 특성을 지니기 때문에 일부 학자들은 빈곤을 정의하고 빈곤을 측정하기가 쉽지 않다고 주장한다.

3) 빈곤의 유형

기든스의 저서 『사회학(Sociology, 2021)』에 따르면, 사회학자들은 대개 빈곤을 두 가지 유형, 즉 (종종 '극도의' 빈곤으로 불리는) 절대적 빈곤과 상대적 빈곤으로 구분한다.

(1) 절대적 빈곤

절대적 빈곤(absolute poverty)은 최저생활이라는 관념에 근거를 두고 있다. 최저생활이란 육체적 건강을 유지하기 위해 충족되어야 할 기본적 조건을 의미한다. 이러한 근본적인 요건들, 즉 충분한 음식, 주거 그리고 의복 등이 부족한 사람들은 절대적 빈곤 속에 살고 있다고 말할 수 있다. 동등한 연령이나 체격을 가진 사람들은 어느 정도 같은 인간적 최저생활의 기준이 잡히기 때문에 이러한 보편적 기준이 충족되지 않는다면 어떤 개인이든, 세계 어느 곳에 있든 절대적 빈곤 속에서 살고 있다고 할 수 있다(Giddens, 2021: 432).

(2) 상대적 빈곤

상대적 빈곤(relative poverty)의 개념도 복잡하다. 사회가 발전함에 따라 상대적 빈곤에 대한 이해가 변하고, 사회가 풍요로워짐에 따라 상대적 빈곤의 기준이 점차 상향조정된다. 예를 들어, 한때 자동차, 냉장고, 중앙난방, 이동전화 등은 사치품들로 여겨졌지만, 오늘날 발전된 사회에서는 그것들이 온전하고 적극적인 삶을 이끌어 가기 위한 필수품들로 보인다. 이러한 물품을 갖추지 못한 가족은 상대적 빈곤에 있다고 여겨지는데, 그들은 그들이 속한 사회의 다수가 누리는 종류의 생활양식을 누릴 수 없기 때문이다. 그러나 그들의 부모나 조부모들이 그러한 물품들을 갖지 못했음에도 그 시기의 기준에 따라서는 빈곤한 것으로 여겨지지 않았다(Giddens, 2021: 433).

(3) 주관적 빈곤

절대적 빈곤과 상대적 빈곤은 그것들이 '과학적'으로 결정되든 아니면 '정치적'으로 결정되든 제3자의 판단에 의한 어떤 객관적인 수준이 정해진다. 반면에, 주관적 빈곤(subjective poverty) 개념하에서는 빈곤은 사람들이 빈곤으로 간주하는(느끼는) 수준에서 결정된다. 빈곤은 결국 개인들의 안녕(well-being)과 관련되는 문제이기 때문에 개인들의 주관적인 판단이라는 측면도 무시할 수 없으며, 어떤 의미에서는 전술한 '객관적'인 기준보다 빈곤을 정의하는 데 중요할 수 있다. 이러한 주관적 빈곤을 측정하는 방법으로는 여론조사방법과 라이덴(Leyden)방식이 주로 이용된다(이두호 외, 1922: 56 ; 김태성·손병돈, 2011: 28).

4) 빈곤문제와 사회복지

상당수의 사람이 우려하고 있는 주관적인 관심사가 사회문제를 정의할 때 중요한 요인이 되기도 한다. 때로는 이러한 사회문제들이 시간이 지남에 따라 그 문제 자체가 변화하는 역동적인(dynamic) 모습을 보이기도 한다.

빈곤문제는 사회복지뿐만 아니라, 노동, 경제, 재정, 보건, 교육, 환경, 문화 등 다양한 분야와 유기적으로 연계되어 있다. 따라서, 빈곤문제가 제대로 해결되기 위해서는 다양한 관련 분야에서 사회문제를 분석하여야 하고, 문제해결을 위해 총체적·통전적인 대안도 마련되어야 한다. 빈곤문제가 어떠한 분야와 관련이 되어 있다 하더라도, 결국 그 문제는 사회구성원들의 삶의 질과 밀접한 관련을 갖게 된다. 사람들의 삶의 질의 문제와 밀접한 분야는 사회복지이다. 따라서, 모든 빈곤문제는 사회복지와 직·간접적인 관계를 갖게 된다.

빈곤문제는 사회복지 분야에서 거시적·중시적·미시적 차원에서 다루어질 수 있다. 미시적 차원은 개인체계에 초점을 맞추고 임상적인 사회복지실천방법을 활용하고, 중시적 차원은 지역사회체계에 초점을 맞춘 지역사회조직이나 지역사회복지의 방법을 활용하며, 거시적 차원은 보다 큰 사회단위에 초점을 맞춘 사회복지정책의 방법을 활용한다. 사회문제의 근본적인 해결을 위해서는 이러한 차원들의 개입방법을 모두 활용하는 통합적 접근방법의 활용이 필요하다. 그 내용은 다음과 같다(김기원, 2019: 18-19).

(1) 미시적 접근

빈곤문제는 미시적(micro) 사회복지 차원에서 다룰 수 있다. 미시적 차원에서 빈곤문제는 빈곤으로 인해 고통을 받거나, 삶의 질이 열악한 상태에 놓인 사람들과 그가 처한 사회환경 간의 의식적 조정을 통하여 그들이 사회적 기능을 수

행하는 데 자신의 문제를 좀 더 효과적으로 대처해 나가도록 도와주는 역할을
수행한다.

미시적 차원에서 그 대상이 개인인 경우, 빈곤복지의 실천은 통상적으로 '초
기과정(intake) → 사례조사(case   study) → 사례진단(case   diagnosis) → 사례치료
(case treatment)'의 과정을 거치면서 개입한다. 미시적 차원에서 그 대상이 빈곤
집단인 경우, 사회복지실천은 '집단사전단계 → 집단초기단계 → 집단사정단계
→ 집단중간단계 → 집단종결단계'의 과정을 거치면서 개입한다.

(2) 중시적 접근

빈곤문제는 중시적(mezzo) 사회복지 차원에서 다룰 수 있다. 중시적 차원에
서 빈곤문제는 빈곤으로 인해 어려움에 부딪친 사람들이 겪는 문제해결을 위
해 지역사회자원을 효과적으로 이용하고, 지역사회와 원만한 관계를 체계적
으로 유지할 수 있도록 원조한다. 지역사회가 지역사회 내에서 빈곤으로 인해
고통받는 사람들을 위하여 그들이 겪고 있는 문제와 욕구를 찾아내고, 그 내
용을 확인하며, 해결 대안의 우선순위를 설정하고, 목표달성을 위한 확신과
의지를 발전시키고, 지역사회 안팎에서 필요한 자원을 동원함으로써 지역사
회 내에서 협력적이며 협동적인 태도와 실천력을 확대, 발전시키기 위해 노력
한다.

중시적 차원에서 최근 적극적으로 활용되고 있는 실천방법으로 사례관리
(case management)가 있다. 빈곤문제를 해결하기 위한 사례관리는 이미 제도
화된 공식적 서비스와 가족, 친척, 이웃, 자원봉사자 등의 비공식적인 지원을
연계시켜 빈곤으로 인해 고통받는 사람들을 계속 원조하는 방법이다. 또한 다
양하고 복합적인 문제와 욕구가 있는 사람들을 대상으로 사례관리자가 그들
의 욕구를 충족시키고 문제를 해결하며, 사회적 기능을 향상시키기 위해서 수
급자와 사회자원과의 연결과 조정을 통하여 수급자에 대한 보호를 관리하는
과정이다.

(3) 거시적 접근

빈곤문제는 거시적(macro) 사회복지 차원에서 다룰 수 있다. 거시적 차원에서 빈곤문제는 주로 사회복지정책이나 사회복지행정과 밀접한 관계가 있다. 어의적으로 보면, 사회복지정책이란 사회구성원 모두 또는 다수가 평안하게 잘 지낼 수 있도록 정부가 권위적으로 가치를 배분하는 의도적 행동노선을 말한다.

이러한 거시적 접근은 미국사회사업가협회(National Association of Social Workers, NASW)의 제도로서, 사회복지에 관한 정의를 기초로 할 때 사회복지정책은 사람들이 사회 유지에 필수적인 사회적·경제적·교육적 욕구와 보건 욕구를 충족하고 관련된 사회문제를 해결하는 데 도움을 주는 프로그램, 급여 그리고 서비스에 관한 국가의 의도적 행동노선을 말한다.

빈곤문제를 다루는 대표적인 사회복지정책은 공공부조정책이다. 공공부조정책은 인간의 사회적 기능을 향상시키거나 유지하기 위해 의도된 모든 사회적 개입을 위한 행동노선으로, 고용, 소득, 식품, 주거, 의료 그리고 관계와 같은 기본적 생활욕구를 충족시키기 위하여 다양한 형태로 지급되는 급여를 규제한다. 따라서, 급여가 제공되는 배경적 상황에 영향을 받는다.

공공부조정책은 빈곤문제에 관하여 어떠한 조치를 하는 것은 물론 어떠한 조치를 하지 않는 것도 포함한다. 즉, 빈곤문제를 해결하기 위해 어떠한 조치를 하거나 하지 않는 것(action or inaction) 모두를 포함한다. 일반적인 빈곤복지체계는 사회적 이슈, 정책의 목적, 입법·규제 그리고 사회복지 프로그램이라는 서로 연관된 부분으로 구성된다.

2. 빈곤가족

1) 빈곤가족의 발생원인

빈곤에 대한 다양한 차원의 관점들은 빈곤의 요인을 자원의 결핍, 개인적 속성의 결여, 제도적 측면의 결핍으로 구분한다(Kzrz, 1989). 즉, 빈곤은 물질적 결핍과 개인적 속성의 결여, 심리적·사회적·문화적·제도적 박탈과 소외 등으로 인한 개인과 사회의 총체적 결과이다. 따라서, 빈곤가족은 물질적 결핍, 심리정서적 손상, 사회문화적 소외와 제도적 배제로 인하여 가족 전체 또는 가족구성원들이 인간으로 생활해 나가는 데 있어서 기본적 욕구가 충족되지 못하여 가족구성원 개인과 가족 전체의 안녕이 깨어진 상태의 가족으로 정의할 수 있다. 빈곤의 발생원인은 매우 다양하며, 각각의 원인이 서로 상호의존적이고 복합적으로 작용하고 있다, 그 내용은 다음과 같다(김성철 외, 2020: 207-208 ; 노병일 외, 2017: 122-123).

(1) 개인적 원인

① 자발적 원인

개인의 부적절한 생활태도나 도덕적 해이 등과 같은 개인적 결함에 기초

② 비자발적 원인

개인적 요인이기는 하지만, 사회구조적 요인들과 밀접히 연관, 빈곤의 악순환을 초래하게 하는 원인

(2) 사회구조적 원인

법적 제도의 잘못된 구조, 조세제도에서의 재분배 기능을 제대로 수행하지 못할 때, 불로소득이나 비정상적인 부의 축적이 만연하며, 사회보장제도를 포함한 사회복지정책의 부실과 태풍이나 해일, 지진, 화산폭발 등의 천재지변을 말한다.

2) 빈곤가족의 특성

(1) 인구사회학적 특성

① 빈곤의 노령화와 여성화

가족해체 및 이혼율의 증가, 노동시장적 요소와 가족적 차원의 요인들이 복합적으로 연결되는 빈곤화 과정으로, 빈곤의 노령화는 급속한 고령화와 생산양식의 변화, 가족해체 및 부양의식의 약화 등 가치관의 변화로 보고 있다.

② 만성적 건강문제

건강과 직접적인 관련이 있는 여러 가지 물질적 조건의 악화, 가족기능의 약화, 경제적·심리적 자원 고갈과 빈곤화를 초래한다.

③ 낮은 교육수준과 불안정한 직업

일반가족보다 교육수준이 낮으며, 불안정한 직업 및 낮은 소득과 밀접한 관련이 있다.

(2) 심리사회적 특성

많은 연구에서 빈곤가족들은 신체적 건강뿐 아니라, 정신적 건강도 좋지 않다고 밝히고 있다. 빈곤은 스트레스를 주는 환경적 조건과 사건과 관련이 높고, 이는 스트레스의 위험을 증가시켜서 우울, 불안, 기타 정신과적 증상을 일으키는 요인이 된다. 대부분의 연구에서 빈곤가족의 가족구성원들은 일반 가족구성원들에 비하여 자존감이 낮고, 정신증, 공포불안, 대인예민성, 우울, 불안, 적대감, 강박증 등을 보이는 경향이 컸다. 특히, 개인과 가족이 빈곤화 되는 과정에서 직면하게 되는 스트레스 상황은 가정폭력, 자살, 알코올이나 기타 약물중독 등의 복합적인 문제와 더불어 가족과 사회에 부정적 영향을 미친다. 따라서, 실업기간이 오래된 사람, 가계의 생계유지를 위한 취업의지에 반하여, 취업기회가 박탈된 사람들일수록 불안감과 우울감, 적대감이 더 많은 것으로 나타났다.

(3) 가족관계적 특성

빈곤가족은 다양한 이유로 가족해체를 경험한 가족이거나, 반대로 빈곤화되는 과정에서 가정이 해체된다. 일반적으로 가족해체의 원인이 되는 가정의 경제문제, 부모의 이혼·별거·가출, 자녀양육의 포기, 가족구성원의 자살, 가정폭력, 가족불화와 질병 등은 모두 빈곤과 밀접한 관련이 있어서 가족해체와 가족갈등은 빈곤의 원인인 동시에 빈곤의 결과라고 할 수 있다.

3) 빈곤가족의 문제

빈곤가족이 겪는 문제는 다음과 같다(박미은 외, 2022: 244−246).

(1) 빈곤의 세습화

빈곤의 한 가지 특징은 만성화, 세대를 이어 대물림될 가능성이 높다는 것이다. 빈곤이 지속적이고 세습의 가능성이 높아 일단 빈곤에 빠진 후에는 그 악순환에서 벗어나는 것이 어려워진다. 특히, 경제적·물질적 빈곤에서 오는 심리적 박탈감은 가족들에게 심리적으로 불안과 억압을 갖게 한다.

빈곤화 현상에서 주목하는 또 다른 특징은 빈곤에 빠진 사람들의 탈출가능성이 높지 않다는 것이다. 우리나라에서 절대 빈곤층이 차상위계층 이상으로 소득수준이 상승하여 실질적으로 빈곤에서 벗어나는 '빈곤탈출률'은 매우 낮다. 이는 빈곤층으로 떨어진 사람들이 빈곤에서 탈출하지 못하여 만성화되고 빈곤이 장기화할수록 빈곤탈출의 가능성이 작아진다는 것이다. 빈곤의 대물림 현상은 빈곤가족의 부모나 아동에게 미래에 대한 희망을 걸 수 없게 하며, 빈곤가족의 부모에게 자녀의 양육은 물론 자신의 삶을 영위하는 데 있어서도 좌절과 불만족을 경험하게 한다. 또한 만성적 빈곤이 지속되면 사회계층 간에 심각한 양극화 현상이 나타날 수 있다.

(2) 가족체계의 불안정

가족의 경제력은 가족생활을 유지할 수 있는 기반으로 가족의 생존뿐만 아니라, 가족관계를 유지시켜 주는 기반이 된다. 빈곤가족에서 나타나는 가족문제의 특성은 다양하고 복합적이다. 소득이 충분하지 않은 가족은 불안해하고 늘 긴장하면서 생활을 하게 된다. 이러한 빈곤에 의해서 오는 불안과 긴장된 생활은 부부갈등을 비롯하여 가족구성원들에게 심리적 스트레스와 우울, 자존감의 위축과 같은 정서적인 변화를 초래하고, 가족 내 역동을 바꾸어 놓는다. 그뿐만 아니라, 지속하는 빈곤상태의 가족생활은 가족구성원의 기본적인 생존을 위협할 뿐 아니라, 거주지의 불안정, 가족구성원 간의 불화 등을 유발하게 되고, 더 나아가 가족체계가 불안정해지면서 결국 가족해체까지 이르게 된다.

(3) 자녀양육과 교육문제

빈곤가족의 경우, 생계유지를 위해 맞벌이를 하는 경우가 많다. 맞벌이가족은 취업, 가사, 자녀양육이라는 3중의 역할을 수행해야 하므로 육체적·정신적 피로가 가중된다. 더욱이 적절한 보육시설을 이용할 수 없는 맞벌이가족은 그들의 미취학 자녀들을 열악하고 위험한 주거환경에 방치하게 된다.

빈곤아동들은 다른 아동들에 비해 사교육을 받을 기회가 제한되어 학습부진을 경험하기 쉽고, 아울러 학비조달의 어려움 때문에 학업을 중단하거나, 상급학교 진학을 포기하는 예도 발생한다. 더 나아가 저소득층의 자녀는 적절한 교육수준에 미치지 못하기 때문에 안정된 취업기회가 현실적으로 제한되기도 한다.

(4) 가족역동성의 문제

빈곤가족은 부부, 부모, 자녀, 부모와 자녀 등으로 구성된 각 하위체계 간에 경계가 밀착되거나 유리되는 경우가 많아, 과잉의존, 소외, 갈등 등의 문제가 발생한다. 무능력한 남편 때문에 부인이 생계를 책임져야 하고, 이로 인해 가부장적이고 전통적인 가족의 분위기와는 다른 가족체계를 경험하게 된다. 빈곤가족에서는 가족구성원 간에 원치 않는 갈등이 야기되고, 자녀들을 방임하거나 자녀양육이 부적절하게 이루어질 가능성이 커진다. 비록 가족이 경제적으로 만성적인 궁핍상태에 빠져있지 않더라도, 다양한 고통을 겪으면서 가족구성원에게는 생활상의 스트레스가 가중되기도 한다. 특히, 극한 경제적 어려움에 부딪친 가족은 가능한 한 소비를 줄이거나, 또는 작은 소득이라도 올리려고 힘겨운 노력을 하는 동안 원치 않게 정신건강의 문제나 역기능적 가족관계가 나타날 가능성이 커진다.

빈곤가족의 구성원들은 일반가족의 구성원들에 비해 자존감이 낮고, 조현병, 공포불안, 대인 예민성, 우울, 불안, 적대감, 강박증 등을 보이는 경향이 있다. 가족구성원들이 빈곤화의 과정에서 겪는 각종 스트레스는 가정폭력, 자살, 알코올이나 기타 약물중독 등으로 이어지고, 경우에 따라서는 가족이 해체되는 결과로 나타난다. 이렇듯 실직이나 소득상실과 같은 경제적 어려움은 부모에게 스트레스를 일으키고, 이는 부부관계 및 부모-자녀관계, 그리고 자녀의 성장에도 부정적인 영향을 미친다(Conger et al., 1992).

4) 가족빈곤의 대상

(1) 아동빈곤

「아동빈곤예방법」 제3조제1항에 따르면, 아동빈곤이란 아동이 일상적인 생활여건과 자원이 결핍하여 사회적·경제적·문화적 불이익을 받는 빈곤한 상태를 말한다. 여기서 아동이란 「아동복지법」상 아동, 즉 18세 미만인 사람을 말한다.

아동빈곤은 성인빈곤이나 노인빈곤과 대비되는 개념으로서, 보통 18세 미만의 아동으로 빈곤한 가족에 속해 있는 경우를 말한다. 빈곤을 측정하기 위해서 가구의 소득(수입, income)을 사용하기도 하지만, 가구의 지출(consumption)을 사용하기도 한다.

아동빈곤은 통상적으로 아동이 있는 가구의 생활수준이 일정 수준 이하인 가구로 정의된다. 가구의 생활수준은 주로 소득수준을 기준으로 한다. 소득은 아동양육에 필요한 재화 및 서비스 구매력과 관련이 있다. 따라서, 소득의 결핍은 아동발달에 필요한, 주거환경, 영양, 건강, 양육, 교육 등에서 재화 및 서비스 이용을 제한한다. 아동에 대한 충분하지 않은 투자와 빈곤경험은 성장기의 발달을 저해할 뿐 아니라, 성인기의 빈곤과도 연결된다. 지속적인 저성장과 소득의 양극화는 아동기의 빈곤이 성인기의 빈곤으로 이어져 빈곤의 만성화 경향을 가속할 가능성이 크다(김기원, 2019: 312).

아동빈곤율은 만 18세 미만의 아동이 속한 가구의 빈곤 여부를 먼저 결정한 후, 빈곤가구에 속한 아동이 전체 아동에서 차지한 비율로 표시한다. 따라서, 아동빈곤율도 절대적 빈곤율과 상대적 빈곤율을 각각 산출할 수 있다. 우리나라는 아직 정부가 발표하는 공식적인 빈곤율이 존재하지 않으며, 이에 따라 아동빈곤율도 공식적으로 보고되지 않는다.

(2) 노인빈곤

노인이란 일반적으로 65세 이상부터 사망에 이르기까지를 말한다. 노년기에는 생물학적·심리적·사회적 측면에서 나타나는 점진적이고 퇴행적 발달, 즉 노화(aging)가 이루어진다. 퇴행적 발달에는 신체적 능력의 쇠퇴 및 질병, 사회적 관계의 축소, 사회경제적 지위의 하락 등이 있다.

노년기에는 신체변화에 대한 적응, 인생에 대한 평가, 역할 재조정, 여가활용, 죽음에 대한 대비 등의 발달과업을 적절히 수행하고, 노후생활에 적합한 생활환경을 조성하여야 한다.

노년기에 있어서 일은 노인 개인 차원에서는 생활비 및 용돈의 소득원 확보, 자기긍정감과 정체감의 부여, 사회적 관계망의 유지, 신체 및 정신적 건강 유지, 소일 또는 여가활용의 기회까지도 제공해 준다. 거시적 차원에서는 노인을 의존적인 소비계층으로만 간주하던 노인에 대한 사회적 인식의 개선을 도모하고, 국가의 생산성 제고와 사회보장 비용절감 효과까지도 얻을 수 있다.

노년기에 어떤 사회적 지위에서 물러나 그 지위에 관련된 역할수행을 중단하게 된 현상을 은퇴라고 하며, 은퇴의 가장 대표적인 유형이 일에서 물러나는 퇴직이다. 퇴직이란 일반적으로 고용상태의 어떤 직위에서 물러나 그 직위에 관련된 역할수행을 중단하게 된 현상을 의미하며, 고용에 의한 유급의 직위에서 물러나는 현상을 말한다. 이러한 퇴직과정은 개인이 퇴직을 인식하면서부터 시작되는데, 퇴직에 대한 태도는 퇴직 후의 경제사정에 대한 예상, 정년퇴직 연령, 노동에 대한 가치관, 퇴직의 자발성, 직업에 대한 헌신·사명감 정도, 퇴직 후 생활목표의 확실성, 퇴직 이후의 소득보장 정도 등과 같은 다양한 원인의 영향을 받는다(강정희, 2023: 122).

퇴직으로 인해 나타나는 생활변화를 보면, 먼저 수입이 급격하게 줄어들거나 상실되는 반면, 지출은 지속해서 이루어지기 때문에 경제적 어려움을 경험할 가능성이 커지게 된다. 경제적 어려움은 퇴직 이후의 경제생활에 대한 준비 정도에 따라 달라질 수 있다. 퇴직으로 인한 직장동료와의 관계가 단절되고, 사회활동 참여도가 낮아짐으로써 사회적 소외와 고독을 경험할 가능성이 커진다. 정체감을 유지해 왔던 직업적 지위를 상실함으로써 부정적 자아개념을 형성하게 되고, 이에 따라 삶의 만족도 역시 낮아질 수 있다. 퇴직 이후의 여가가 증가함에 따라 일반적으로 여가활동의 참여도는 증가하지만, 퇴직 이전의 여가에 대한 예비사회화 정도와 재정상태, 건강상태 등에 따라 여가활동 참여도가 달라질 수 있다.

(3) 여성빈곤

빈곤은 남성과 여성에게 동등하게 발생하지 않는다. 어느 학자는 빈곤이 임의로 누구에게나 발생하는 것이 아니라, 특정한 집단에 자주 발생한다는 점을 지적하면서 이런 특정 집단의 대표적인 예로 여성을 꼽은 바 있다. 다시 말해서 빈곤은 성과 관련해 중립적이지 않다. 예를 들어, 다음과 같다(노병일, 2013: 181).

첫째, 남성빈곤에 비해서, 여성빈곤은 더 널리 나타나고 있다.

둘째, 여성빈곤이 남성빈곤보다 더 심각한 경우가 많다.

셋째, 여성은 빈곤 때문에 생기는 어려움을 더 많이 겪는다.

역사적으로 볼 때, 여성빈곤은 갑자기 등장한 현상이 아니다. 그리고 빈곤을 겪는 남성보다 빈곤을 겪는 여성이 더 많은 상황이 최근 들어서 나타난 것은 아니다. 하지만 최근 여성빈곤은 심각해지고 있다. 특히, 현대에 들어서 독거노인 중 여성노인의 수가 더 늘어나고 있고, 가정이 불안정하기 때문에 한부모가족이 증가하고 있다. 이에 따라, 혼자 사는 여성노인과 한부모 여성이 전체 빈곤층에서 차지하는 비율이 높아지고 있다. 그 결과, 일반적으로 여성은 빈곤율이 가장 높은 층에 속하고 있다.

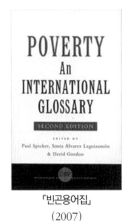

『빈곤용어집』
(2007)

스피커(Paul Spicker) 등이 편집한 『빈곤: 국제용어집(*Poverty: An International Glossary*, 2007)』에 따르면, 여성은 빈곤과 관련하여 다음과 같은 경향을 보인다.

첫째, 선진국이나 개발도상국의 경우, 여성은 남성보다 빈곤상태에 놓일 가능성이 더 크다.

둘째, 생애 전체에 걸쳐서 여성은 남성보다 빈곤에 더 취약하다.

셋째, 어느 한 시점에서도, 빈곤상태에서 사는 여성의 수가 남성의 수보다 더 많다.

(4) 장애인빈곤

일반적으로 장애는 빈곤과 관련되어 왔다. 왜냐하면 장애가 없는 사람에 비해서, 장애인은 소득과 관련된 빈곤을 경험할 가능성이 훨씬 더 크기 때문이다. 실제로 장애는 소득이 취약한 상태를 유발하는 요인이 되는 경우가 많다. 예를 들어, 일부 학자들이 연구한 바에 따르면, 장애는 물질적 어려움을 결정하는 중요한 요인을 이루고 있다.

선진국의 사회보장제도에서 장애인에 대해 주목한 지 오랜 시간이 지난 후에도 여전히 장애는 장기적으로 빈곤을 유발할 가능성이 큰 요인이 되고 있다. 이것은 장애를 겪고 있는 장애인 개인뿐만 아니라, 장애인이 속한 모든 가구에 해당된다. 따라서, 어떤 개인이 장애를 겪을 경우, 장애인 당사자뿐만 아니라, 장애인 가족도 빈곤상태에 놓일 가능성이 크다.

플랫(Lucinda Platt)의 저서 『영국의 빈곤과 인종(*Poverty and Ethnicity in the UK*, 2007)』에 따르면, 장애인은 겉에 나타난 것보다 더 취약한 상태에 있는 경우가 많고, 이에 따라 장애인빈곤은 더 심각할 수 있다. 예를 들어, 빈곤의 정도를 추정할 때에는 가족구성원의 장애 때문에 추가로 드는 비용을 고려하지 않는 경우가 많다. 따라서, 장애인이 있는 가족은 겉으로 드러난 것보다 훨씬 더 빈곤한 상태에 있을 수도 있다.

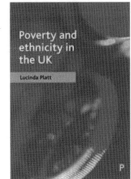

『영국의 빈곤과 인종』
(2007)

3. 빈곤가족정책

우리나라의 빈곤가족에 대한 제도적 가족정책은 국민기초생활보장제도에 의해 실시되고 있는 생계급여와 자활지원 및 기초연금, 기초의료급여, 긴급복지지원, 장애인연금 등을 들 수 있다. 국민기초생활보장제도는 빈곤선 이하의 빈곤가족에 대한 최저생활을 급여의 형태로 보장하는 사후적인 지원체계이다. 또한 자활지원을 통하여 빈곤예방이나 빈곤으로부터의 탈피를 목적으로 자립능력을 배양하는 예방적인 지원체계이다. 그 내용은 다음과 같다(홍봉수 외, 2024: 237-245 ; 이윤정 외, 2022: 163-163-171 ; 원영희 외, 2019: 334-340).

1) 빈곤가족지원 관련법

빈곤가족지원을 위한 법적 근거는 「국민기초생활보장법」 및 「의료급여법」이 대표적이다.

「국민기초생활보장법」은 생활이 어려운 사람에게 필요한 급여를 실시하여 이들의 최저생활을 보장하고 자활을 돕는 것을 목적으로 한다.

「의료급여법」은 생활이 어려운 자에게 필요한 급여를 행하여 이들의 최저생활을 보장하고 자활을 조성하는 것을 목적으로 한다.

「긴급복지지원법」은 생계곤란 등의 위기상황에 부딪혀 도움이 필요한 사람을 신속하게 지원함으로써 이들이 위기 상황에서 벗어나 건강하고 인간다운 생활을 영위하게 함을 목적으로 하고 있다.

「기초연금법」은 노인에게 기초연금을 지급하여 안정적인 소득 기반을 제공함으로써 노인의 생활안정을 지원하고 복지를 증진함을 목적으로 한다.

「장애인연금법」은 장애로 인하여 생활이 어려운 중증장애인에게 장애인연금을 지급함으로써 중증장애인의 생활안정지원과 복지증진 및 사회통합을 도모하는 데 이바지함을 목적으로 한다.

「주거급여법」은 생활이 어려운 사람에게 주거급여를 시행하여 국민의 주거 안정과 주거 수준 향상에 이바지함을 목적으로 한다.

2) 국민기초생활보장제도

「국민기초생활보장법」에 의한 주요 급여내용은 생계급여, 주거급여, 교육급여, 해산급여, 장제급여, 의료급여, 자활급여로 구분되며, 모든 수급자에게는 생계급여를 기본으로 필요에 따라 여타의 급여를 제공하고 있다. 이것으로 인하여 공공부조가 저소득층의 의식주문제에 포괄적으로 대응하고 있다.

(1) 생계급여

급여대상자는 의료·교육·자활 급여의 특례자 및 에이즈쉼터 거주자, 노인쉼터 또는 지방자치단체로부터 생계를 보장받는 자를 제외한 모든 수급자로 하며, 급여내용은 의복, 음식물, 연료비 및 기타 일상생활에 기본적으로 필요한 금품을 지급하고 있다.

급여는 수급자의 소득평가액과 가구별 최저생계비의 차액을 각종 급여로 지원하는 보충급여제를 기본으로 하고 있으며, 현금급여기준액은 가구의 소인정액을 차감하여 산정한 금액 중 주거급여액을 제외한 금액으로 한다.

(2) 주거급여

급여대상자는 시설수급자와 의료·교육·자활 급여 특례자 및 국가, 지방자치단체, 공공기관 등이 주거를 제공하는 곳에 거주하는 자를 제외한 모든 수급자를 대상으로 하며, 급여내용은 주거유형에 관계없이 일정 금액을 현금으로 지급하되, 가구원의 수에 따라서 차등지급을 원칙으로 하고 있다.

(3) 교육급여

교육급여는 수급자에게 입학금, 수업료, 학용품비 및 기타 수급품을 지원하는 것으로 하되, 학교의 종류, 범위 등에 관하여 필요한 사항은 대통령령으로 정한다.

(4) 해산급여

해산급여는 수급자에게 조산 및 분만 전과 분만 후의 필요한 조치와 보호의 급여를 행하는 것으로 한다. 해산급여는 보건복지부령이 정하는 바에 따라 보장기관이 지정하는 의료기관에 위탁하여 행할 수 있으며, 해산급여에 필요한 수급품은 수급자나 그 세대주 또는 세대주에 준하는 자에게 지급한다.

(5) 장제급여

장제급여는 수급자가 사망한 경우, 사체의 검안, 운반, 화장 또는 매장 및 기타 장제조치를 행하는 것으로 한다. 장제급여는 보건복지부령이 정하는 바에 따라 실제로 장제를 행하는 자에게 장제에 필요한 비용을 지급함을 원칙으로 한다.

(6) 의료급여

의료급여는 수급자에게 건강한 생활을 유지하는 데 필요한 각종 검사 및 치료 등을 지급하는 것으로 한다. 의료급여수급자는 그 소득인정액이 중앙생활보장위원회의 심의·의결을 거쳐 결정하는 금액(의료급여선정기준) 이하인 사람으로 한다.

(7) 자활급여

자활급여는 수급자의 자활을 돕기 위하여 자활에 필요한 금품의 지급 또는 대여, 근로능력의 향상 및 기능습득의 지원, 취업알선 등 정보제공, 자활을 위한 근로기회의 제공, 창업지원, 자활에 필요한 자산형성 지원, 그 밖에 대통령령으로 정하는 자활을 위한 각종 지원 등을 실시한다.

3) 자활지원

자활지원사업은 국민기초생활보장법상 자활사업을 통하여 근로능력이 있는 저소득층이 스스로의 힘으로 자활할 수 있도록 안정된 일자리를 제공하고 자활능력을 배양하는 데 있으며, 조건부 수급자뿐만 아니라, 수급자와 차상위 저소득층에 대해서도 자활사업의 참여기회를 주고 있다.

(1) 자활근로

자활근로사업은 주로 한시적인 일자리 제공이 아닌 저소득층의 자활촉진으로 공동체 창업 등을 위한 기초능력 배양에 중점을 두고 있으며, 간병, 집수리, 청소, 폐자원 재활용, 음식물 재활용사업의 5대 전국표준화사업을 중점사업으로 추진하되, 영농, 도시락, 세차, 환경정비 등 지역실정에 맞는 특화된 사업을 적극적으로 개발하여 추진하도록 권장하고 있다. 자활근로사업은 참여자의 자활능력과 사업유형에 따라 근로유지형, 사회서비스형, 인턴 도우미형, 시장진입형으로 구분하고 있다.

(2) 자활기업지원

지역자활센터 등 자활사업실시기관을 통해 개인 신용이나 담보력이 부족한 자활기업 참여자들이 공동창업의 형태를 통해 시장에 진입할 수 있도록 지원함으로써 수급자나 저소득층의 자활공동사업 참여를 유도한다.

자활기업에 대한 지원방법으로는 자활을 위한 사업자금의 융자, 사업에 필요한 작업장 등의 장소 마련을 위한 국·공유지 우선 임대 지원, 국가 또는 지방자치단체가 실시하는 사업의 우선 위탁, 기초수급자 및 자활근로 참여자를 채용할 경우에 인건비 지원 등이 있다. 지원기간 및 필요사항은 보건복지부령으로 정한다.

4) 기초연금제도

기초연금제도는 생활이 어려운 노인에게 매월 기초연금을 지급함으로써 노인의 생활안정을 지원하고, 복지증진을 목적으로 하는 사회적 서비스이다. 수급대상은 65세 이상 노인으로 소득인정액이 보건복지부장관이 매년 결정·고시하는 금액 이하인 자에게 해당되며, 수급을 희망하는 자에 한한다. 연금의 지급은 1인 수급과 2인 수급(부부수급자)에 따라 지급하며, 급여액은 대통령령에 따른다.

5) 기초의료보장제도

기초의료보장제도는 생활유지 능력이 없거나 경제능력을 상실한 사람들을 대상으로 정부가 의료서비스를 제공하는 공공부조제도로서, 저소득층의 의료보장을 통한 건강증진과 복지향상을 목적으로 하고 있다. 질병이란 소득상실과 함께 빈곤으로 추락하는 가장 주요한 요인 중 하나로 지목되고 있으며, 대부분의 선진국에서는 의료문제를 기본권 보장의 핵심으로 간주하고 있다.

우리나라에서도 의료급여와 건강보험을 통해 모든 국민의료보장체계를 마련하고 있으며, 최저생계비 이하의 빈곤계층 등을 의료급여수급권자로 선정하여 상대적으로 저렴한 비용으로 의료이용을 할 수 있도록 하고 있다. 이는 질병으로 인한 사회적 비용을 경감시키는 기능을 하기 위함이다.

6) 긴급복지지원제도

갑작스러운 위기사유로 인해 생계유지가 곤란한 저소득층에게 긴급한 지원을 통해 위기상황에서 벗어나 건강하고 인간다운 생활을 영위하게 하는 것을 목적으로 복지서비스를 신속하게 지원하는 제도이다. 긴급한 상황에서의 더욱 신속한 처리를 위하여 다음과 같은 기본 원칙을 따른다.

(1) 선지원 후처리의 원칙

위기상황에 처한 자 등의 지원요청 또는 신고가 있는 경우, 긴급지원 담당 공무원의 현장 확인을 통해 긴급한 지원의 필요성이 인정되면, 우선 지원을 하고, 나중에 소득, 재산 등을 조사하여 지원의 적정성을 심사한다.

(2) 단기지원의 원칙

원칙적으로 1개월(의료지원의 경우 1회)만 지원하고, 예외적으로 연장지원을 인정하며, 이 경우에도 최대 6개월(의료지원 2회)까지만 지원한다.

4. 빈곤가족 대책

빈곤가족 예방 및 대책은 다음과 같다(홍봉수 외, 2024: 242-245 ; 임정문 외, 2022: 308-310 ; 박미은 외, 2022: 247-251).

1) 원인 및 실태 파악

빈곤문제를 해결하기 위해서는 빈곤양상에 대한 동태적·정태적 파악과 빈곤가정에 대한 심도 있는 이해와 분석이 필요하다. 빈곤의 현상과 유입과정, 빈곤탈출의 노력과 기제, 이해에 대한 종합적이고 심도 있는 조사와 연구를 통하여 빈곤의 악순환의 영향을 극복하고 보호요인을 강화할 수 있는 방안을 모색해야 한다.

2) 지원제도의 개선과 보완

국민기초생활보장제도의 부양의무자 판별에 대한 기준이 너무 엄격하고, 단일한 재산기준을 근거로 하고 있으며, 소득기준 설정상의 비합리성 등으로 상당수의 빈곤가족이 보호대상에서 제외되어 있다. 이에 수급권자를 선정할 때, 탄력적인 선정기준을 적용할 필요가 있으며, 급여수준도 강화되어야 할 필요가 있다. 예를 들어, 일시적으로 소득이 증가하였다고 수급비를 삭감 또는 상실하면 자립의지가 감소 및 장기적인 자립가정으로 전환할 수 없어진다.

3) 맞춤형 지원제도 시행

빈곤진입 초기는 빈곤탈출에 대한 희망과 의지가 높고 빈곤요인이 비교적 단순한 경우가 많다. 이때 적극적인 직업알선, 심리정서적 지원 등의 사회적 지원을 집중할 필요가 있다. 또한 빈곤가정 아동들의 학습부진과 또래관계의 어려움 등 학교부적응이 심하고 정서적 불안정과 심리적 위축 등이 심하고, 빈곤이 장기화할수록 그 악영향이 심화하므로 빈곤가정의 아이들을 위한 조기지원이 매우 시급하다.

장기빈곤가정은 수급권자의 자격기준에 대한 현실성 있는 평가제도 재산과 소득에 대한 합리적인 설정과 판단 등에 대한 지속적인 점검과 홍보를 통해 단계에 맞는 개입이 요구된다.

4) 소득재분배

노동시장 여건이 악화하는 상황에서 저소득층 근로지원 세액공제제도 도입과 최저임금 수준의 현실화가 요구되고 있으며, 저소득층을 위한 취업교육과 알선대책이 시행되어 맞춤형 소득재분배정책이 실행되고, 빈곤에서 탈퇴할 수 있는 구조가 마련되어야 한다.

5) 교육 및 보호 정책

빈곤가족의 부모 대상 교육 및 지원서비스가 빈약하며, 서비스를 전달하는 행정적 지원체계 및 재정도 넉넉하지 못하다. 교육 및 보호 서비스는 수혜자 범위를 확대하고, 교육기능과 보호기능을 통합하여 종합서비스 체계를 구축해야 할 것이다. 예를 들어, 지역아동센터 근무자를 위한 빈곤 전문인력 양성 및 현장에 배치하여 빈곤지역 아동들에 대한 종합적이고, 질적인 보호와 교육 서비스가 제공될 수 있도록 지원을 현실화해야 한다. 빈곤가족의 아동들이 빈번하게 접할 수 있는 학대, 부적응, 가족해체, 비행 및 범죄 등에 대한 예방적 차원의 개입과 상담 프로그램이 확대되어야 한다.

한부모가족과 조손가정

개요

한부모가족은 부모 중 어느 한쪽의 사별, 이혼, 유기, 별거로 인한 편부·모 등으로 이루어진 가족을 말한다. 조손가족은 65세 이상의 조부모와 18세 이하의 손자녀만으로 이루어진 가족을 말하지만, 단순히 조부모와 손자녀로 이루어진 가족이라는 의미로 통용되고 있다. 여기에서는 한부모가족과 조손가족을 학습하고자 한다.

학습목표

1. 각 정의
2. 정책에 대한 토의
3. 사례연구

학습내용

1. 한부모가족
2. 조손가정

11 한부모가족과 조손가정

1. 한부모가족

1) 한부모가족의 개념

한부모가족(single-parents family)은 부모 중 어느 한쪽의 사별, 이혼, 유기, 별거로 인한 편부·모 등으로 이루어진 가족을 말한다. 일반적으로 한부모가족은 결합형태에 따라 부와 자녀로 이루어진 부자가족(편부가족)과 모와 자녀로 이루어진 모자가족(편모가족)으로 나누고 발생원인에 따라 사망, 이혼, 별거, 유기가족, 미혼모가족 등으로 구분하기도 한다.

한부모가족이 발생하는 가장 일반적인 이유로는 배우자와의 이혼과 별거, 유기, 사망, 자녀의 입양, 그리고 사생아 출산(미혼모) 등을 들 수 있다. 구체적으로는 다음과 같다.

첫째, 부모집단의 유형에 따라 한부모가족을 분류할 수 있다. 즉, 부모가 결혼한 관계인지 아니면 동거상태에서 한부모가족이 된 것인지를 따진다.

둘째, 가족해체의 유형에 따라 분류할 수 있다. 즉, 배우자 사망, 이혼 또는 별거, 유기, 배우자의 장기 입원이나 장기 구속, 또는 미혼모에 의해 형성된 것인지를 구분한다.

셋째, 자녀양육을 누가 담당하는가에 따라 모자가족 또는 부자가족으로 구분할 수 있다.

「한부모가족지원법」 제4조에 따른 용어에 대한 정의는 다음과 같다.

제4조(정의) 이 법에서 사용하는 용어의 뜻은 다음과 같다.

1. "모" 또는 "부"란 다음 각 목의 어느 하나에 해당하는 자로서 아동인 자녀를 양육하는 자를 말한다.

　가. 배우자와 사별 또는 이혼하거나 배우자로부터 유기된 자

　나. 정신이나 신체의 장애로 장기간 노동능력을 상실한 배우자를 가진 자

　다. 교정시설·치료감호시설에 입소한 배우자 또는 병역복무 중인 배우자를 가진 사람

　라. 미혼자[사실혼 관계에 있는 자는 제외한다]

　마. 가목부터 라목까지에 규정된 자에 준하는 자로서 여성가족부령으로 정하는 자

1의2 "청소년 한부모"란 24세 이하의 모 또는 부를 말한다.

2. "한부모가족"이란 모자가족 또는 부자가족을 말한다.

3. "모자가족"이란 모가 세대주[세대주가 아니더라도 세대원(世代員)을 사실상 부양하는 자를 포함한다]인 가족을 말한다.

4. "부자가족"이란 부가 세대주[세대주가 아니더라도 세대원을 사실상 부양하는 자를 포함한다]인 가족을 말한다.

5. "아동"이란 18세 미만(취학 중인 경우에는 22세 미만을 말하되, 병역법에 따른 병역의무를 이행하고 취학 중인 경우에는 병역의무를 이행한 기간을 가산한 연령 미만을 말한다)의 자를 말한다.

6. "지원기관"이란 이 법에 따른 지원을 행하는 국가나 지방자치단체를 말한다.

7. "한부모가족복지단체"란 한부모가족의 복지 증진을 목적으로 설립된 기관이나 단체를 말한다.

2) 한부모가족의 문제점

한부모가족은 경제적·사회적·정서적·도구적 어려움과 동시에, 사회관계망의 변화까지 경험하게 된다. 따라서, 가족 내 상호작용뿐만 아니라 새로운 사회적 상호작용에도 적응해야 하는 문제가 생긴다. 편모는 생활상의 어려움

이외에도 상실감이나 재혼의 문제에 이르기까지 정신적·육체적 곤란을 겪는다. 특히, 자녀는 부모 부재 이후에 오는 감정처리나 생활변화에 적응해야 하는 정서적 문제와 더불어 증가된 책임량을 완수해야 하는 역할문제, 친구와의 관계나 학업성적에 영향을 받는 학교생활의 적응문제 등 위기적 상황에 직면한다. 또한 피부양자녀를 거느린 한부모가족의 성별 구성은 압도적으로 여성으로 분류되고 있으며, 평균적으로 이들 가구들은 현대사회에서 최저 빈곤층에 놓여 있음을 인지하는 것이 중요하다. 나아가 이전보다 '버림받은 아내(deserted wives)', '애비 없는 가족(fatherless families)' 또는 '결손가족(broken homes)'과 같은 가치 개입적인 용어들이 점차 사라지고 있으나, 이들은 실제 혼인 여부와는 관계없이 경제적으로 불안정할 뿐 아니라, 사회적 멸시의 대상이 되고 있다(Giddens, 2021: 399).

일반적으로 한부모가족으로 인한 문제점은 다음과 같다.

첫째, 경제적 어려움이다. 특히, 모자가족이 겪는 경제문제에는 부의 상실로 인한 소득감소뿐만 아니라, 주택문제, 모의 취업 문제 등이 포함된다. 더구나 저소득 한부모가족의 경우, 그 고충은 더욱 크다. 이러한 어려움은 단순히 경제적인 측면만이 아니라, 가족구성원의 정서적·사회적 측면은 물론 가족관계에 영향을 미친다.

둘째, 사회적 편견과 차별로 인한 문제이다. 한국사회는 기본적으로 가족이란 '정상가족'을 전제로 한다. 즉, 한부모가족은 '비정상가족'이 되는 것이다. 가족구성원은 다양한 경로의 원인으로 한부모가족이 된 후부터는 온전하지 못한 가족 또는 무엇인가 문제가 있는 가족으로 사회적 편견과 차별 속에 살아가게 된다. 이는 자녀에 대한 낙인으로 이어진다.

셋째, 자녀양육의 문제이다. 한부모가족의 부(모)는 정서적으로 안정되지 못한 어린 자녀를 돌보아야 하는 부담을 안고 있다. 이혼, 사고, 사별의 충격에서 벗어나지 못한 상태에서 자녀를 보육해야 하므로 한부모가족에서는 신체적, 언어적, 정신적, 성적 학대가 발생할 가능성이 높다.

넷째, 정서적 혼란을 들 수 있다. 한부모가족의 부(모)는 정서적으로 우울감, 좌절감, 상실감, 배신감, 분노감, 실패감 등을 느끼는데, 이러한 혼란은 초창기에 지속하여 적응에 어려움을 주기도 하며, 정서적 혼란이 깊어지고 우울이 심해지고 자살로 이어져 자녀와 동반 자살을 시도하는 등 심각한 결과를 초래할 수 있다.

결론적으로 한부모가족의 문제는 가족 안에서 중요한 역할을 수행했던 부나 모의 부재에서 생긴다. 즉, 부나 모의 부재로 인한 가족기능의 부분적 또는 전체적 수행 불능과 이로 인한 가족구성원의 욕구불만 등이 가정의 경제적·정서적 모든 문제를 일으키게 하는 것이다. 따라서, 한부모가족은 경제적 문제, 사회편견과 차별 문제, 자녀양육문제, 심리적·사회적 문제를 일으킨다.

3) 한부모가족복지시설

한부모가족복지시설이란 한부모가족이 안정된 환경에서 자립을 준비할 수 있도록 일시적인 주거를 지원하는 복지시설을 말한다.

시설에 입소하려면, 입소하고자 하는 시설의 관할 지방자치단체(시·군·구) 한부모가족 담당자의 상담을 거쳐 신청순으로 입소하게 된다. 한부모가족 담당자가 입소대상자를 상담 후 시설에 입소를 의뢰하며, 시설장이 이를 확인한다. 시설에서 대상자에 대한 입소상담을 먼저 할 경우, 시·군·구 한부모가족 담당자가 이를 확인하여 입소를 결정한다. 이때 주소지에 따른 입소제한은 두지 않는다.

시설에 입소하여 생활하는 경우의 혜택은 시설 유형별 입소 가구의 성격이 조금씩 차이가 있으므로 지원받는 사항 또는 다를 수 있다.

한부모가족복지시설은 <표 11-1>과 같다.

〈표 11-1〉 한부모가족복지시설

기능별	법적 정의
모자보호시설	생활이 어려운 모자가족을 일시적으로 또는 일정 기간 보호하여 생계를 지원하고, 퇴소 후 자립기반을 조성하도록 지원하는 것을 목적으로 하는 시설

모자일시 보호시설	배우자(사실혼 관계에 있는 자를 포함한다.)가 있으나, 배우자의 물리적·정신적 학대로 아동의 건전한 양육이나 모의 건강에 지장을 초래할 우려가 있을 경우, 일시적으로 또는 일정 기간 그 모와 아동 또는 아동을 보호함을 목적으로 하는 시설
미혼모자시설	미혼 여성의 임신·출산 시 안전 분만 및 심신의 건강 회복과 출산 후 아동의 양육지원을 위하여 일정 기간 보호하는 것을 목적으로 하는 시설
미혼모자 공동생활가정	출산 후의 미혼모와 해당 아동으로 구성된 미혼모자가족이 일정 기간 공동으로 가정을 이루어 아동을 양육 및 보호할 수 있도록 지원함을 목적으로 하는 시설
미혼모 공동생활가정	출산 후 해당 아동을 양육하지 아니하는 미혼모들이 일정 기간 공동으로 가정을 이루어 생활하면서 자립을 준비할 수 있도록 지원하는 것을 목적으로 하는 시설
부자 공동생활가정	독립적인 가정생활이 어려운 부자가족이 일정 기간 공동으로 가정을 이루어 생활하면서 자립을 준비할 수 있도록 지원하는 것을 목적으로 하는 시설
일시지원 복지시설	배우자의 학대로 인하여 아동의 건전 양육과 모의 건강에 지장을 초래할 우려가 있는 모, 모자 보호시설

자료: 서울시(홈페이지, 2024).

서울시의 경우, 한부모가족복지시설은 2023년 1월 현재 생활시설 26개, 이용시설 3개가 운영되고 있다.

4) 한부모가족정책

여성가족부(2023c)의 한부모가족정책은 다음과 같다.

(1) 임신·출산

① 임신·출산·진료비 지원(국민행복카드)

② 산모건강관리

③ 고위험 임산부 의료비 지원

④ 산모·신생아 건강관리 지원

⑤ 출산비용지원

⑤ 생애 초기 건강관리시범사업

⑥ 미혼모자시설(기본형)

⑦ 첫만남이용권(국민행복카드)

2023년
한부모가족
복지서비스
종합안내서

전화상담
한부모(미혼모·부) 상담전화

1644-6621

온라인상담
여성가족부 누리집 이용
www.mogef.go.kr

※ 본 안내서의 내용은
여성가족부 누리집에서도 확인 및
다운로드 하실 수 있습니다

여성가족부 복권위원회

「2023년
한부모가족복지서비스
종합안내서」
(여성가족부, 2023c)

(2) 양육·돌봄

① 저소득 한부모가족 아동양육비 등 지원

② 청소년한부모·청소년부모 아동양육비 지원

③ 긴급복지 지원

④ 사회취약계층 환경성질환 예방

⑤ 청소년한부모 등 자립지원패키지

⑥ 맞춤형 기초생활보장

⑦ 가족희망드림 지원

⑧ 미숙아 및 선천성 이상아 의료비 지원

⑨ 선천성 대사이상 검사 및 환아관리

⑩ 선천성 난청검사 및 보청기 지원

⑪ 저소득층 기저귀, 조제분유 지원

⑫ 아동수당, 유치원 유아학비 지원, 보육료 지원, 가정양육수당 지원, 부모급여(영아수당) 지원

⑬ 아동통합서비스 지원 : 드림스타트

⑭ 아이돌봄서비스, 지역아동센터 지원

⑮ 여성청소년 생리용품 바우처 지원

⑯ 가사·간병 방문 지원

⑰ 희망복지지원단 통합사례 관리

⑱ 육아종합지원센터, 공동육아나눔터, 육아종합지원센터, 공동육아나눔터

⑲ 초등돌봄교실

(3) 시설·주거

① 한부모가족복지시설

② 공동생활가정형 매입임대주택 주거 지원

③ 한국토지주택공사(LH), 지방도시공사 시행 공공주택 지원

(4) 교육·취업

① 학생 미혼모 대안교육위탁교육기관

② 여성새로일하기센터

③ 청소년방과후아카데미 운영지원

④ 자녀 교육비 지원

⑤ 청소년치료재활센터(국립중앙청소년디딤센터)

⑥ 장학금 및 학자금 대출 지원

⑦ 국민취업지원제도

⑧ 한부모 근로자 육아휴직급여

(5) 금융·법률

① 양육비 이행지원 서비스

② 한부모가족 무료법률구조

③ 미소금융

④ 근로장려금·자녀장려금(2023년 신청)

⑤ 소액보험(저소득층아동보험2)

⑥ 희망저축계좌Ⅰ,Ⅱ

⑦ 청년내일저축계좌

⑧ 저소득 한부모가족을 위한 요금감면 혜택

⑨ 스포츠 강좌 이용권

⑩ 통합문화이용권(문화누리카드)

⑪ 4대 궁·종묘·조선왕릉 무료

5) 한부모가족 대책

한부모가족에 대한 문제점과 그 대책은 다음과 같다(홍봉수 외, 2024: 350－353 ; 김혜경 외, 2021: 305－309).

(1) 한부모가족에 대한 복지대책의 문제점

한부모가족복지는 한부모가족의 부·모·자뿐만 아니라, 그들이 하나의 독립된 가족으로서 가족 간의 상호작용과 사회의 기초 단위로 적응할 수 있도록 사회적 기능 강화와 향상을 목적으로 하는 서비스 활동을 말한다. 1989년 제정된 「모자복지법」이 2002년 「모·부자복지법」으로, 2008년에는 「한부모가족지원법」으로 개정되어 한부모가족에 대한 복지대책의 근거가 되고 있으나, 지원의 범위나 수준에 있어서 한부모가족이 자립하기에는 대단히 미흡한 실정이다. 그 내용은 다음과 같다.

첫째, 양부모를 전제로 한 사회구조 속에서 배우자와의 사별, 이별, 별거 등으로 생겨난 한부모가족이 겪는 다양한 어려움에 비해 아직까지 한부모가족에 대한 체계적이고 포괄적인 지원정책이 부재하다.

둘째, 한부모가족의 대다수를 이루고 있는 모자가족의 경제적 안정을 위한 별도의 복지대책에 대한 고려가 매우 부족하다. 특히, 저소득층의 건강상태가 좋지 않다는 점을 고려해 볼 때, 저소득층 한부모가족에 대한 의료지원이 절실한 실정임에도 불구하고, 현행 다양한 지원은 국민기초생활보장 수급자로 되어 있다.

셋째, 외형상으로는 사회보험, 공공부조, 차상위계층 보호 등으로 나뉘어 대상자의 경제적 상황에 맞는 보호대책을 실시하고 있는 것처럼 보이나, 실질적 보호내용에 있어서는 극빈층을 제외한 층에 대한 보호는 미흡하다.

넷째, 「국민기초생활보장법」이나 「한부모가족지원법」에 의한 지원내용이나 지급수준도 미흡하여 수혜대상 한부모가족이 현실적으로 생활을 안정하고 자립을 이루어 나가는 방편이 되지 못하고 있다.

다섯째, 경제적 자립을 위한 직업훈련의 필요성이 역설되고 있지만, 모자가구주를 둘러싼 모든 여건에 대한 고려가 충분히 고려되지 못하고 있다.

여섯째, 아동양육비 지원이나 자녀학비 지원수준도 상향 조정할 필요성이 있다.

일곱째, 저소득 한부모가족을 위한 영구임대아파트에 우선 입주할 수 있는 지원내용이 있으나, 영구임대아파트에 입주한 한부모가족의 숫자는 최근 계속 감소하는 추세로, 한부모가족의 주거안정이 크게 위협받고 있으며, 대기기간이나 영구임대주택 공간의 협소함이 개선되어야 할 점이다.

한부모가족에 대한 지원서비스는 저소득 한부모가족에 한정된 것이며, 일반 한부모가족에 대한 서비스는 현실생활에 실제적 도움이 거의 없는 실정이다. 부자가족복지시설로는 기본생활지원시설, 공동생활지원시설, 자립생활지원시설 등이 있지만, 현실적으로 실시되고 있는 곳은 아주 적은 실정이다. 따라서, 앞으로 보다 성평등적이면서도 통합적인 시각에서의 다양한 제도적 · 정책적 개선책이 요구된다.

(2) 한부모가족에 대한 서비스 대책

한부모가족의 증가추세를 감안한다면, 사회구성원으로서의 적응을 위한 경제적 · 정서적 · 사회적 지원을 위한 제도 및 정책을 통한 통합적 서비스가 실시되어야 한다. 또한 한부모의 정서적인 면을 지원할 수 있는 상담프로그램의 포괄적이고 전문적인 실시가 요청된다. 한부모가족의 복지를 실현하는 방안을 모색해 보면 다음과 같다.

① 경제적 지원 강화

a. 저소득 한부모가족의 대상자 확대

저소득 한부모가족에 대한 국민기초생활보장 수혜보호수준이 개선되어야 한다. 현재 한부모가족에 대한 경제적 지원은 국민기초생활보장 수급조건을 만족시키는 절대빈곤층 가족에 거의 제한되어 있으므로 한부모가족 중에서 국민기초생활보장 수급조건을 만족시키지는 못하지만, 경제적으로 어려움을 겪고 있는 가족들에게도 지원이 확대되지 못하면 빈곤층으로 전락할 위험이 크므로 이에 대한 대책이 필요하다.

b. 한부모가족 아동에 대한 복지수준 제고 및 복지대상자 확대

자녀를 양육하는 한부모가족에 대한 자녀양육비 및 교육비 지원이 현실화되어야 하며, 대상 아동의 확대가 필요하다. 특히, 입학금과 수업료가 없는 초등학생의 경우 부대경비의 지원이 필요한 실정이다.

c. 전문직업훈련 및 소자본창업 지원 등 취업알선 사업의 강화

취업기회는 제한되어 있고, 모자가족의 경우 대체로 직업교육을 받은 경험이 없어서 안정적 직업을 갖기 어렵다. 또한 직업교육의 필요성을 안다거나, 인력개발센터, 자활후견기관, 여성발전센터, 사회복지관 등에서 직업훈련교육이 진행되고 있어도 당장의 생계비가 필요하므로 일정 기간 직업교육을 받기가 어렵다. 따라서, 교육기간 동안 생계에 지장이 없도록 현 실정에 맞추어 생계비를 지원하고, 취업훈련 프로그램, 소자본 창업훈련을 통하여 취업정보를 제공하고 취업알선을 체계화하여 안정된 직업생활을 할 수 있도록 한다. 더불어 창업비용에 대한 저리 융자와 지속적 관리 등 실제적 지원이 뒤따라야 할 것이다.

d. 한부모가족 자녀의 우선 고용

한부모가족의 자녀를 우선으로 고용하여 소득향상에 도움이 되도록 한다.

② 심리정서적 지원

a. 한부모교육 및 가족상담서비스 확대

자녀교육에 대한 지식 및 교육방법 등에 관하여 부모교육을 실시하고, 생업 때문에 교육을 꺼리는 것을 고려하여 교육출석수당을 지급하는 등 생계지장이 없도록 하는 것도 한 방안이다. 또한 한부모가족이 경험하는 어려움과 갈등에 대해 도움을 얻을 수 있도록 교육과 가족상담서비스를 할 수 있는 전문상담기구의 활성화가 필요하다.

b. 심리적·정서적 지원프로그램 확대

여러 어려움을 겪는 한부모가족에게 변화된 상황에 잘 적응할 수 있도록 돕는 프로그램의 개발과 제공으로 한부모가족의 스트레스 감소, 부모역할의 성공적 수행, 가족문제의 원만한 해결을 하도록 한다. 예를 들어, 이혼 부모를 위한 이혼 적응프로그램, 부모역할 훈련 및 교육, 가족 상담 및 치료, 가족, 친척, 친구, 이웃 등의 비공식적 관계망 강화, 한부모 자조집단 운영 등이 있다.

c. 한부모가족 아동의 적응을 위한 다양한 복지 프로그램 개발

한부모가족의 부모–자녀관계 교육 프로그램 개발, 주간보호, 단기보호 및 방과 후 지도시설 확충, 자녀 학업지도 확대 및 다양한 특기적성, 취미교실 프로그램 마련, 자녀의 건강한 성장을 위한 신체적·정서적 대안 마련 등이 재검토되어야 한다. 또한 아동의 정서적·심리적 안정을 위한 다양한 교육이 이루어져야 하며, 아동의 연령에 따라 생애주기별 프로그램이 특성화되어야 한다. 저학년 아동의 경우에는 취업에 따른 모의 부재가 주는 영향을 최소화시켜야 하고, 고학년 아동의 경우에는 자기조절능력, 독립성 고취 등을 모색하는 프로그램이 필요하다.

③ 복지적 지원 강화

a. 방과 후 프로그램 서비스 실시

한부모가족에게 가장 어려운 문제 중의 하나가 자녀양육이다. 고가의 보육비용, 보육과 일하는 시간을 조율하는 데 어려움을 겪고 있으므로, 이를 위해 한부모가족 자녀에 대한 다양한 보육서비스가 요구된다. 경제의 선결과제인 양육문제 해결을 위한 보육시설의 접근성을 높이는 제도적 장치의 마련, 초등이상 학생의 경우에 경제적 부담을 주지 않으면서 안전하게 보호받으며, 특기적성을 살릴 수 있는 다양한 방과 후 프로그램 참여가 가능하게 되어야 한다. 최근 맞벌이가족과 한부모가족을 위한 방과 후 지도프로그램이 도입되고 있다.

b. 한부모가족에 대한 의료서비스 확대

의료적 접근이 어려워 만성질환에 노출되어 있는 빈곤 한부모가족에 대한 의료적 서비스의 지원과 지역사회 의료진과 연결된 주치의 제도, 보건소를 포함한 지원의 활용 등 의료보호를 위한 현실적 대책이 필요하다.

④ 사회적 지원

a. 한부모가족에 대한 사회적 인식개선을 위한 노력 및 홍보 강화

한부모가족을 결손가족으로 보는 학교나 이웃, 지역사회 등의 인식이 크게 개선되어야만 한부모 및 아동의 적응이 원활해질 수 있으므로 한부모가족에 대한 편견을 개선하고, 다양한 가족형태에 대한 이해를 위한 교육, 홍보 등 적극적 노력이 필요하다. 따라서, 다양한 가족형태에 대한 홍보, 한부모가족에 대한 인식개선을 위해 방송, 미디어 등 매체를 통하여 다양한 가족의 모습을 홍보하고, 의식의 변화, 현실 가정의 모습을 반영한 학교교과서의 제작과 교육과정에서 교사의 의식과 역할 등을 통해 국민의 의식변화를 가져올 수 있도록 해야 한다.

b. 한부모가족 사회복지 지원정보 구축 및 제공

한부모가족의 현실에 대한 기초통계를 비롯하여 당면문제를 해결할 수 있도록 다양한 분야의 정보를 통합하여 제공할 수 있도록 정보네트워크를 구축하여 활용할 수 있도록 한다.

c. 한부모가족 지원기관·민·관 관련 부처별 네트워크 체계 마련

한부모가족지원서비스를 진행하고 있는 지방자치단체, 사회복지관, 건강가정지원센터, 자활후견기관 및 인력개발센터, 여성단체 등의 담당자 간 네트워크를 통해 각 영역에서 필요한 자원에 대한 역할분담이 필요하며, 한부모가족을 통합적으로 지원해 주는 정책 마련과 전달체계에서의 활성화가 이루어져야 한다. 또한 정부 각 부처 소관 분야별 한부모가족정책에 관한 협의 및 조정 기능을 강화하고, 공공과 민간의 상호 연계 시스템을 구축할 필요가 있다.

2. 조손가족

1) 조손가족의 개념

2007년 여성가족부가 발간한「조손가족 실태조사 및 지원방안 연구」의 경우에는 조손가족에 대한 규정에서 조부모의 연령을 무시하고, 만 18세 이하의 손자녀와 그의 조부모로 이루어진 가족을 조손가족으로 규정하였다. 그 후 여성가족부의「2010년 조손가정실태조사」에서 정책적 목적에 따라 65세 이상의 조부모와 18세 이하의 손자녀만으로 이루어진 가족을 조손가족으로 규정하였다. 하지만 조손가족에 대한 명확한 개념이 법적으로나 사회적으로 규정되지 않은 채 조손가족은 단순히 조부모와 손자녀로 이루어진 가족이라는 의미로 통용되고 있다.

한국사회는 1990년대 후반 외환위기로 인해 가족해체 현상은 더욱 증가하였고, 이에 따라 조부모의 손자녀 양육 가구 역시 증가하는 등 많은 사회적 변화를 겪고 있으며, 이는 가족유형에 있어서도 다를 바 없다. 저출산율 및 저혼인율 등으로 인해 인구증가율은 둔화함에도 불구하고, 소득증대와 의료기술 등의 발달로 평균수명은 늘어나, 노인인구는 유례없는 증가세를 보여서 노령화사회를 지나 노년사회의 도래를 예상하고 있다. 또한 경기침체에 따른 실업률의 증가와 여성의 사회적 진출의 확대 및 이혼율의 증가는 전통적 가족 개념의 변화를 야기하고 있으며, 다양한 가족유형을 양산한다.

이혼율의 증가는 이혼가정의 자녀양육문제로 이어지며, 특히 경제적 빈곤층의 경우, 이혼 후 생계를 위해 자녀양육의 유보가 불가피한 실정이다. 그러나 이렇게 유보된 자녀양육을 대행할 마땅한 시설이 부족한 실정에서 결국 노년의 부모에게 자녀를 위탁하는 사례가 증가할 수밖에 없고, 이는 곧 조손가족의 증가라는 결과를 낳고 있다. 그러나 조손가족의 경우, 가계 담당자인 노령의 조부모와 미성년 손자녀만으로 이루어진 가족구조 상 생계 담당 능력이 상대적으로 약할 수밖에 없어, 외부의 지원이 절실한 실정이다.

조손가족은 전반적으로 경제적·사회적·정서적 자원이 부족함에 따라 다른 가족형태와는 구분되는 다양한 어려움을 겪는다. 여러 어려움 가운데 조손가족 조부모는 손자녀 양육비에 대한 부담을 포함한 경제적 어려움을 가장 크게 경험하고, 이 밖에 양육부담과 스트레스, 건강문제, 손자녀 보육 문제, 사회적 소외와 지원 부족 등의 어려움을 겪는다. 그러나 조손가족은 양친부모뿐만 아니라, 한부모가족에 비해 상대적으로 열악한 여건에 처해 있다 하더라도, 조손가족구성원은 부정적 변화만을 경험하는 것은 아니며, 긍정적 변화를 경험하거나 부정적 경험에도 불구하고, 가족생활에 긍정적인 의미를 부여하기도 한다.

2) 조손가족의 문제점

조손가족의 현황은 조손가족이 갖는 다양한 문제들을 확인할 수 있는 중요한 지표가 된다. 즉, 조손가족의 문제로 성인자녀로부터 부양을 받을 시기에 있는 노년기 조부모가 손자녀를 양육하는 데서 야기되는 노인문제, 성장과 발달을 위해 충분한 지원이 필요한 환경의 부재로 인해 야기되는 아동양육의 문제, 가족해체를 경험한 손자녀들의 적응과 관련된 문제, 그리고 경제적 어려움과, 조부모와 손자녀 간 의사소통의 어려움 등의 문제가 복합적으로 가족기능을 약화시킨다. 그뿐만 아니라, 조손가족의 조부모와 손자녀들은 '비정상가족'으로 그들을 바라보는 사회의 부정적 시각 또는 복지혜택을 받는 대상으로만 인식해 온 정책담당자들의 시각으로 인해 낙인과 사회적 배제를 지속해서 경험해 왔다. 그 내용은 다음과 같다(도미향 외, 2019: 313-315).

(1) 손자녀 돌봄에 대한 양가감정과 양육의 한계

조손가족의 조부모들은 자신들이 양육하고 있는 손자녀들에 대해 비교적 긍정적 평가를 한다. 손자녀를 양육하게 된 것이 다행이라는 의견이 58.7%로 불행이라고 응답한 경우(23.4%)보다 두 배 이상 많은 것으로 나타났다. 또한 조부모들은 손자녀들이 소중한 존재이며(82.5%), 그 아이로 인해 열심히 살아야 할 목표가 생겼고(71.3%), 그 아이를 보면 자랑스럽다(69.7%)고 응답하였으며, 손자녀가 붙임성이 있어 즐거움을 주고(68.5%), 아이의 장래가 기대되며 (57.7%), 그 아이가 이야기하는 것을 즐거워한다(52.9%)고 응답하였다. 또한 조부모들은 손자녀를 돌보는 것을 통해 자신이 건강하다는 신체적 보상감과 손자녀를 키우는 것에 대한 보람과 대견함을 느끼며, 외롭고 울적한 느낌은 감소하고, 오히려 가까운 친지나 주변으로부터 인정을 받는 사회적 보상감을 느끼는 것으로 밝혀졌다. 이는 우리나라의 노인들은 기본적으로 손자녀 양육을 자신의 당연한 의무라고 여기는 가족가치관을 가지고 있으며, 이러한 태도는 자칫 가족해체 과정을 경험할 손자녀 발달에, 그리고 사회에 긍정적 요인이 되고 있다.

그러나 한편으로 조부모들은 손자녀의 양육으로 인한 어려움도 경험하는 것으로 나타났는데, 아이의 양육비가 많이 들어 힘들다(90.8%), 뒷바라지를 끝까지 해 주지 못할 것 같아 걱정이다(87.8%), 아이를 돌보는 일이 힘에 부친다 (83.8%) 등 손자녀 양육에 어려움을 동시에 호소하고 있다.

이러한 결과를 종합해 보면, 조손가족의 조부모 대부분은 손자녀를 양육하는 데 어려움을 경험하고 있는 것으로 나타났으나, 가족, 친지, 이웃 등 주변으로부터의 격려와 인정 등 정서적 지지가 주어지는 경우, 보람과 기쁨을 느끼는 것으로 나타났다. 특히, 손자녀 발달에 적절한 교육지원이 제공되는 경우, 조부모들은 손자녀를 돌보는 것을 보다 긍정적으로 받아들이고 있는 것으로 나타나, 더욱 적극적인 조손가족 지원정책이 필요함을 확인할 수 있다.

(2) 손자녀의 고립감과 성인 멘토의 부재

가족발달에서 손자녀와 조부모는 한 세대를 추월하는 세대구조로 되어 있다. 그래서 이들의 신념과 의사소통의 내용들은 일치하기가 현실적으로 어려울 것이다. 이 간격을 채워 줄 수 있는 전문상담사나 코치 또는 학교교육에서의 지속적인 지지체계 등이 필요하다.

조손가족의 손자녀 중 친부가 사망했거나 행방불명인 가구를 제외한 손자녀 중 자신의 친부와 자유롭게 전화하고 만날 수 있는 손자녀는 68.5%였으며, 친모와 자유롭게 전화하고, 만날 수 있는 손자녀는 31.5%로 상대적으로 아버지와의 교류가 높게 나타났다. 전혀 교류하지 않는다는 응답에서도 아버지, 어머니가 16.2%, 55.9%로 나타나 과반수 이상이 어머니와의 관계는 단절된 상태였다. 부모와 함께 살고 싶은가라는 질문에서도 아버지와의 재결합 가능성(47.1%)이 어머니와의 재결합 가능성(22.3%)보다 높았다. 이런 현상은 여전히 부계 중심의 가족문화와 여성의 재혼율은 높으나, 전혼의 자녀를 데리고 갈 수 없는 상황 등에서 서로 단절되어 있는 것으로 해석할 수 있다. 그러나 표현적 역할의 주 제공자인 어머니와의 어린 시절 심리적 단절은 아동들에게 고통스러운 원가족 경험을 갖게 할 수 있다. 또한 어머니, 아버지와의 불균형적 교류로 인한 다양한 심리적·정서적 문제를 야기할 수 있다는 점에서 세심한 정책적 배려가 요구된다.

3) 조손가족 아동의 법적 근거

모자가족 또는 부자가족 외에도 부모의 사망 등으로 (외)조부 또는 (외)조모가 만 18세 미만(취학 시 만22세)의 다음의 어느 하나에 해당하는 아동을 양육하는 경우로서, 매년 여성가족부장관이 고시하는 소득기준에 부합하는 때에는 한부모가족 지원대상자가 된다.

「한부모가족지원법」 제5조, 제5조의2제2항에 다른 조손가족의 아동은 다음과 같다.

① 부모가 사망하거나 생사가 분명하지 아니한 아동
② 부모가 정신 또는 신체의 장애·질병으로 장기간 노동능력을 상실한 아동
③ 부모의 장기복역 등으로 부양을 받을 수 없는 아동
④ 부모가 이혼하거나 유기하여 부양을 받을 수 없는 아동
⑤ 제1호부터 제4호까지에 규정된 자에 준하는 자로서 여성가족부령으로 정하는 아동

4) 조손가족정책

2022년까지 여성가족부는 한부모·조손 가족을 결합하여 복지서비스를 안내하는데 조손가족 복지서비스는 한부모가족 복지서비스와 크게 다르지 않았다. 그러나 2023년도부터는 한부모가족 단독으로 복지서비스를 안내하고 있는데, 조손가족에 대한 별도의 안내가 아직 실시되지 않고 있다. 즉, 아직까지 우리나라에서는 조손가족만을 대상으로 삼아 그들을 체계적으로 지원하는 정책이나 시스템은 부재한 상황이다. 대부분의 지원정책은 노인이나 아동을 대상으로 하는 정책이거나, 부분적으로 조손가족이 지원받을 수 있는 정책들이다. 다양한 가족형태의 하나로 조손가족을 지원할 수 있는 유일한 체계는 여성가족부의 「한부모가족지원법」이다. 그러나 「한부모가족지원법」의 대상자 일부는 저소득층 조손가족으로 제한되고 있으며, 그 지원규모도 자녀 또는 손자녀 양육지원을 위한 최소한만을 지원하는 정책이라는 점에서 제한적이다.

현재 조손가족과 관련된 정책을 조손가족의 손자녀 대상 지원정책, 조부모인 노인대상 지원정책 그리고 조손가족기능 강화정책으로 구분 지어 살펴보면 다음과 같다.

(1) 손자녀 대상 지원정책

① 가정위탁 대리양육

「아동복지법」 제3조 등을 근거로 요보호아동을 보호·양육하기를 희망하는 가정에 위탁양육함으로써 가정적인 분위기에서 건전한 사회인으로 자랄 수 있도록 하기 위해 가정위탁보호제도를 실시하고 있으며, 특히 친조부모, 외조부모가 양육하는 경우는 대리가정양육 가정위탁에 해당된다.

대상 아동에게는 양육보조금이 지급되며, 국민기초생활수급자로 책정 및 지원할 수 있다. 특히, 부양능력 있는 부양의무자가 존재하는 경우에도 실질적인 가족관계의 단절로 볼 수 있는 경우, 국민기초생활수급자로 책정할 수 있다. 또한 위탁아동 종결 시 아동복지시설 퇴소 아동에 준하여 자립지원정착금, 대학진학자금 등이 지원될 수 있도록 권고하고 있으며, 더불어 상해보험료를 지원하고, 대리양육 및 친인척위탁가정에는 전세자금지원금 등이 지원되고 있다.

② 아동양육 지원사업

아동양육 지원사업(아이돌보미 서비스 포함)은 「건강가정기본법」 제22조를 근거로 부모의 다양한 자녀양육 수요를 충족시킬 수 있는 가정 내 개별 돌봄서비스를 통해 취업 부모의 양육부담 경감 및 개별양육을 희망하는 수요에 탄력적으로 대응하고, 경력단절 중장년 여성의 고용증진 및 취약계층의 육아 역량강화를 목적으로 2006년에 시범사업으로 시작되었다.

③ 기타 지역사회 아동복지서비스

그 외에 지역사회 내에서 조손가족 손자녀들을 위한 아동복지서비스는 지역아동센터, 청소년공부방, 방과후아카데미 등의 시설을 이용할 수 있다.

지역아동센터는 지역사회 아동의 건전육성을 위하여 종합적인 아동복지서비스를 제공하는 시설(「아동복지법」 제3장제1절)로 2004년(개정)부터 법정 아동복지시설로 지정되었다. 이용대상은 지역사회 내 보호를 필요로 하는 18세 미만의 아동(저소득층, 빈곤, 해체 가정을 주요 대상으로 함)으로 보호프로그램(빈곤·방임 아동 보호, 일상생활지도, 급식제공, 위생지도 등), 교육프로그램(학교생활준비, 숙제지도, 기초학습 부진아동 특별 지도, 예체능교육, 독서지도 등), 놀이와 오락(문화체험, 견학, 캠프, 공동체 활동, 놀이활동) 지원, 특기적성 등 보호자와 지역사회 연계(가정방문, 상담, 정서적 지지, 부모·가족 상담, 후원자 등)를 제공한다.

청소년 공부방은 지역사회 저소득층 청소년들에게 학습할 수 있는 공간을 제공하는 한편, 학습지원 프로그램을 운영하고, 문화·체험 활동 기회를 부여함으로써 학습여건이 열악한 청소년에게 학습기회를 제공하여 건전한 사회구성원으로 성장하도록 지원할 목적으로 운영되고 있다.

(2) 조부모 대상 지원

① 기초연금

노인에게 지급하는 현금지원책의 하나인 기초노령연금은 2007년 12월 말까지 경로연금이라는 이름으로 시행되다가 2014년부터 기초연금으로 변경되었다.

② 노인돌봄종합서비스

노인돌봄서비스는 혼자 힘으로 일상생활을 영위하기 어려운 노인과 독거노인에게 욕구에 따라 안전확인, 생활교육, 서비스 연계, 가사활동 지원, 주간보호서비스 등 맞춤형 복지서비스를 제공한다.

이외에 조손가족 기능강화 정책으로 한부모가족지원제도, 건강가정지원센터의 가족기능강화 정책이 추진되고 있다.

5) 조손가족 대책

우리 사회에서 조손가족은 지속적으로 증가할 것으로 예측된다. 조손가족의 증가는 이혼율과 재혼율의 증가, 맞벌이 부부의 증가, 노동시장의 유연성으로 안정적인 직장 유지의 어려움 증가, 의료서비스의 발달로 평균수명의 증가 등의 요인들과 연관되기 때문이다. 따라서, 조손가족을 일탈적인 가족유형으로 보기보다는 사회구조적으로 등장하게 되는 새로운 가족유형으로 받아들일 필요가 있으며, 조손가족구성원들이 보다 나은 생활을 영위하기 위해 적극적인 복지정책을 수립할 필요가 있다. 조손가족을 위한 대책은 다음과 같다 (홍봉수 외, 2024: 363-367).

(1) 정책적 대책

국민기초생활보장제도 한부모가족지원제도 등 현재 조손가족을 지원하는 정책과 제도는 조손가족의 특성과 욕구를 충분히 반영하지 못하고 있다. 조손가족은 가족구조상 경제적 자활능력이 없을 뿐만 아니라, 세대 차이가 심한 조부모와 손자녀로 가족이 형성되기에 일반 저소득가족이나 한부모가족과는 다른 상황에 처해 있다. 따라서, 조손가족의 특수성을 반영한 독자적인 법령을 설치하여 현실적인 보호 차원의 지원이 가능하도록 해야 할 것이다. 조손가족을 위한 별도의 지원체계를 통해 조부모의 대리양육자로서의 법적 권한을 분명하게 명시하고, 건강가정지원센터, 지역사회 복지관, 노인복지관, 민간단체 등에서 조손가족지원프로그램과 서비스를 제도적·체계적으로 시행하기 위한 정책으로서 재정적 지원을 강화해야 한다.

조손가족을 지원하는 별도의 법과 제도를 구축하기 이전에는 기존 제도를 보완할 필요가 있다. 무엇보다 조손가족의 소득안정에 대한 욕구를 충족시킬 수 있도록 생활비 지원, 손자녀 양육비와 교육비 지원 등을 현실화할 필요가 있다.

(2) 실천적 대책

조손가족을 위한 실천 대안으로서 강점 기반 사례관리가 필요하다. 조손가족은 욕구가 매우 다양하다. 다양한 욕구를 충족시키기 위한 자원 연계와 조정이 중요하며, 지속적인 관심과 보호가 필요하다. 따라서, 조손가족을 사례관리 측면에서 단계별로 보면 다음과 같다.

1단계 : 신뢰단계(서비스 환경조성 단계)

사회복지사는 조손가족과 신뢰관계를 형성하는 것이 중요하다. 조손가족의 어려움을 전반적으로 이해하고, 가족이 제시하는 문제와 욕구의 우선순위를 정한다. 가족의 문제와 욕구뿐만 아니라, 가족의 강점도 파악한다.

2단계 : 서비스계획단계

사회복지사는 가족과 함께 목적과 목표를 수립하고, 그것을 달성하기 위한 자원활용과 그 과정에서 직면하게 될 어려움에 대한 대안을 모색해 본다.

3단계 : 서비스 제공 및 자원연결 단계

사회복지사는 이전 단계에서 계획한 자원과 서비스를 조손가족에게 연결한다.

4단계 : 점검 및 조정 단계

사회복지사는 서비스가 효과적이고 효율적으로 제공되고 있는지를 파악한다. 가족과 서비스 제공자 간의 갈등 또는 서비스 제공자 간의 갈등을 확인한다.

5단계 : 평가 및 재 사정 단계

사회복지사는 서비스 중개, 조정, 협상, 옹호 등의 활동이 조손가족에게 유용했는가를 점검한다.

(3) 개선방안

구체적인 내용은 다음과 같다.

① 조기개입

조손가족이 형성되는 초기에 조부모와 손자녀 모두 새로운 가족구조와 환경변화에 적응하도록 지원하는 조기개입이 필요하다. 최소한의 준비도 없이 자녀양육을 떠안기도 하는 등 조손가족 형성시기에는 많은 도움이 필요하지만, 필요한 지원이나 서비스에 대한 정확한 정보가 부족한 경우가 많다.

지역사회 내 공공 및 민간 사회복지기관은 사례발굴자가 되어 새로 형성된 조손가족을 신속하고 체계적으로 찾아 지원할 수 있어야 한다.

② 조부모 양육부담 경감

조부모의 손자녀 양육 및 교육에 대한 책임과 부담을 완화하기 위한 다양한 프로그램과 서비스의 개발이 필요하다 구체적으로 조부모 양육스트레스 개입하기 위한 프로그램, 손자녀 양육과정에서 나타나는 세대 차이를 극복하고 세대 간 이해를 도모할 수 있는 프로그램, 적절한 양육 기술과 태도를 습득하기 위한 조부모 부모교육프로그램 등을 개발하여야 한다.

조부모는 부모와는 달리, 손자녀에게 지나치게 허용적이거나 일관적이지 못한 양육태도를 보이는 경우가 있으므로 부모교육프로그램을 통해 조부모가 적절한 양육기술을 습득하고, 가족 내 규칙과 한계를 정할 수 있도록 지원해야 한다.

이 밖에도 가사도우미 서비스, 조부모 여가프로그램, 손자녀의 일시보호 서비스 등의 제공이 필요하다.

③ 조부모 심리상담 및 건강지원

조손가족의 조부모는 생애주기의 발달과업에서 벗어난 과업을 수행하고 있기 때문에 그에 대한 지지가 필요하며, 손자녀를 양육하면서 겪는 어려움에 대한 상담이 필요하다. 특히, 조부모 자신의 우울, 손자녀의 행동문제, 조부모와 손자녀의 관계갈등 등의 문제를 가진 고위험 조부모 집단에 대한 예방차원의 개입프로그램이 필요하다.

조부모와 손자녀의 관계는 조손가족의 삶의 질에 매우 큰 영향을 미치므로 조부모와 손자녀의 정서적 유대를 강화하고, 관계를 향상시키기 위한 접근이 필요하다. 또한 조부모의 건강을 지원하기 위해 지역사회복지관, 보건소, 정신건강증진센터 등을 중심으로 신체 및 정신건강 증진을 위한 아웃리치서비스와 적극적인 개입이 필요하다.

보건소의 공중보건의나 간호사가 관할지역의 조손가족을 정기적으로 방문하여 그들의 건강을 점검하고 상담을 통해 그들이 더욱 적극적으로 의료서비스를 받을 수 있도록 지원하는 방안이 필요하다.

④ 아동 역량강화

아동의 주관적 의미구조는 매우 중요하다. 이유도 모른 채 조부모와 살게 된 아동은 높은 공격성과 부적응 행동을 보일 수 있으므로 부모 또는 조부모는 아동이 조부모와 함께 살아야 하는 이유를 아동이 이해할 수 있는 수준에서 명확하게 설명해 주어야 한다. 또한 일반적으로 부모와 연락이 두절된 아동이 부모와 만나거나 전화통화를 하는 아동에 비해 공격행동과 행동문제, 과잉행동이 더 높게 나타나기 때문에 조손가정 아동은 부모와 떨어져 조부모와 생활한다 해도, 부모와의 만남과 전화통화 등을 통해 관계를 유지하는 것이 바람직하다. 설사 아동이 부모와 헤어져 따로 살고 있다 하더라도, 부모가 여전히 자신을 사랑하고 있다는 것을 알게 해주는 것이 중요하다. 즉, 아동의 적응을 지원하기 위해서는 부모와 접촉 빈도를 늘리고 부모가 관심을 가지고 사랑하고 있다는 확신을 심어주고, 부모와의 관계 유지와 강화를 위한 개입을 해야 한다.

조손가족 아동은 자신의 부모에 대해 그리움뿐 아니라, 섭섭함과 원망, 분노의 감정이 있으나, 이를 표현하기를 꺼리므로 이런 부정적인 감정을 갖는 것이 정당한 반응이라는 사실을 인식하도록 돕고, 자신의 감정을 솔직히 표출할 기회를 제공해야 한다.

조손가족 아동의 역량강화를 위해 자기효능감, 자존감, 내적 통제, 계획성, 자기강화, 문제해결능력, 탄력성 등을 증진하기 위한 개입이 필요하며, 학습관리, 시간관리, 학교생활에 대한 지원이 필요하다. 아동이 교사의 지지를 받을수록 심리적으로 안정감을 느끼고 행동문제를 적게 보이므로 학교와 교사의 적극적인 지지를 받는 방안이 모색될 필요가 있다.

⑤ 사회적 지지 및 연결망 구축

아동의 친부모와의 교류는 아동의 심리적 안정감에 기여할 뿐만 아니라, 조부모의 생활 만족도에도 영향을 미친다. 즉, 조부모가 손자녀의 문제를 상의할 수 있으며, 경제적·정서적 도움을 받을 수 있다는 점에서 조부모의 부담을 경감한다. 따라서, 아동의 친부모와의 교류를 활성화하기 위한 방안을 적극적으로 모색할 필요가 있으며, 조부모가 인식한 사회적 지지 정도가 높을수록 가족 적응성과 가족응집성이 높은 것으로 나타나므로 다양한 사회적 지원의 제공자와 지원유형을 확보할 필요가 있다.

조손가족과 일반가족 간의 교류, 결연 프로그램 등을 통해 사회적 교류를 더욱 활발히 지원하며, 경제적 지원, 휴식서비스, 양육지원을 위한 자원을 적극 연계·조정·관리해야 할 필요성이 있다.

Chapter 12

가정폭력

12 가정폭력

1. 가정폭력의 개념

1) 가정폭력의 정의

가정폭력을 사회문제로 인식하게 된 것은 최근의 일이지만, 가정폭력 자체는 새로운 문제가 아니다. 혈연과 가족을 중시하는 우리 사회에서 가정폭력은 1980년대까지만 해도 지극히 사적인 문제였다. 그러나 1990년대에 들어서면서 지속적으로 가정폭력에 희생되었던 피해자들이 가해자들을 살해하는 일련의 사건들이 발생하면서 가정폭력의 심각성을 더 이상 묵과할 수 없게 되었다. 이를 계기로, 가정폭력에 대한 제도적·법적 장치 마련을 위한 논의가 활발히 전개되었고, 그 결과 1997년 「가정폭력범죄의 처벌 등에 관한 특례법」과 「가정폭력방지 및 피해자 보호 등에 관한 법률」이 제정되었다. 법의 제정을 통해 가정폭력은 더 이상 개인의 문제가 아니라, 국가의 공권력이 개입되어야 하는 사회적 범죄라는 인식이 강화되기 시작했다(박미은 외, 2022: 280 – 281).

그러나 법이 제정되어 시행된 지 상당 기간이 지났지만, 가정폭력의 발생과 폐해는 여전히 진행형이다. 가정폭력에 대한 인식의 전환이 사회에서 요구하는 수준까지 미치지 못하고 있다. 여전히 다양한 형태의 가정폭력이 존재하고, 그 심각성과 영향력이 전체 사회로 확산하고 있는 만큼 가정폭력에 대한 공공의 책임과 노력이 요구되고 있다.

원래 가정폭력은 결혼한 부부 사이의 폭행을 의미했으나, 최근에 와서야 이 개념 정의가 너무 협소하다는 지적을 받았다. 협의의 개념으로 가정폭력은 남편에 의한 아내 구타만을 의미하고, 광의의 개념으로 가정폭력은 아동학대, 아내구타, 노인학대까지 포함된다.

폭력과 비슷한 의미로 학대라는 용어는 가정폭력의 개념을 더 잘 설명할 수 있다. 사전적인 의미로 '폭력'은 남을 거칠고 사납게 제압할 때에 쓰는 물리적인 수단이나 힘을 말하며, '학대'는 사람이나 동물을 정신적으로나 육체적으로 괴롭히고 가혹하게 대함이라고 정의한다. 따라서, 사전적 의미로만 설명하면 폭력보다는 학대가 보다 포괄적인 의미로 보인다. '구타'는 일반적으로 가장 심한 정도의 신체적 폭력행위를 의미한다. 학대는 폭력과 구타를 포함한 가장 포괄적인 개념으로서 신체적인 폭력뿐 아니라, 심리적·정서적인 손상을 주는 모든 행위를 포함한다. 또한 학대는 포괄적인 학술용어이며, 폭력은 더 구체적이고 임상적인 용어라고 구별한다. 공격이란 용어는 '해를 주려는 의도를 가진 행동'을 의미하지만, 학대는 '해를 줄 의도를 가진 행동의 결과'를 의미한다. 따라서, 가정폭력에서 자주 사용되는 공격, 학대, 폭력의 의미를 쉽게 구별할 수 있다(박언하, 2022: 136-137).

가정폭력의 정의는 다양하다. 여성가족부(홈페이지, 2024)에 따르면, 가정폭력이란 남편과 아내, 부모와 자녀, 형제자매 및 기타 동거가족을 포함한 가족 구성원 중의 한 사람이 다른 구성원에게 의도적으로 물리적인 힘을 사용하거나, 정신적인 학대를 통하여 고통을 주는 행위라고 규정한다. 또한 관련법인 「가정폭력범죄의 처벌 등에 관한 특례법(가정폭력처벌법)」에 따르면, 가정폭력은 가족구성원 사이의 신체적, 정신적, 또는 재산상 피해를 수반하는 폭력행위로 정의한다. 즉, 남편의 아내에 대한 폭력, 부모의 자녀에 대한 폭력, 자녀의 부모에 대한 폭력, 형제간의 폭력, 아내의 남편에 대한 폭력 등 가족 간의 모든 폭력을 말한다. 가정폭력은 아내 학대, 아내폭행, 배우자 학대, 부부폭력 등과 같은 용어와 혼용되었다. 따라서, 가정폭력의 범위를 신체적, 정신적, 또는 재산상 피해를 수반하는 행위로 보고 있어 신체적 폭력에 국한하지 않고 정신적 학대와 재산상의 손해 및 손괴를 포함하는 포괄적인 폭력 개념을 인정하고 있다.

한편, 최근에는 가정폭력이라는 용어와 더불어 '친밀한 관계 폭력(Intimate relationship violence)'이라는 용어가 점차 널리 사용되고 있는데, 이는 가정폭력을 '어떤 관계에서든 한 파트너가 다른 파트너를 통제하기 위해 사용하는 학대적 행동의 패턴'이라고 정의한다. 따라서, 가정폭력에는 배우자에 대한 배우자 폭력, 자녀에 대한 부모의 폭력, 부모에 대한 자녀의 폭력, 자녀들 간의 폭력 등이 해당된다.

가정폭력 관련법으로는 「가정폭력방지 및 피해자보호 등에 관한 법률」, 「가정폭력범죄의 처벌 등에 관한 특례법」, 「여성폭력방지기본법(여성폭력방지법)」 등이 있다.

가정폭력처벌법

제2조(정의) 이 법에서 사용하는 용어의 뜻은 다음과 같다.

1. "가정폭력"이란 가정구성원 사이의 신체적, 정신적 또는 재산상 피해를 수반하는 행위를 말한다.
2. "가정구성원"이란 다음 각 목의 어느 하나에 해당하는 사람을 말한다.
   가. 배우자(사실상 혼인관계에 있는 사람을 포함한다. 이하 같다) 또는 배우자였던 사람
   나. 자기 또는 배우자와 직계존비속관계(사실상의 양친자관계를 포함한다. 이하 같다)에 있거나 있었던 사람
   다. 계부모와 자녀의 관계 또는 적모(嫡母)와 서자(庶子)의 관계에 있거나 있었던 사람
   라. 동거하는 친족

---

2) 가정폭력의 특성

가정폭력은 이웃과 단절된 가정이라는 폐쇄적 공간 내에서 발생하며, 또한

외부로 쉽게 드러나지 않고 은밀하게 일어나 은폐되는 경향이 크다. 이런 특성으로 인해 정책결정을 위한 정확한 가정폭력실태 파악이 어려운 것이 현실이다. 또한 가정폭력이 처음 발생한 후 가해자의 지배관계가 강해지면서 폭력이 습관화되고, 강도가 더해지는 특성이 있다.

가정폭력은 가족이 모여 있는 공간에서 다른 가족을 고려하지 않고 폭력을 행사함으로써 그 폭력을 목격한 자녀에게도 정서적 학대로 작용하며, 직접적 자녀폭행을 통해서도 폭력이 세대 간 전이되어 순화되는 특성을 갖게 된다.

가정폭력이 무엇보다 심각한 것은, 폭력이 신체적 고통만을 안겨주는 것이 아니라, 공포, 모욕감, 수치심 등을 깊게 남기는 특성이 있어서 피해자들의 피해회복이 오래 걸리는 경향이 있다. 가정폭력의 단절과 예방을 위해서는 피해자와 가해자가 가정폭력의 굴레에서 스스로 벗어나기 어려운 측면이 있으므로 국가적 지원과 형사법적 대응이 매우 중요한 의미가 있다. 가정폭력의 특성은 다음과 같다(박언하, 2022: 140-143).

(1) 가정폭력 피해자의 특성

피해자는 가정폭력에서 벗어나기 위해 적극적으로 대처하는 경우가 있으나, 가해자의 지배관계에 강하게 종속된 경우 쉽게 벗어나지 못하고 순응 또는 체념하는 경향이 있다. 전통적인 가족관과 성역할에 대한 고정관념은 남성에게 국한되는 것이 아니라, 여성에게도 나타나는데, 특히 이런 고정관념이 강한 여성 피해자들의 경우, 심각한 폭력상황을 스스로의 책임으로 돌리기도 하고, 폭력피해를 혼자서 감수하려고 하는 특성이 있다.

폭력피해여성은 우울과 불안 및 신체화 증상, 자존감의 저하, 자살충동과 같은 심리적 어려움을 겪게 된다. 더 이상 폭력에 대등하기를 포기하는 학습된 무기력이나 구타, 여성증후군과 같은 증상이 두드러지게 나타나기도 한다.

피해자들은 폭력을 경험하거나, 폭력에서 벗어나는 과정을 통해 외상 후 스트레스장애(Post-traumatic stress disorder, PTSD)를 겪기도 하고, 자녀와 함께 살아남기 위해 실존적 노력을 통해 외상 후 성장(post-traumatic growth, PTG)

을 경험하기도 한다.

이렇게 피해자들은 폭력상황에서 강한 의지로 자존감과 통제력을 잃지 않고 폭력상황을 극복하기도 하는 반면, 혼자의 힘으로는 통제할 수 없는 상황에서 좌절하기도 하는 등 다양한 양상을 보인다.

가정폭력이 피해자들에게 미치는 영향이 지속, 반복될 경우, PTSD보다 더 복합적인 복합 외상(Complex trauma)이 나타나기도 한다. 복합 외상에 대한 반응으로 정서조절의 변화, 의식의 변화, 자기지각의 변화, 가해자 지각의 변화, 타인과의 관계변화, 의미체계의 변화, 신체화 증상 등이 생길 수 있다.

지속적인 폭력을 경험하면서 여성은 남편에 대한 분노 조절이 어려워진다. 자존감이 저하되며, 친밀한 관계형성과 유지가 어렵고, 긍정적인 시각을 갖기 어렵게 된다. 이러한 변화들은 일반적인 심리적 증상에 비해 깊은 성격구조의 변화처럼 보이기도 한다.

가장 우려되는 피해자의 특성으로는, 지속적이고 반복적인 폭력에 노출되면서 가해자에 대한 분노와 적개심이 누적되어 일순간에 분출되고, 가해자를 살해하는 등 가정폭력 가해자가 된다는 것이다.

이런 피해자에게 나타나는 다양한 특성은 단순히 개인만의 성향으로 나타나는 것이 아니라, 다양한 사회구조나 문화, 가정폭력 지원체계 등의 영향을 받아 나타나는 것이므로 피해자의 회복과 성장에 필요한 인적·물적 자원의 국가적 지원이 무엇보다 중요하다.

(2) 가정폭력 가해자의 특성

통계적으로 볼 때, 남성이 가해자인 경우가 많으나, 여성이 가해자이거나 상호 폭행인 경우도 있다. 흔히 나타나는 가해자의 특성으로는 분노를 조절하지 스스로의 행동을 이성으로 통제하지 못한다는 것이다.

외부에서는 타인의 시선 때문에 자신의 감정을 숨기지만, 가정 내에서 가족 위에 군림하여 거칠 것 없이 분노를 표출한다. 또한 다양한 폭력은 아내와 자녀의 잘못을 바로잡고 통제하기 위한 행동이라며 폭력을 정당화한다.

폭력을 유발하게 한 원인이 피해자에게 있다고 합리화하며, 피해자를 무능력하고 가치 없는 인간으로 폄하하기도 한다.

가해자들은 신체적 폭력과 정서적 학대를 같이 표출하는 경우가 많아 협박, 고립, 공포감 조성, 통제 등 여러 가지 가학적 방법으로 폭력을 행사한다. 가부장적 사고와 성역할에 대한 고정관념이 강할 뿐만 아니라, 자신의 규칙과 기준에 복종해야 한다고 생각한다.

한편, 부모로부터 학습된 폭력의 경우, 자신이 분노하던 부모의 폭력을 그대로 따라 함으로써 의지가 약한 자신의 모습에 양심적 갈등을 겪는 가해자도 있다. 그러나 개인이 타인의 폭력행위를 관찰하고 모방하여 새로운 공격기술을 습득하고, 공격행위로 인한 양심의 가책 또는 죄의식 없이 폭력을 사용할 수 있는 특성이 있다.

가해자도 우울 공격성과 낮은 자존감 그리고 손상된 자아를 가지고 있기도 하며, 이러한 요인들은 강박장애, 편집증, 경계선 성격 등의 증상으로 연결된다고 한다. 효과적인 가정폭력 예방과 가해자 교정을 위해서는 가해자의 내면에 폭력 요인으로 작용하고 있는 이러한 특성과 심리적 요인을 고려한 실질적 대안이 필요하다.

2. 가정폭력이론

가정 내의 폭력현상을 설명하는 다양한 이론들이 있으며, 영향을 미치는 변수들이 대단히 많을 뿐만 아니라, 가족이 처한 환경(경제적, 사회문화적, 그리고 생태학적 환경)에 따라 다르게 작용할 수 있기 때문에 정확한 원인을 규명하기란 쉬운 일이 아니다. 여기서는 크게 네 가지 관점을 소개하고자 한다. 그 내용은 다음과 같다(홍봉수 외, 2024: 287-292 ; 박언하, 2022: 143-147 ; 김혜경 외, 2021: 466-469).

1) 개인병리적 관점

가정폭력을 개인의 정신병리학적 산물이거나, 알코올 또는 약물 중독에 따른 비정상적 행동, 또는 가학적 행동의 결과로 본다. 즉, 배우자는 상대편이 지적하는 잔소리나 어떤 자극이 자신의 가학적 충동이나 심리적 불안정과 더불어 자아통제성을 상실하여 주체할 수 없는 폭력을 행사하게 된다는 것이다. 여기서 폭력을 행사하게 되는 사람은 대부분 남편이며, 정신병적 증세를 보이는 것으로 판단하는 것이다. 그러나 모든 폭력 남성을 정신병환자라고 말할 수 없다는 점에서 가정폭력의 원인을 설명하기에는 미흡한 점이 있다.

2) 사회심리적 관점

사회심리적 관점의 대표적 이론으로 사회학습이론(social learning theory)을 들 수 있다. 반두라(Albert Bandura, 1925~2021)의 저서 『공격: 사회학습분석(*Aggression: a social learning analysis*, 1973)』에 따르면, 가정폭력은 인간의 다른 행동과 마찬가지로 학습된다. 즉, 인간의 공격행위는 다른 형태의 사회적 행동처럼 자극, 강화 및 인지적 통제하에 있는 학습된 행위이다. 폭력가정에서 역할모델을 통하며 폭력을 배우고, 그것이 문제해결에 효과적임을 배울 때 학습의 효과는 더욱 커진다. 또한 타인의 폭력행위를 관찰함으로써 구체적 기술을 습득하고 반복되는 관찰을 통하며, 폭력행위에 대한 죄의식이나 양심의 가책마저 상실하여 폭력을 배워서 습득된 하나의 행위양식으로 용납하게 된다. 특히, 어릴 때 가정에서의 신체적 체벌이나 학교에서의 체형, 성장 후 군대 등에서의 체벌 등은 가족이나 사회에서의 폭력의 정당성 또는 효과를 인정하는 규범적 인식을 심어줄 위험이 있다. 그리하여 폭력의 악순환적 고리를 형성하게 된다.

폭력에 대한 태도는 자신의 원가족, 사회적 가치관, 문화적 영향에 좌우된다. 실제로 이러한 관찰학습의 중요성은 여러 선행연구에서 실증적으로 확인되었다. 또한 폭력행위는 단순한 관찰학습뿐만 아니라, 자신이 직접 경험한 폭력으로부터도 학습될 수 있는데, 성장기 폭력경험의 빈도가 높을수록 피해자는 폭력적인 배우자나 부모가 될 확률이 높다는 결과가 나타났다.

3) 생태학적 관점

생태학적 관점에서는 대표적으로 체계이론을 들 수 있다. 체계이론에 의하면, 폭력은 개인적 병리나 학습의 결과가 아니라, 체계의 산물이다. 각각의 하부체계(부모, 자녀, 남편, 부인 등)가 주변 환경이나 다른 체계와 조화를 이루지 못하면서 발생되는 갈등현상이다. 예를 들어, 아동폭력이나 학대는 부모와 아동 간의 부적응 내지는 갈등적 환경에서 기인되는 현상이다. 생태학적 이론에서는 인구(population), 조직(organization), 환경(environment), 그리고 기술(technology)적 차원에서 문제점을 분석한다. 즉, 가족구성원들은 누구인가? 사회적 지지조직이나 지원서비스는 어떠한가? 가정이 위치한 생태적 환경은 폭력 친화적이지 않은가? 그리고 기술적 측면에서 폭력이 쉽게 발생하도록 촉진하지는 않는가? 또는 대처기능이 부족하지 않은가? 등의 물음을 통하며 폭력을 설명하고자 한다. 전반적으로 가정폭력이 발생하고 유지되는 과정에 관심을 가지면서 가족체계가 어떻게 운영되고 있는지에 따라 가정폭력의 정도가 유지 및 강화 또는 감소할 수 있다는 이론이다.

4) 페미니즘적 관점

기존 이론이나 관점들과는 달리, 가정폭력은 성차별적 사회구조에서 기인되는 것으로 본다. 다시 말해서 가정폭력은 단순히 개인적 성향이나 학습행위에서 야기될 뿐만 아니라, 폭력을 허용하는 사회문화적 규범, 가부장적 이데올로기에 근거를 둔 남성의 권위적 태도 및 우월성으로 가득 찬 구조화된 사회적 틀 속에서 발생하는 행위로 본다. 즉, 남성 중심적 사회문화구조를 바꾸지 않는 한 여성의 억압형태를 나타내는 가정폭력을 근본적으로 해결할 수 없다는 관점이다.

페미니스트 관점에서 본 가정폭력현상은 구체적으로 세 가지 측면에서 살펴볼 수 있다(김혜경 외, 2021: 468).

첫째, 남녀 차별적 노동시장구조를 꼽을 수 있다. 여성의 경제활동 위축은 남성에 대한 여성의 경제적 의존도를 심화시키므로 경제적 독립성을 구축할 수 없는 여성은 남편과의 상호관계를 합리적으로 재설정하거나, 가정을 벗어나서 생존을 유지할 수 있는 절대적 자원을 소유하고 있지 못한 실정이다. 게다가 가사노동의 사회적 가치를 인정하지 않는 사회구조에서 여성은 '놀고먹는 사람'이라는 인식 속에서 자아정체감을 상실하고 자기주장을 내세우기 어렵다.

둘째, 여성은 생물학적으로 남성보다 열등하다는 이데올로기를 들 수 있다. 이러한 이데올로기는 과학적이라는 근거를 내세워 남성에 대한 여성의 종속을 더욱 정당화시켜 우세한 남성이 열등한 여성을 교화시키는 데 행사되는 폭력을 합리화시킨다. 그러나 이러한 남녀우열논쟁은 실상 과학적 근거라기보다는 사회화 과정을 통하여 이러한 주장을 지속해서 주입시킨 결과로 본다. 설사 남녀 간의 차이가 있다 할지라도, 그 차이는 단순히 다른 점일 뿐 결코 차별로 이어질 수는 없다.

셋째, 성역할의 사회적 규범이다. 여성은 표현적 역할을 담당하고 순종적이고 희생적이며 의존적인 존재로 사회화되어 오면서 여성 자신은 이러한 이데올로기를 내면화시켜 '가부장적 이상형'으로부터 일탈한 행동을 하였을 경우에는 스스로 자책감과 죄의식을 느끼도록 길들어져 왔다. '사랑의 매', '부부싸움은 칼로 물 베기', '여자와 명태는 때릴수록 맛이 난다'는 가정폭력의 정당화 논리를 주장하는 가부장적 이데올로기를 단적으로 나타낸다. 따라서, 가정폭력 속에서도 '아이들 때문에', '남편이 나를 필요로 해서', '가문의 수치 때문에' 등의 가부장적 이유로 그대로 생활을 계속하게 되고, 그 속에서 폭력은 재생산되는 결과를 가져온다.

이러한 가정폭력은 오랜 역사를 통하여 주로 여성이나 아동에게만 체계적으로 행해져 왔다. 즉, 가정폭력은 아내와 자녀를 자신의 소유로 생각하는 가부장적 사고방식, 그리고 이러한 가부장적 사고의 테두리에서 여성에게 행해지는 폭력에 대한 일반적 관용이나 무관심(때로는 당위성)이 중요한 작용을 한다. 게다가 폭력은 남성다움의 표출로 간주하기도 한다. 남성에게 경제적, 심리적, 그리고 사회적으로 의존할 수밖에 없는 사회구조 속에서 남성과 여성의 관계에는 자원의 소유 여부에 따른 교환관계의 불균형이 발생하기 쉬우며, 상호작용 과정에서 좌절에 대한 공격적 행동이 폭력으로 분석된다. 여성은 남성의 권위와 통제하에 놓여 있으며, 이러한 종속관계는 정치경제적 제도에 의하여 지지가 되고, 가부장적 가족 내에서는 제도화된다는 사실이 역사적으로도 입증되었다.

이처럼 남성 위주의 사회구조와 맞물려 일어나는 가정폭력은 가족의 역기능 결과, 남녀 차별주의적 구조적 갈등에서 빚어진 행동, 또는 가족체계 혼란의 표출이다. 따라서, 가정폭력은 현대사회에 들어와 새롭게 발생된 사회문제라기보다는 단지 새롭게 제기된 문제일 뿐이다. 이러한 페미니스트적 관점에서 제기되는 궁극적 문제는 '남성은 여성에 대한 통제력 때문에 폭력을 행사할 수 있는가?' 아니면, '여성에 대한 통제력을 행사하기 위하여 폭력을 행사할 수 있는가?'로 귀결된다.

3. 가정폭력의 유형

1) 가정폭력의 형태에 따른 유형

가정폭력의 형태에 다른 유형은 다음과 같다(홍봉수 외, 2024: 292-294 ; 임정문 외, 2022: 348-349 ; 김혜경 외, 2021: 461-462).

(1) 신체적 폭력

신체적 폭력은 배우자나 보호자에 의해 원하지 않는 신체적 접촉, 공포와 육체적 상해의 원인이 되는 행동, 자유를 억압하는 행위 등을 포함한 가해행위를 말한다. 신한 구타, 밀치기, 발길질, 침 뱉기, 꼬집거나 물기, 목 조르기,

담뱃불로 지지기, 흉기로 찌르기 등의 폭력행위가 여기에 해당한다.

신체적 학대가 굴욕적 폭력의 수준에 이르면 가해자는 폭력을 행사하면서 피해자에게 특정한 요구를 하는데, 예를 들어 때리기 전에 배우자의 옷을 벗김으로써 무력감을 더하게 된다.

(2) 정서적 폭력

정서적 폭력은 피해자의 감정과 의견을 고려하지 않은 언어적 지배, 비난이나 무시하는 언어, 억압적이거나 지시적인 태도, 협박, 거부, 위협적인 모습이나 제스처, 외부로부터 고립시키는 것, 소중히 여기는 사물이나 가재도구와 재산을 손괴하는 행위, 피해자의 의사결정을 침해하는 행위, 적절한 보호를 받지 못하는 위험한 환경에 처하거나, 홀로 방치되는 경우까지 다양한 형태가 있다. 정서적 학대는 피해자에게 무력감을 일으키며, 장기간의 정신치료를 요하는 심리적 외상을 남길 수 있다.

(3) 성폭력

성폭력은 상대방의 동의 없이 성적으로 접촉하는 행위를 통하여 강제적으로 성적 행동에 응하도록 협박하는 성적인 공격행동이다. 부부간의 성적 학대인 부부강간과 성인가족과 아동 사이 또는 형제자매 사이에서 일어나는 친족성학대 등이 포함된다. 성적 학대에는 굴욕감을 주는 성행위, 의도적으로 배우자에게 상해를 입히기 위한 폭력적 성행위, 신체적 학대로 이어지는 성관계 등이 있다.

성폭력은 눈에 띄는 신체적 외상은 남기지 않을 수 있지만, 더욱 심각하고 오래 지속하는 정서적 외상을 남긴다. 부부폭력에서 여성들은 자신에게 선택의 여지나 자유의지가 없다고 믿기 때문에 학대자의 요구에 순응한다. 또한 여성들은 성적 행위를 거부하면 폭력이 심해질까 두려워할 수도 있다. 한편, 신체적 학대에 이어지는 성관계는 피학대 배우자에게 가해자가 진심으로 미안해하고 있으며, 다시는 폭력을 행사하지 않을 것이라는 거짓 희망을 주기도 한다.

(4) 경제적 폭력

경제적 폭력은 가해자가 모든 경제권을 소유하여 가족구성원에게 생활비를 지급하지 않으면서 아내와 자녀, 노부모가 경제적 권한을 간청할 때 계획적으로 경제권을 행사하거나, 가족을 부양하기 위한 돈을 벌기 위해 그 어떤 노력도 기울이지 않은 채 태만하거나, 도박중독, 쇼핑중독과 같이 반복적으로 낭비벽이 있어 돈을 탕진하여 가족의 일상적 영위를 힘들게 하는 것 등이 있다.

(5) 방임과 유기

방임은 가족부양, 보호감독, 의복, 음식, 난방, 위생, 교육적 자극, 의료보호 등 가족구성원의 건강과 정상적인 가족생활을 영위하는데 요구되는 것들을 제공하지 않거나, 무관심하여 내버려 두는 것을 말한다. 방임의 극단적인 경우, 가족구성원을 가정의 보호와 영향권 밖으로 내다 버리는 유기가 발생한다.

2) 가정폭력의 대상에 따른 유형

폭력의 유형을 행위자 간 관계를 중심으로 분류할 경우, 다음과 같다(박미은 외, 2020: 283 – 285).

(1) 배우자 폭력

배우자 폭력은 배우자에 상해를 일으키는 의도적, 반복적 행동으로 신체적·정신적·성적 측면을 포함한다(Wallace et al., 2019). 엄밀히 말하면, 배우자에 대한 폭력은 남편의 아내에 대한 폭력과 아내의 남편에 대한 폭력을 모두 포함한다. 남편과 아내의 관계는 공식적인 결혼관계뿐 아니라, 사실혼 관계이면서 결혼하지 않은 남녀관계, 이혼한 전 배우자 관계를 포함한다.

『가정폭력』
(Wallace et al., 2019)

가정폭력 중 가장 높은 빈도로 나타나는 것이 남편의 아내에 대한 폭력으

가정폭력이혼 안내

로, 이는 가정폭력의 대표적 형태이기도 하다. 이를 여권주의적 관점에서는 가정 내에서 발생하는 폭력이 단순한 구성원 간의 갈등이나 관계상의 긴장 때문에 발생하는 것이 아니라, 전통적 가부장제 문화에서 발생하는 제도적 폭력의 한 형태로 설명하기도 한다. 그러나 최근 배우자에 의한 폭력 피해경험률은 여성 25.1%, 남성 24.3%로 비슷한 비율로 나타나고 있다(여성가족부, 2022a: ⅲ). 이에 배우자 상호간의 폭력위험을 상호작용의 문제, 관계의 문제로 고려할 수도 있다. 그러나 남성 피해의 대부분은 부부간 폭력으로 나타나거나, 남편의 폭력에 쌓였던 분노가 분출되는 과정에서 여성들이 남편과 상호작용에서 학습한 폭력을 방어 또는 생존 수단으로 선택했을 가능성도 크다.

(2) 자녀폭력

자녀폭력은 부모나 주요 양육자가 자녀에 대한 적절한 양육과 보호 의무를 수행하지 못하거나 신체적·정신적 상해를 가하는 행위로 볼 수 있다. 대부분 자녀폭력은 자녀의 아동기에 발생한다고 볼 수 있으므로 아동학대의 개념을 통해 자녀폭력을 설명할 수 있다.

「아동복지법」 제3조에는 아동학대를 '보호자를 포함한 성인에 의하여 아동의 건강·복지를 해치거나, 정상적 발달을 저해할 수 있는 신체적·정신적·성적 폭력 또는 가혹행위 및 아동의 보호자에 의하여 이루어지는 유기와 방임'으로 정의하고 있다. 따라서, 자녀폭력이란 보호자에 의하여 이루어지는 신체적·정신적·성적 폭력 또는 가혹행위 및 유기와 방임으로 자녀의 건강과 복지를 해치거나, 정상적 발달을 저해하는 행위로 정의할 수 있다.

(3) 노부모에 대한 폭력

「노인복지법」 제1조의2에서는 노인학대를 '노인에 대하여 신체적·정신적·정서적·성적 폭력 및 경제적 착취 또는 가혹 행위를 하거나, 유기 또는 방임을 하는 것'으로 정의하고 있다. 이를 바탕으로 노부모에 대한 폭력을 살펴보면, 일반적으로 노인의 부양이나 수발을 담당하고 있는 부양자가 의도적 또는 비의도적으로 노인에게 언어적·정서적·신체적·경제적 손상을 가하는 학대(abuse)와 보호가 필요한 노인에게 의식주 및 의료 제공을 기피하거나 방치함으로써 부양의무를 소홀히 하는 방임(neglect), 노인 스스로 생존을 위한 기본적인 노력을 하지 않거나, 자기를 돌보지 않아 심신의 건강 악화 또는 기본 생활을 위협하는 자기방임 등을 포함하는 개념으로 폭넓게 정의할 수 있다.

우리나라에서 노인학대는 배우자 폭력이나 아동학대에 비해 비교적 늦게 관심을 받기 시작했는데, 가족과 효를 중시하는 전통적 가치에 반하는 일로 대중적 관심을 폭넓게 받지 못하고 사회 일부의 패륜적 문제로 치부되는 경향 때문이었다. 그러나 사회규범과 가치의 변화, 세대 간의 갈등 등 사회변화의 급격한 흐름 속에서 노인은 학대에 취약할 수밖에 없는 집단이다. 따라서, 노인학대의 예방과 해결을 위한 제도적·실천적 대안의 모색이 요구된다.

4. 가정폭력피해 지원기관

가정폭력 관련 지원기관은 다음과 같다(가족복지부 홈페이지, 2024 ; 박미은 외, 2022: 300-304).

1) 1366(여성긴급전화)

(1) 서비스 이용대상

가정폭력·성폭력·성매매·스토킹·교제폭력 등 폭력 피해자로 긴급한 구조, 보호 및 상담 등

1366 안내

이 필요한 경우에 이용할 수 있다.

(2) 서비스 시간

365일 24시간 운영하고 있다.

(3) 제공 서비스

여성폭력 피해자에 대한 초기 지원 창구로서, 상담 및 긴급피난처를 제공하며, 전문상담소, 각 지역의 정부기관, 경찰, 병원, 법률기관과 연계하여 피해자를 지원한다.

(4) 서비스 이용방법

(국번 없이) 1366 또는 특정 지역 1366센터 상담 요청 시, 해당 지역 '지역번호'+1366

* 국민콜 110으로도 문의 가능

(5) 여성긴급전화 1366 설치 지역

전국 16개 시·도에 설치(시·도별 1개소, 단 서울·경기 1개소 추가)

(6) 운영목표

• ONE-STOP 서비스 제공의 중심 기관으로 육성
• 여성폭력 관련 상담소, 보호시설 및 112, 119 등 관련 기관 연계서비스 제공

(7) 근거법령

「가정폭력방지 및 피해자보호 등에 관한 법률」 제4조제1항

(8) 주요 임무

전화권역(시·도)별로 설치·운용하여 피해자에 대하여 1차 긴급상담, 서비스 연계(의료기관, 상담기관, 법률구조기관, 보호시설 등) 등 위기개입 서비스 제공

(9) 운영 주체 및 설치지역 기준

① 운영주체

지방자치단체 직영 또는 비영리법인·민간단체 등에 위탁 운영

② 설치 기준 및 규모

전체면적은 100㎡ 이상인 별도의 독립된 공간을 확보하여야 함(사무실, 상담실, 긴급피난시설 등)

(10) 전담직원 임면 및 근무방법

① 직원의 임면

위탁운영시설은 법인 대표이사가 임면하고 시·도지사에게 보고하여야 하며, 지방자치단체에서 직영하는 시설은 자치단체장이 임면

② 인력배치

센터장 및 상담원 : 시·도별 여성 인구수에 따라 전담직원 차등배치

(11) 운영체계 방법

① 24시간 Hot-Line 운영

서비스 대상자에 대하여 365일 24시간 긴급상담 및 안내·보호 조치를 취할 수 있도록 8시간 3교대 근무체계로 전담직원 배치(야간에는 2명 이상 반드시 배치)

② 긴급보호조치

긴급상황에 처한 피해자를 근거리 상담소, 보호시설, 112, 119 등으로 즉시 조치될 수 있도록 관련 기관에 대한 긴급연락망 구축 및 협조체계 유지

③ 유관기관과의 네트워크 구축

   a. 유관기관과의 네트워크 구축을 위한 장비를 지역 실정에 알맞게 설치·유지

   b. 주요 연계내용

     – 서비스 대상자에게 외부 서비스기관에 대한 정보의 제공

     – 서비스 대상자를 해당 외부 서비스기관 의뢰

     – 서비스 대상자를 위해 자원동원(프로그램, 전문인력 지원, 비용공제, 각종 정보) 요청

     – 외부 서비스기관과 프로그램 계획, 홍보 활동, 자원발굴 등을 공동으로 수립·시행

④ 정보교류 및 자원공유를 위한 지역사회 자원의 DB 구축

⑤ 홍보계획 수립 및 실시

⑥ 상담기록의 보존

2) 가정폭력상담소 : 한국여성의 전화

한국여성의 전화는 1983년 한국사회에서 처음으로 가정폭력문제 전문 상담전화를 개통하고 상담원 교육을 시작했다. 개통 후 한 달, 전화기 두 대에 걸려온 전화는 총 541통이었다. 단어조차 낯설었던 가정폭력 피해여성을 돕겠다고 전화기 한 대를 놓고 시작한 상담은 현재 전국 200여 개의 상담소로 확대되었다.

한국여성의 전화 가정폭력상담소에서는 여성이라는 이유로 폭력과 차별의 고통을 겪는 분들이 무료로 전화, 면접, 법률상담을 받을 수 있도록 하고 있으며, 의료지원(의료비 지원 등)과 법적 지원(진술서 작성, 수사동행, 재판동행 등)을 하고 있다.

피해자 지원활동은 다음과 같다.

(1) 상담지원

(2) 의료비지원

(3) 법률상담

(4) 법률구조기관 : 대한법률구조공단, 한국가정법률상담소

「가정폭력방지 및 피해자보호 등에 관한 법률」에, 의한 상담소의 설치·운영은 다음과 같다.

> **제5조(상담소의 설치·운영)** ① 국가나 지방자치단체는 가정폭력 관련 상담소(이하 "상담소"라 한다)를 설치·운영할 수 있다.
>
> ② 국가나 지방자치단체 외의 자가 상담소를 설치·운영하려면 특별자치시장·특별자치도지사·시장·군수·구청장(구청장은 자치구의 구청장을 말하며, 이하 "시장·군수·구청장"이라 한다)에게 신고하여야 한다. 신고한 사항 중 여성가족부령으로 정하는 중요 사항을 변경하려는 경우에도 또한 같다.
>
> ③ 시장·군수·구청장은 제2항에 따른 신고를 받은 날부터 10일 이내(변경신고의 경우 5일 이내)에 신고수리 여부 또는 민원 처리 관련 법령에 따른 처리기간의 연장을 신고인에게 통지하여야 한다.
>
> ④ 상담소는 외국인, 장애인 등 대상별로 특화하여 운영할 수 있다.
>
> ⑤ 상담소의 설치·운영기준, 상담소에 두는 상담원의 수와 신고절차 등에 필요한 사항은 여성가족부령으로 정한다.

「가정폭력방지 및 피해자보호 등에 관한 법률」에 의한 상담소의 업무는 다음과 같다.

제6조(상담소의 업무) 상담소의 업무는 다음 각 호와 같다.

1. 가정폭력을 신고받거나 이에 관한 상담에 응하는 일

1의2. 가정폭력을 신고하거나 이에 관한 상담을 요청한 사람과 그 가족에 대한 상담

2. 가정폭력으로 정상적인 가정생활과 사회생활이 어렵거나 그 밖에 긴급히 보호를 필요로 하는 피해자등을 임시로 보호하거나 의료기관 또는 제7조제1항에 따른 가정폭력피해자 보호시설로 인도(引渡)하는 일

3. 행위자에 대한 고발 등 법률적 사항에 관하여 자문하기 위한 대한변호사협회 또는 지방변호사회 및 「법률구조법」에 따른 법률 구조법인(이하 "법률구조법인"이라 한다) 등에 대한 필요한 협조와 지원의 요청

4. 경찰관서 등으로부터 인도받은 피해자등의 임시 보호

5. 가정폭력의 예방과 방지에 관한 교육 및 홍보

6. 그 밖에 가정폭력과 그 피해에 관한 조사·연구

3) 가정폭력 보호시설

가정폭력 보호시설은 남편으로부터 구타당한 아내, 학대당한 노인, 학대당한 아동이 폭력상황을 피하여 일시적으로 보호받을 수 있는 장소이다. 상습적으로 구타와 학대를 받으면서 신체적 상처뿐만 아니라, 정신적·경제적·성적으로 손상을 당하여 불안, 좌절 및 긴장 등으로 불안정한 피해자의 상처를 회복할 수 있는 쉼터로 활용된다.

가정폭력 피해자보호시설의 업무는 "숙식의 제공, 심리적 안정과 사회적응을 위한 상담 및 치료 질병치료와 건강관리를 위한 의료기관에의 인도 등 의료지원, 수사, 재판과정에 필요한 지원 및 서비스 연계, 법률구조기관 등에 필요한 협조와 지원의 요청, 자립자활교육의 실시와 취업정보의 제공, 다른 법률에 따라 보호시설에 위탁된 사항, 그 밖에 피해자 능의 보호를 위하여 필요한 일"로 규정하고 있다.

4) 해바라기센터

해바라기센터는 성폭력·가정폭력·성매매피해자 등에 대하여 365일 24시

간 상담, 의료, 법률, 수사지원 등을 원스톱으로 제공함으로써 피해자가 폭력피해로 인한 위기 상황에 대처할 수 있도록 지원하고, 2차 피해를 방지한다. 또한 19세 미만 성폭력 피해를 입은 아동·청소년과 지적장애인, 개입이 필요한 성인 등에 대하여 의학적·심리적 진단과 평가 및 치료, 사건조사, 법률지원, 사회적 지원, 지지체

서울해바라기센터(서울 대학로 소재)

계로서의 가족기능 강화를 위한 상담서비스 등을 원스톱으로 제공한다.

해바라기센터는 전국 광역시 전체에 걸쳐 1개소 이상 설치되어 있는데, 위기지원형, 아동형, 통합형 등이 있다.

해바라기센터의 주요 업무는 <표 12-1>과 같다.

〈표 12-1〉 해바라기센터의 주요 업무

주업무	세부업무	담당자
의료지원	• 응급처치 및 외상치료 • 법의학적 증거 채취 • 산부인과·정신과 진료 • 의료상담 및 보건교육	간호사 비상근 의료진 (정신과, 산부인과 등)
상담지원	• 사례접수, 면담조사 • 지속 상담(개인, 가족) • 재판 모니터링 • 사회적 지원 • 집단프로그램	상담사
심리지원	• 피해 아동·청소년 심리평가 및 심리치료 • 부모상담 • 수사 재판 시 의견제시	임상심리전문가 임상심리사
행정지원	• 예산·회계 관리 • 모든 행정업무 • 홍보사업 • 전산프로그램 관리	행정원

수사지원 (각시도경찰청)	• 피해자 조서 작성 • 진술녹화 지원 • 증거확보, 고소 지원	경찰관
법률지원 (법무부)	• 피해자 변호 • 법률상담 • 진술 조력	국선변호사 진술조력인

자료: 서울해바라기센터(홈페이지, 2024).

5. 가정폭력 개선방안

가정폭력에 대한 개선방안은 다음과 같다(홍봉수 외, 2024: 304－311 ; 임정문 외, 2022: 370－375).

1) 예방적 대책

(1) 사회인식의 전환

여성가족부(2022a)의 「2022년 가정폭력실태조사 연구」에 따르면, 3년 전에 비하여 전반적으로 부부폭력률이 감소한 것으로 나타났다. 신체적·정서적·경제적·성적 폭력의 모든 배우자 폭력유형에서 감소하는 추세로 나타났다. 특히, 정서적 폭력, 그중에서도 언어적 폭력이 현저하게 감소한 것으로 조사되었다. 그 이유는 기존에 심한 신체적 폭력만을 폭력으로 여기던 사회적 인식에서 정서적 폭력도 폭력으로 인식하는 폭력에 대한 감수성이 향상된 효과가 일부 작용하였다.

이러한 경향은 응답자의 자녀에 대한 학대에서도 동일하게 나타나는데, 3년 전에 비해 정서적 학대의 비율이 상당히 감소한 것으로 나타났다. 자녀학대에서는 정서적 학대뿐 아니라, 신체적 학대 비율도 매우 감소하였다. 이는 우리나라에서 부모가 자녀를 훈육하는 방법이 신체적 처벌에 대한 용인에서 신체적 처벌을 허용하지 않는 사회적 인식의 확대가 일부 영향을 미쳤을 것이다.

이러한 가정폭력의 감소를 위한 예방 차원에서의 사회적 인식변화가 계속

되기 위해서는 지속적이고 실제적인 프로그램이 계속되어야 할 것이다. 이러한 방법으로 지역사회 차원의 인식개선사업을 시행할 필요가 있다. 또한 가정폭력의 날을 지정하여 정부기관 및 기업체를 통하여 가정폭력예방 관련 홍보물을 배포하는 등 가정폭력의 심각성에 대한 인식을 촉구할 수 있다.

(2) 부부간의 의사소통 및 감성훈련 강화

가정폭력 가해자들의 의사소통방식에 대한 교정이 필요할 것으로 보이는데, 폭력남편들은 부부간에 대화보다는 강압적이고 폭력적인 방법을 사용하는 경향이 있다. 이를 방지하기 위해서 우선 전통적인 성차별적인 가치관을 고수하는 가정폭력 가해자에 대한 가치관 및 태도교정을 위한 교육이 필요하다. 그 후 부부가 서로를 이해할 수 있도록 돕는 의사소통기술 및 감성 관련 프로그램을 개발하여 함께 교육받도록 하면 가정폭력 방지에 기여할 수 있을 것으로 보인다. 국가와 지방자치단체는 지역 내 유관 사회단체와 연계하여 이러한 프로그램을 개발, 교육하도록 하고, 국민을 상대로 이러한 프로그램의 필요성 및 중요성을 홍보하여 적극적인 참여를 유도하는 노력이 필요하다.

(3) 음주에 대한 사회인식의 제고

한국사회는 음주자의 행동에 대해 온정적이고 관대한 태도를 보여 왔고, 법적 처분에서도 음주는 형벌을 감경하는 사유로 인정되어 왔다. 가해자들의 음주는 상습화되고 취할 때까지 마시는 등 바람직하지 않은 음주습관을 가지고 있는 경우가 많다. 가정폭력은 음주 후 행해지는 경우가 많고, 과음 후 가해행위는 더욱 심해지는 것이 일반적인 경향이다. 가정폭력의 발생빈도, 폭력의 만성화 및 심화에 미치는 부정적인 효과는 큰 것으로 알려져 왔다. 따라서, 음주로 인하여 치료가 필요한 당사자를 발굴하여 개별적인 치료를 제공하는 동시에, 음주문화에 대한 인식개선을 위한 사회운동을 전개해서 술로 인해 발생하는 가정폭력의 감소를 꾀하여야 할 것이다.

(4) 가정폭력예방교육 개발

과거 사례를 보면, 가정폭력 감소를 위한 정책 수요에서 '폭력 허용적 사회문화의 개선'에 대한 요구도가 가장 높았는데, '가정폭력은 범죄'라는 인식 확대를 위해 가족 안에서, 사회에서 약자를 대상으로 하는 모든 폭력행위를 허용하지 않고 단호하게 대처하는 반폭력 감수성 제고를 위한 통합적인 예방교육 확대 및 지속적인 홍보캠페인 강화가 필요하다.

가정폭력의 세대 간 전이를 고려한다면, 가족구성원 모두를 대상으로 한 지속적인 교육이 필요하다. 가정폭력 예방교육은 가정폭력만을 다루기보다 생애주기에 따른 청소년발달상의 인지, 정서, 사회적 영역을 포함함은 물론 폭력에 대한 민감성, 즉 무엇이 허용될 수 없는 행위인지에 대한 구체화한 인식을 갖출 수 있는 등 포괄적인 인권향상으로 교육 프로그램이 개발되어야 한다.

2) 개인적 대책

첫 가정폭력 발생 시, 위협과 공포심 인지 시, 신체적·정신적 상해 시 피해자가 적극적으로 대응할 수 있도록 가정폭력에 대한 대처방법과 피해자 지원서비스 등에 대한 정보를 갖도록 홍보를 강화해야 한다. 실태조사에서 결혼 초기(결혼 후 5년 미만)에 부부폭력이 처음 발생하는 비율이 높고, 피해자들은 폭력으로 인해 신체적·정신적 고통이나 위협, 공포심을 겪지만, 전반적으로 주변에 도움을 요청하는 적극적인 대응은 낮은 것으로 나타났다.

초기에 경미한 수준의 폭력이라도 지속적·반복적인 폭력으로 이어지거나 폭력의 강도가 점차 강해질 수 있으므로 폭력이 처음 발생했을 때 도움을 요청하는 것이 중요하다. 피해사실을 드러내지 못하는 피해자들이 더욱 적극적으로 대응할 수 있도록 스마트폰 앱이나 찾아가는 서비스, 다각적인 상담 매체 등을 통해 지원서비스에 대한 접근성을 높이도록 해야 할 것이다.

3) 사회복지적 대책

(1) 가정폭력 관련 기관의 내실화

현재 운영되고 있는 가정폭력상담소 및 여성긴급전화 1366센터 등이 실질적으로 운영될 수 있도록 지원을 대폭 강화해야 한다. 먼저, 가정폭력 상담소는 운영주체별로 법인보다 개인이 운영하는 상담소는 정부지원을 받는 비율이 낮아 운영상의 어려움과 함께 질 높은 서비스 제공에 어려움이 있다. 이는 지역 및 운영주체별로 상담소 간 서비스의 질적 편차가 크다는 것을 의미하며, 이용자 측면에서 일정한 수준의 서비스 제공이 확보되지 못함을 나타내는 것이므로 상담소 간의 서비스 질의 편차를 줄이려는 정책 방안이 요구된다.

가정폭력 피해자를 위한 서비스 전달체계의 핵심은 가정폭력상담기관과 피해자보호시설이다. 상담기관의 경우, 전문상담 능력을 갖춘 상담위원이 배치되어 있지만, 상담기관 규모의 영세화, 전문인력의 부족, 관련 예산의 부족 등으로 많은 어려움을 겪고 있는 것으로 알려져 있다. 특히, 대다수 상담기관종사자는 소수에 불과하며, 이들이 맡는 업무는 기본적 상담뿐만 아니라, 각종 통계자료의 수집과 작성, 관할 행정기관 보고서류 작성, 관련 프로그램의 작성과 실행, 정기적 세미나 개최, 일반시민 상대 캠페인 활동 등 아주 광범위하다. 따라서, 효과적인 상담이 되기 위해서는 적어도 상담기관별로 전문상담원 외 업무보조요원, 프로그램 개발이나 세미나 등을 기획하고 시행할 수 있는 직원 등을 두어야 한다. 아울러 여성가족부 및 지방자치단체는 인력보강에 필요한 충분한 예산지원도 아끼지 않아야 한다. 따라서, 가정폭력 피해자 보호지원 강화를 위해 가정폭력상담소 등에 대한 지원 및 서비스를 확대하고, 폭력발생 시 초기 대응강화를 위한 경찰 및 상담인력의 확충, 사건대응역량 제고를 위한 교육을 확대해 나갈 필요가 있다.

(2) 가정폭력 피해자 치료 및 보호

가정폭력 피해자는 지속적인 폭력경험으로 무기력한 상태가 되어 폭력에 익숙하고, 경미한 수준의 폭력은 용인하는 경향이 있다. 따라서, 가정폭력이 발생하면 우선 피해자의 안전을 보장하고, 폭력에 대한 태도를 개선할 수 있도록 적절한 교육을 실시해야 한다.

또한 직접 학대를 경험했거나 배우자 폭력을 목격한 피해아동은 불안이나 우울 같은 정서적 부적응, 비행, 학교폭력 등의 행동적 부적응, 사회적 부적응 수준이 높아 적응상의 문제를 경험할 수 있다. 피해아동을 원조하기 위하여 내적 통제 및 낙관성 등의 보호요인을 강화할 수 있는 개별 접근을 시도하고, 유사한 경험을 한 또래아동과의 집단상담을 실시할 수 있다.

(3) 가정폭력 가해자에 대한 프로그램 개발

가정폭력 가해자에 대한 프로그램이나 시설이 절대적으로 필요한 실정이다. 가정폭력에 있어서 여성이 가해자를 피해 잠시 떠나 있어도 근본적으로 가해자를 위한 시설이나 프로그램의 개발 없이는 여성의 복지가 향상되지 못할 것이다.

가정폭력에 관한 많은 사례에서 대다수 가해자는 정식 재판에 회부된다고 하더라도, 실형을 선고받는 경우는 적다. 가해자에 대한 형사처벌보다는 가정 법원에서 보호관찰이나 치료위탁 등의 보호처분을 내릴 수 있도록 규정하고 있기 때문이다. 그러나 이를 뒷받침할만한 별도 시설이 아직 갖춰지지 않았고 상담치료에 드는 비용부담도 문제가 된다.

(4) 제도적 개선 및 공적인 지원체계 강화

언어폭력을 시작으로 물리력을 수반하는 가정폭력은 방치하면 끝내는 가정 파괴로까지 이어진다. 가정폭력이 가정 내부의 문제라는 인식이 만연해 있는 데다가 피해자들이 주로 여성·아동·노인 등 사회적·경제적 약자들이어서 가해자로부터 경제적으로 독립할 수 없거나, 가정이 깨질 수 있다는 이유로 폭력행위에 대해 묵인하고 체념한 채 살아가고 있는 경우가 많다.

무엇보다 가장 큰 이유는 가해자의 보복폭행과 가정파탄으로 이어질 것을 두려워한 나머지 신고를 꺼리게 되는 것이다. 이러한 가정폭력 피해자들은 가정구성원 내에서 일어난 폭력이기에 더 큰 상처가 있는 만큼 다른 범죄 피해자들보다 더 큰 관심과 보호가 필요하다.

이에 가정폭력 등 강력범죄 등으로 발생하는 문제에 대응하기 위해 국가 및 지방자치단체, NGO 등에서는 피해회복을 위한 치료비 지원제도, 심리적 · 법적 · 제도적 지원제도 등 여러 가지 지원활동을 하고 있다.

피해자지원센터에서는 가정폭력이 발생하면 신속히 대처하고, 2차 피해를 방지하기 위한 제도적 장치로 임시숙소를 전국적으로 운용 중에 있으며, 임시숙소는 최대 5일까지 무료 이용이 가능하다. 또한 여성긴급전화센터(1366)와 연계하여 가해자가 위치를 알 수 없는 보호시설에서 최대 2년간 생활할 수 있게 지원도 가능하다. 가정폭력은 이제 가정 내 문제가 아닌 한국사회 전반의 문제인 것이다.

가정폭력에 관한 현행법이 실효성 있게 시행되고 수사와 재판절차에 있어서도 합리적인 집행이 되기 위해서는 법적 · 제도적 측면의 개선이 이루어져야 하겠다.

가족치료(상담)

개요

가족치료는 가족의 잠재력을 개발하여 가족문제를 예방 및 해결하고, 가족구성원의
사회적 기능의 수행 활성화를 통해 생활의 질적 향상을 도모하고, 전문적 기법과 지
식을 동원하여 가족구성원의 안위와 가족 전체의 안녕에 관심을 두는 학문이며, 가족
치료는 그에 관한 중요한 개입방법이다. 여기에서는 가족치료를 학습하고자 한다.

학습목표

1. 가족치료이론 숙지
2. 가족치료이론에 따른 핵심어 연구
3. 사례연구

학습내용

1. 가족치료의 개념
2. 정신역동적 가족치료
3. 다세대 가족치료
4. 구조적 가족치료
5. 가족치료의 주요 기법

가족치료(상담)

1. 가족치료의 개념

가족치료는 용어가 의미하는 그대로 가족문제에 대해 치료적 접근을 하는
실천방법론이다. 가족치료의 이론과 기법의 발달과정에는 사회복지학뿐만 아
니라, 정신의학, 심리학, 사회학, 인류학 등 다양한 분야의 학문적 공헌이 있
었다.

가족에 대한 전통적인 접근법과 구분되어 전체 가족에 대한 새로운 시도로
서 가족치료가 시작된 시기는 1950년대부터이며, 그 후 다양한 이론과 치료
모델이 지속해서 등장하며 발전되어 왔다. 가족치료의 가장 큰 특징은 가족
전체를 대상으로 실시되는 심리치료로서, '전체로서의 가족'을 복지대상으로
하는 가족복지의 본질적 특성에 가장 부합되는 가족복지 접근방법이다.

가족치료는 가족문제나 가족구성원 개인의 문제는 바로 가족 전체 역동성
의 결과라는 전제로부터 출발한다. 즉, 가족체계에서 가족구성원들은 모두 유
기적으로 연결되어 상호 순환적인 상호작용을 하며, 따라서 인과적으로 상호
의존되어 있다.

가족치료 관점에서는 한 가족구성원의 문제를 가족 전체의 병리적 역동성의 증상으로 인식하기 때문에 변화되어야 할 것은, 역기능적인 가족 구조나 관계이다. 가족치료는 주로 가족의 역할과 관계, 가족 간 상호작용, 의사소통 방법, 의사결정과정 등에 관심을 두고, 이러한 부분 변화를 통해 가족문제를 치료한다.

현대가족치료라는 신세대 학문이 탄생하기까지 그 역사가 반세기를 넘지 않는다. 전통과 역사를 자랑하는 신학이나 철학에 비하면 역사가 짧은 학문임은 틀림없다. 가족치료의 이론과 방법은 매우 다양한 학문적인 토양 위에서, 예를 들어 물리학, 생물학, 인류학, 심리학, 정신의학 등 많은 연구와 함께 발전해 왔다(김혜숙, 2022: 19).

가족치료는 가족 전체는 물론 각 구성원의 사회적인 기능수행을 효과적으로 증진하여 구성원 모두에게 행복을 도모할 수 있도록 하는 사회복지실천의 독특한 한 분야이다. 따라서, 가족치료는 가족의 잠재력을 개발하여 가족문제를 예방 및 해결하고, 가족구성원의 사회적 기능의 수행 활성화를 통해 생활의 질적 향상을 도모하고, 전문적 기법과 지식을 동원하여 가족구성원의 안위와 가족 전체의 안녕에 관심을 두는 학문이며, 가족치료는 그에 관한 중요한 개입방법이다(김보기 외, 2021a: 65).

건강한 가족은 변화하는 환경 속에서 능동적으로 가족생활을 영위하지만, 그렇지 못한 가족은 예상되는 변화에서도 적절히 반응하지 못하여 가족구성원 간의 갈등을 유발하거나 위기에 처하기도 한다. 가족구성원의 긴장과 불안감을 초래하는 가족환경에 대해 가족 내에서만 해결방법을 찾거나, 한 개인의 희생으로 문제를 해결하던 시대는 지났다. 가족이 생활해 나가면서 경험하게 되는 변화나 다양한 문제에 대한 전문적인 조언, 심리적 지지, 조정과 타협등이 필요하며, 이러한 과정을 통해 가족의 건강성과 잠재력을 향상하기 위한 가족치료가 요구된다. 우리 주위를 둘러보면, 가족구성원 간에 불화와 갈등이 자주 발생하고 가족구성원의 일탈행동, 별거, 이혼 등의 가족해체 현상도 증가하며, 알코올중독, 가족폭력 같은 병리적 현상과, 사업파산, 실직, 사별 등의 위기문제들이 증가하고 있다. 이런 가족의 문제들을 가족구성원만의 힘으로 해결하기 어려울 때 전문가의 도움을 받아야 하는데, 주로 가족 내 인간관계의 문제와 부적응 문제의 해결을 돕는 분야가 가족치료이다. 즉, 가족치료는 가족구성원 개인의 부적응과 대인관계 문제를 해결하기 위하여 개인을 둘러싼 환경요소 중에서도 특히 가족을 매개로 사용하여 가족관계의 역동성에 초점을 두어 치료하는 과정이다(송정애, 2020: 51).

가족치료가 필요한 상황은 다음과 같다(김지영 외, 2022: 14).

① 가족과 함께 있는 공간 및 시간에 대해 불편하고, 긴장과 불안감을 느끼면, 위축되는 경우
② 한 사람에게 가족구성원의 역할과 기능이 집중되어 있어 가족구성원이 수동적으로 행동하는 경우
③ 가족구성원의 역할과 기능이 전도된 경우
④ 가족 한 사람의 부적응으로 인해 가족 전체가 위기를 맞은 경우
⑤ 가족구성원 중 한두 사람의 존재가 문제라는 인식 때문에 다른 가족과의 관계가 계속 불안한 경우
⑥ 가족 간에 부정적이고 부적절한 의사소통이 지속하고, 의사소통을 통해 더욱 문제가 확대될 경우
⑦ 예기치 않은 외부사건의 발생으로 인하여 가족 전체가 긴장에 빠져있는 경우
⑧ 가족 내 죽음, 이별, 입양 등으로 가족이 재강화되어야 할 필요가 있는 경우
⑨ 문제가 가족관계 맥락(부부갈등, 형제갈등, 세대 간 갈등)에서 일어나는 경우
⑩ 청소년 자녀와 부부 사이의 이별문제, 청소년 자녀의 범죄문제, 청소년 자녀의 급성 조현병(정신분열증) 증세가 나타날 경우

가족치료는 1970년대 중반에 도입되어 1990년대 이후 본격적으로 보급되기 시작하였으며, 사회복지학과의 주요 교과과정 중의 하나로 자리매김하였

다. 또한 사회복지학, 정신의학, 심리학, 가정학 등 다양한 학문이 참여하는 학제 간 학회인 한국가족치료학회가 1988년에 창립되어 가족치료사 자격증제도를 만들고 가족치료사를 배출하여 왔다. 2014년에 명칭을 가족치료사에서 부부가족상담전문가로 변경한 후, 2020년 현재 부부가족상담전문가 1급 47명과 2급 94명, 부부가족상담 슈퍼바이저 26명이 활동하고 있다.

가족치료에는 다양한 이론들이 있으나, 여기에서는 다음 몇 가지를 소개하고자 한다.

2. 정신역동적 가족치료

1) 개념

정신분석은 프로이트(Sigmund Freud, 1856~1939)에 의하여 개발된 이론이다. 프로이트는 가족관계의 영향을 인정했지만, 개인적인 정신내적 갈등을 해소시키는 데에만 주력하고, 가족체계의 특성을 변화시키는 데에는 관심을 두지 않았다. 즉, 정신분석은 정신내적 이론이자 개인치료 중심이다. 그런데 가족치료는 사회체계이론 또는 가족집단의 치료라고 할 수 있으므로, 정신분석과 가족치료의 결합은 상당부분 역설적일 수 있다. 그래서 정신분석 가족치료라

지그문트 프로이트

는 용어 대신 '정신분석지향 가족치료(psychoanalytically oriented family therapy)', 또는 '정신역동적 가족치료(psychdynamic family therapy)'라는 용어로 대치하기도 한다(서혜석 외, 2020: 52).

정신역동(The Psycho Dynamics)은 프로이트의 정신분석이론(Psychoanalytic Theory)에 근거를 두고, 각 가족구성원들의 통찰력을 증진시켜, 가족 간의 갈등을 해결하고자 하는 접근방법이다. 정신분석적 가족치료는 가족 전체의 변화보다도 가족 내의 개인의 성장을 도우며, 과거의 경험이 현재에 미치는 영

향에 초점을 둔다.

정신역동적 가족치료는 한마디로 설명하기 힘들다. 정신역동은 개인에 관한 치료이기 때문이다. 그렇다면 가족치료는 사회체계이론을 바탕으로 하는 치료법이라고 생각할 때, 가장 먼저 떠오르는 의문은 과연 정신역동적 가족치료라는 것이 가능한가 하는 것이다. 이처럼 지향하는 방향이 상반된 두 가지가 합해진 정신역동적 가족치료를 한마디로 정의하기는 쉬운 일이 아니다.

정신역동적 가족치료를 정의하면, 가족을 대상으로 정신역동적 치료를 하는 것이며, 체계적 가족치료에 정신역동적 통찰과 개입을 선택적으로 도입하는 것이라고 할 수 있다. 이와 같은 접근방법의 주된 목적은 치료자, 가족구성원 또는 다른 사람 간에 생기는 반응방법에 대한 통찰을 얻도록 치료사가 원조하는 데 있다.

근본적으로 정신분석에 기반을 둔 치료적 개입은 무의식적 충동과 방어를 찾아내고 해석하는 것에 초점을 맞춘다. 이를 가족을 비롯하여 대인관계에 적용한다면, 정신역동적(Psychodynamic) 접근은 개인들이 원활한 상호작용을 해나가는 데 방해를 하는 기본적인 결핍과 두려움이 무엇인가를 밝혀내는 데 관심을 두게 된다. 이러한 접근방식은 가족이 대표적이지만, 모든 사람은 서로 연관되어 살아가면서 상호작용을 하는 것이 불가피한데, 그러한 상호작용은 너무도 복잡한 개인들의 정신조직과 연루되어 있으므로 이러한 개인들의 특성을 무시해서는 상호작용의 본질도 파악하기 어려워진다고 보는 입장을 취하게 된다(최연실 외, 2020: 94).

정신분석적 관점에 기초한 정신역동적 모델은 개인들의 힘이 어떻게 개인들 간에 상호작용하는지에 관심을 갖는다. 정신분석적 관점에 기반을 둔 치료는 단일 개인환자의 성격에 초점을 맞추었지만, 정신역동 가족치료 모델은 성격상에서 가족맥락의 역할에 관심을 둔다. 가족치료 초기에는 기계적인 인공두뇌적 견해가 지배적이었으나, 가족기능을 통합적으로 이해하는 데 개인의 경험과 견해를 포함시키려는 새로운 노력들이 출현하면서 이에 부응하는 정신역동적 모델도 점차 주목을 받게 되었다.

이러한 새로운 노력들은 대상관계이론의 영향을 받았으며, 보다 관계 중심적인 지향을 하고 있었으므로, 가족구성원의 내적인 삶과 갈등이 어떻게 맞물려 돌아가고, 그것이 가족구성원의 장애에 어떻게 영향을 미치는지에 관심을 기울였다. 대상관계이론은 1950년대에 영국에서 시작된 정신역동 중심의 치료로서, 애착과 관계에 대한 사람들의 근본적 욕구를 강조한다. 대상관계 가족치료에서는 치료과정에서 개인 내적 힘과 개인 간 힘의 상호작용이 탐색되고, 특히 생애 초기의 왜곡된 관계경험이 개인에게 내면화되어 현재의 선택과 경험에 어떻게 영향을 미치는지를 검토하는 데 노력을 기울인다. 따라서, 대상관계 가족치료에서는 각 가족구성원과 보다 복잡한 가족 상호작용 및 가족역동에서 나타나는 동기, 환상, 무의식적 갈등과 억압된 기억 등을 다루게 된다(Goldenberg et al., 2016).

2) 핵심어

(1) 대상관계

대상(objects)은 유아를 양육하는 사람으로, 유아의 삶과 발달에 결정적 영향을 미치는 존재를 의미한다. 대상관계란 생애 초기 주요 타자와의 관계에서 경험한 것이 어떤 정신적 표상(mental representation)과 상호작용의 틀로 내면화된 것을 의미한다. 대상관계는 자기표상(self-representation)과 대상표상(object-representation) 그리고 이 둘을 연결 짓는 정서상태로 구성된다. 표상은 자신과 대상에 대해 갖는 정신적 상(image)을 의미하며, 초기 양육자와의 경험을 통해 대상과 자신에 대한 지각, 느낌, 감각, 기억, 기대, 의미가 내면화되어 존재하게 된다. 대상과 자신에 대한 지각, 느낌, 감각, 기억, 기대, 의미가 내면화되어 존재하게 된다.

(2) 분열

유아는 초기 양육자와의 경험에서 만족과 불만족으로 원시적인 분리를 시작하여 배가 부르면 좋고, 배가 고프면 나쁘고, 안아 주면 좋고, 접촉이 거부

되면 나쁘다고 느낀다. 그리고 초기 양육자의 전체 대상이 아닌 부분 대상을 좋고 나쁜 것으로 이분화하게 되는데, 이를 분열(splitting)이라고 한다.

유아는 초기 어머니와의 관계에서 좋은 어머니, 나쁜 어머니로 분열기제가 작동한다. 그 후 좋은 어머니 이미지와 나쁜 어머니 이미지를 발달시키고, 그 이후에는 자기에 대한 표상이 '좋은 나', '나쁜 나'로 분열된다. 성인이 되면 사회적으로 분화된 자기표상에서 정체성의 분열이 나타나게 된다. 즉, 유능한, 성공적인, 가치 있는, 강한 속성을 지닌 좋은 자기표상과 무능한, 실패적인, 가치 없는, 약한 속성을 지닌 나쁜 자기표상으로 모든 대상관계에 나뉘어 나타난다. 개인의 심리적 건강은 이러한 분열이 통합되어 온전한 대상으로 지각되고 경험되는 것이다.

(3) 환상

가족치료 시 가족구성원의 환상(fantasy)이 무엇이며, 그 환상이 현재 어떻게 작용하고 있는지를 알아보는 것은 가족 내면의 역동을 탐색하는 데 도움이 된다. 유아는 태어날 때부터 환상을 가지고 있고, 이 환상을 통해 자기의 세계를 탐험하고 나아가 어머니와 소통하게 된다(Klein, 2016). 따라서, 환상은 유아의 발달에 중요한 역할을 하며 유아가 환경에 적응하도록 돕는다. 환상은 좋음과 나쁨의 느낌을 내면에서 서로 분리하지만, 서로 다른 두 개의 감정을 내면에 동시에 존재할 수 없게 만든다. 성장하면서 어머니가 자기의 욕구를 모두 충족시킬 수 없음을 알게 되면 위기를 맞는다. 이때 어머니의 자상한 보살핌이 모자라면, 유아는 자기의 환상을 유지하기 위하여 분열과 투사적 동일시 등의 방어기제를 사용하게 된다.

(4) 내사

내사(introjection)는 내면화의 가장 초기 형태이다. 대상에 대한 이미지와 대상과 상호작용하는 자아, 그리고 그와 관련된 감정의 기억들을 구조화하여 주위환경과 상호작용하는 패턴을 재생산하고 고정화시킨다. 내면화된 대상들은 그들이 좋은 대상이든 나쁜 대상이든 간에 자신과 대상에 대한 이미지를 갖는다. 따라서, 만약 어머니가 큰소리를 친다면 나쁜 엄마와 무가치한 자아에 대한 상이 저장된다. 내사는 자아-타인의 상호작용 부분이 모두 받아들여진 것과 같은 정제되지 않은 원형의 형태이다.

(5) 역할상보성

가족 내에서 기능이 파괴되는 것은 역할상보성의 붕괴로 보았다. 가족통합의 상징은 애정, 관심 그리고 신뢰이다. 이것은 역할상보성(role complementarity)을 통해서만 이루어질 수 있으며, 치료를 통하여 병리증상을 제거하고, 새로운 삶의 방식을 창조하여 성격이 환경에 적응하도록 하는 것이다. 그리고 변화는 가족 내의 균형을 변화시킴으로써 일어난다고 보았다. 이때 치료자는 가족활동의 촉진자, 도전자, 지지자, 해석자, 재통합자와 같은 다양한 역할을 수행한다.

(6) 관계윤리

관계윤리(relational ethics)는 가족구성원 간에 그리고 세대 간에 상호교류와 주고받음의 균형을 추구하는 것을 말한다. 좋은 가족관계는 가족구성원 상호 간의 윤리적 행위와 서로 간의 복리와 관심을 포함한다. 가족이나 공동체를 지탱해 주는 기본적인 힘은 바로 관계적 윤리라고 할 수 있다. 가족 내 구성원들 간에 공평성을 느끼고 장기적인 관계를 유지할 수 있으려면 바로 이러한 친밀한 관계에서도 윤리적 책임이 수립되어 있어야 한다.

(7) 보이지 않는 충성심

보이지 않는 충성심(invisible loyalty)은 가족구성원 중 한 명이 자신을 개인적으로 희생해 가면서까지 전체 가족의 유지와 안녕을 위하려는 것이다. 가족 내에서의 불공평한 요구나 과장된 의무감 등이 자녀에게 무의식적으로 부모에게 끝없이 갚아야 하는 빚처럼 느끼게 만들 수 있다. 그 결과, 자녀는 자신도 의식하지 못하는 채 가족을 위해 투신할 수 있는데, 이를 통해 병리적 증상이 발달할 수 있다. 부모를 재결합시키기 위하여 자녀가 병에 걸리는 경우 등이 그 예이다.

(8) 가족구성원장

가족구성원장(family ledger)은 가족관계에 대한 개인의 심리정서적 손익을 회계장부처럼 기록함을 비유하는 것이다. 여러 세대에 걸쳐 이것이 기록될 수 있는데, 건설적 관계는 가족구성원 간에 의무와 권리의 균형이 있는 반면, 부정적이고 건강하지 못한 관계는 근원적 채무와 만성적인 적자, 장기간의 부채상환이 특징적으로 나타나고 가족의 이익을 위해 개인의 이익을 희생시킨다.

(9) 가족신화

가족신화(family myth)는 이전 세대에서부터 가족에게 전해 내려오는 기대이며, 가족구성원들이 공유하는 비합리적인 신념이다. 가족은 가족신화를 통해 그들 정신역동 가족치료에게 부정적이거나 고통스러운 사실을 외면하도록 만든다. 하지만 이를 통해 가족구성원을 보호할 수 있고, 난처한 현실을 직시하는 것으로부터 눈길을 돌릴 수 있다. 전형적인 가족신화는 가족의 조화에 대한 신념이다. 충돌을 회피하려는 가족이 자신들의 가족은 아무 문제 없이 조화롭게 잘 살아가고 있다고 믿는 경우가 그 예이다.

(10) 투사

투사(projection)는 자신이 스스로 받아들일 수 없는 충동이나 태도 등을 무의식적으로 타인이나 환경의 탓으로 돌리는 행동기제이다. 이는 자신의 결점을 다른 사람이나 사물에 전가시켜 비난함으로써, 자신의 결함이나 약점 때문에 갖게 되는 위험이나 불안으로부터 자아를 보호하고자 하는 것이다. 투사는 종종 정상인에게도 찾아볼 수 있는 것으로, 사실성에 근거하여 과도하게 사용하지 않는다면 그 자신에 대한 신화와 자존심을 유지할 수 있게 하지만, 사실성에 근거하지 않고 과도하게 사용한다면 망상이 될 수도 있다.

(11) 동일시

동일시(identification)는 내면화의 가장 높은 수준으로 역할의 내면화를 의미한다. 가장 초기의 내사단계에서는 대상과 자아상이 분명히 분화되지 않으나, 동일시 단계에서는 완전히 분화된다. 동일시의 결과는 아이가 부모들이 하는 것과 같은 방식으로 어떤 행동과 역할을 취하게 되는 것이다.

에릭슨(Erik Homburger Erikson, 1902~1994)의 자아정체감은 동일시와 내사가 통합된 것으로, 내면화의 가장 정교화된 단계를 나타낸다. 자아정체감은 내적 구조의 통합을 의미하며, 이것은 자아 일관성과 연속감을 제공한다. 자아정체감은 통합된 자아개념과 대상표현에 대한 통합된 세계를 포함한다.

에릭 에릭슨

(12) 투사적 동일시

1932년에 처음 출판되어 아동분석에 혁명을 일으킨 클라인(Melanie C. Klein)의 저서 『아동정신분석(*The Psycho−Analysis of Children*)』에서, 클라인은 "투사적 동일시(projective identification)는 상호작용에 의한 과정이다."라고 주장한다. 그녀에 따르면, 부모는 아이에게 자신의 불안을 일으키는 측면을 투사하고, 그 아이는 부모의 공포를 충족시키는 방식으로 공모하고 행동한다. 그렇게 함으로써 그들은 비난을 받거나 또는 비행행동에서와 같이 공격적 충동에 만족을 느끼며 희생양이 되어간다. 반면, 부모들은 자녀를 벌하는 등 그들의 아동을 통해

『아동정신분석』
(2016, 중국판)

투사적 충동의 대리만족을 경험하며, 어떤 충동에 관련된 공포를 회피할 수 있다. 이런 방법은 정신내적 갈등과 구조적 갈등을 외형화시킨다. 부모 자신의 자아에 대한 권위적 행동, 즉 처벌이 초자아의 행동인 것처럼 표출한다.

부모가 자녀에 대하여 과잉반응하는 것은 부모 자신들의 충동을 두려워하기 때문이다.

3) 평가

『가족치료』
(2012)

니콜라스와 데이비스(Michael N. A. Nichols & Sean D. Davis)의 저서 『가족치료: 개념과 방법(*Family Therapy: Concepts and Methods*, 2012)』에 따르면, 가족치료사들 중에서 너무나도 많은 이들이 일반적으로는 심리학에, 그리고 구체적으로는 정신분석이론을 등한시하고 있다. 한 치료사가 여러 가지 치료기법들을 사용하는 것과는 상관없이 정신분석적인 치료사들의 저술들은 풍성한 자료가 된다. 이 이론의 장점으로는, 정신역동적 가족치료는 과거 성장기에 부모와의 문제나, 부모의 결혼생활 문제, 기타 문제로 상처를 받았거나 보이지 않는 충성심에 얽매여서 벗어나지 못하는 가족들에게 효과가 있고 필요하다고 밝혀졌다.

정신역동적 가족치료의 한계는 대상관계의 핵심이 모자관계에만 초점을 두고 있고, 아버지의 양육역할을 경시하고 있는 점이다. 따라서, 여성의 사회참여가 증대하고 아버지의 양육역할이 강조되고 있는 현대사회에서 모성이데올로기를 강조하는 오류를 보인다는 것이다. 치료의 효과는 주로 치료자의 주관적인 관찰과 임상적 판단에 달려있어서 그 타당도에 대해 증명하기가 쉽지 않다. 그리고 비지시적이고 장기적인 개입을 하는 특성상 단기개입을 통한 문제해결과 치료자의 적극적 역할을 기대하는 가족에게는 부담이 있을 수 있다 (최규련, 2020: 97-98).

결론적으로 정신분석적 가족치료를 도입하기 위해서는 이 이론에 대한 충분한 이해와 접근법에 대한 훈련이 필요하다.

3. 다세대 가족치료

1) 개념

다세대 가족치료는 3세대 또는 그 이상 세대 가족의 역동관계와 정신역동적 이론을 배경으로 치료에 개입하는 방법이다. 이 치료기법은 주로 보웬(Murray Bowen, 1913~1990)과 그의 동료들인 보스조르메니-내지(Ivan Krasner Boszormenyi-Nagy), 프라모(James L. Framo), 휘태커(Carl A. Whitaker)의 연구작업으로 이루어졌다. 보웬은 자연체계이론, 보스조르메니-내지는 맥락치료, 프라모는 가족구성원 치료, 휘터커는 상징체험적 가족치료라는

머레이 보웬

명칭으로 각자의 이론과 기법이 불리고 있지만, 그들의 접근법에 공통되는 것은 가족체계이론을 기반으로 하면서, 정신역동이론, 특히 자아심리학을 도입하여 가족을 이해하고 가족에 접근하려고 하는 데 있다. 즉, 인간문제의 발생과 해결은 다세대에 걸쳐 해결한다고 생각하고, 가족의 원조는 개인의 발달과 부모-자녀 관계와 같은 역사적 세대적 관점에서 행해지는 것이 필요하다고 생각한다. 다세대파의 접근방법은 개인의 정체성이나 가족의 응집성, 개인의 성장과의 관계성장의 유기체적 관계 등을 중시하므로, 1990년도에 들어 미국 가족의 물리적·정신적 이상 상태가 출현하는 데 이르러 다시 주목을 받기 시작했다.

보웬 가족치료(Bowenian Family Therapy)는 정신분석적 원리 및 실제에 직접적인 영향을 받은 치료적 임상모델이다. 정신역동적으로 정립된 접근방법과 체계적 접근방법의 가교적 역할을 했다는 점에서 보웬이 가족치료에 남긴 업적은 높이 평가받고 있다. 또한 그는 모든 이론에 관심을 가지면서 치료를 위한 보다 포괄적인 이론의 기초를 구축하려고 노력하였다. 이론 정립과 함께 치료기법 개발의 중요성을 인식한 그는 "치료는 인간행동의 정신의학적 직관이나 임상적 판단 위주에서 벗어난 보다 객관적이고 예측이 가능한 것이어야

한다."라고 주장하였다. 따라서, 보웬 가족치료는 여러 다른 가족치료적 접근보다 인간행동과 인간의 문제에 대하여 가장 포괄적인 견해를 가지고 있다.

그러나 보웬 가족치료는 체계이론을 지향하는 대다수 가족치료자와 분명한 차이가 있었다. 그것은 의미 있는 변화는 반드시 전체 가족에게서 나타나는 것은 아니라고 생각한 점이다. 보웬은 나머지 가족구성원에게 영향을 미칠 수 있는 한 사람의 변화에 의해서 전체의 변화가 시작될 수도 있다고 생각하였다. 그러나 그는 가족이 체계라는 견해에는 동의하여, 가족을 정서와 인간관계체계의 결합체라고 보았다. 한 예로, 보웬의 분화되지 않은 자아집합체의 개념은 후에 핵가족의 정서체계라는 용어로 바꾸어 사용되고 있다.

그는 대부분의 경우, 가족문제는 가족구성원이 자신의 가족구성원에서 심리적으로 분리하지 못하는 데 기인한다고 보았다. 부모의 어느 한쪽이나 양쪽 모두가 자신의 가족구성원의 부모문제에 강하게 휘말려 있으면 그로 인하여 부부관계가 악화되는 경우가 많다. 다시 말해서 이러한 부모는 가족구성원의 자아집합체 또는 정서체계의 일부인 셈이다. 따라서, 치료목표는 가족구성원을 이러한 자아집합체로부터 분리, 독립하여 자율적으로 기능할 수 있도록 돕는 것이다(김유숙, 2010: 114-115).

보웬 가족치료이론은 초기의 가족상담사들이 흔히 개인의 증상은 가족 내의 상호작용의 변화에 의하여 가능하다고 보았던 관점에서 더 나아가, 어떤 것이 과거와 현재의 역기능적인 패턴을 만들어 내고 유지시키는가에 대한 해답을 찾으려고 시도했다. 그러기 위해서 개인의 핵가족뿐만 아니라, 원가족과의 관계망을 강조하지 않을 수 없었다. 대부분의 사람이 부모 곁을 떠나 독립적으로 살기는 하지만, 부모와의 미해결된 정서적·감정적 반응을 자신들의 핵가족 안에서 또다시 반복하는 패턴을 보이기 때문이다.

보웬은 자신의 정신분석을 바탕으로 하는 정신역동적 관점과 체계론적인 관점을 잘 연결시킨 상담사로, 가족상담사들보다 더 광범위하게 인간의 행동과 문제를 다루었지만, 실제 치료단위는 작다. 대부분 보웬의 내담자는 개인이나 부부였다. 그러나 그의 관심은 항상 개인의 뒷배경인 세대를 다루는 데에 초점을 두었다. 치료적인 접근에서 내담자들에게 세대 간의 상호관련성을 다시 한번 확인할 수 있었던 것과, 내담자의 부모와의 관계를 다시 회복시킨 것은 큰 영향력을 주었다(김혜숙, 2022: 183).

2) 핵심어

보웬의 저서 『임상실습에서의 가족치료(*Family Therapy in Clinical Practice*, 1993)』에 따르면, 그의 가족체계이론은 8개의 상호 관련된 개념들, 즉 자기분화, 삼각관계, 핵가족 정서체계, 가족투사과정, 다세대 전수과정, 정서적 단절, 출생순위, 사회적 감정과정 등으로 구성되어 있다. 처음 6개 개념은 1963년 이전에 형성된 것이며, 핵가족과 확대가족 내에서 일어나는 정서적인 과정을 설명한다. 그리고 정서적 단절과 사회적 감정과정에 관한 2개의 개념은 1975년에 첨가된 것이며, 가족과 사회에서 세대 간에 걸친 정서적 과정을 설

『임상실습에서의 가족치료』
(1993)

명한다. 이러한 8개의 개념은 각각 독립이 아닌 서로 맞물려 있는 개념이다.

(1) 자기분화

이 개념은 보웬이론의 중심 개념이다. 자아분화(differentiation of self)는 개인이 건강하게 성장하고 타인과의 관계 또한 건강하게 유지하기 위해 가족구성원으로부터 획득해야 할 주요 개념이다. 즉, 개인의 내부에서 일어나는 자아분화의 정도는 정서적 기능과 지적 기능 사이에 융합이나 분화의 정도를 반영하며, 한 개인의 자아분화 정도는 개인이 감정이나 사고의 기능 가운데 선택하는 정도와 관련이 있다고 보았다. 두 개의 기능이 분화되지 않고 매우 융합된 상태의 사람은 무의식적으로 정서적 반응에 좌우되기 쉽고, 낮은 수준의 스트레스에도 역기능적으로 반응하는 경향이 있다. 그들은 감정과 사고를 구별하는 것이 어려우므로 다른 사람들과의 분화에 어려움이 있고, 가족을 지배하는 감정에 쉽게 융합한다.

(2) 삼각관계

삼각관계(triangles)는 3인 체계의 역동적 균형을 말한다. 즉, 가족 내 불안과 긴장을 해소하는 정서적 역동방식이다. 일반적으로 가족치료자들은 세 사람의 인간관계가 이자관계의 인간관계보다 안정된 관계라고 보고 있다. 이자(dyad)관계는 극도로 불안해지거나 지나치게 친밀해질 위험성을 내포하고 있기 때문이다. 사람은 이러한 불안을 피하려고 다른 사물이나 인물을 끌어들이는 경우가 많다. 삼각관계는 어떤 두 사람이 자신들의 정서적 문제에 또 다른 한 사람을 끌어들이는 형태를 기법하는 개념이다. 삼각관계가 일어나는 주요 요인은 자아분화 수준과 경험하는 긴장 정도이다. 즉, 자아분화 수준이 낮고 긴장이 심할수록 그런 현상은 현저하다.

삼각관계의 정서영역에서 불안수준이 낮으면, 두 사람(내부자)은 아무 불편 없이 친밀해지고 제3자는 다소 불편함을 느끼는 방관자가 된다. 이것은 정적인 체계가 아니다. 심지어 안정기에서조차도 끊임없는 변화를 보인다. 두 명의 내부자는 최소한 한 사람이 불편함을 느껴서 방관자와 연합하지 못하도록, 그들의 안락한 연합을 유지하려고 계속 조정한다. 방관자는 그저 가만히 있는 것이 아니라, 내부자의 한 명과 연합을 형성하기 위해 끊임없이 시도한다. 모든 참여자들이 자신의 목적을 달성하기 위해 예측할 수 있게 움직인다.

(3) 핵가족의 정서체계

핵가족 정서체계(nuclear family emotional system)는 가족이 정서적으로 연결되어 있는 정도를 나타낸다. 이 개념은 한 세대의 가족 내에서 보이는 정서적 기능을 설명한 것이다. 보웬은 가족 내 정서적 융해를 설명하기 위하며 초기에는 분화되지 않은 가족자아집합체라는 용어를 사용하였다. 가족구성원과 분화가 이루어지지 못한 부모는 자신의 부모와 정서적 단절이 생기면, 현재의 가족생활에서 융해를 이루어 안정을 찾으려 한다. 즉, 자아분화가 낮은 사람의 결합일수록 두 사람의 자아가 융해되어 공동자아를 형성한다. 문제는 새롭게 형성된 이와 같은 융해는 불안정하며, 때로는 융해가 반대로 부부간의 정서적 거리감을 증가시켜서 자녀에게 문제를 투사하는 등의 여러 가지 부적응을 초래할 위험성이 있다는 것이다.

핵가족의 정서체계가 강한 경우, 크게 다음과 같은 네 가지 형태로 나타날 수 있다.

첫째, 정서적으로 유리된 상태로, 부부 사이는 감정적으로 멀어지고 감정반사 행동을 많이 한다.

둘째, 부부 중 한 사람이 신체적 또는 감정적 역기능이나 부적응 상태에 처해 있다.

셋째, 부부간의 충돌이 잦고, 갈등이 심해 주변 사람 중 누구든지 쉽게 알 수 있다.

넷째, 부부간에 가지고 있는 문제를 한 자녀 또는 여러 자녀에게 투사한다.

(4) 가족투사과정

가족투사과정(family projection process)은 미성숙한 부모가 자신의 미분화와 불안을 다루고 부부체계를 안정시키기 위해 무의식적으로 가장 취약한 자녀에게 정서적 에너지를 집중하는 방어기제이다. 투사는 양육적 관심과 달리, 불안하고 집착하는 관심이다.

보웬에 따르면, 아버지, 어머니, 자녀의 삼각관계에서 가족투사과정이 작동한다. 그 예로, 아버지는 수동적이고 아내와 거리를 두는 것으로 불안에 대처하고, 어머니의 불안과 결혼불만에 자녀가 동정하고, 어머니는 자녀에게 과잉간섭과 집착하는 것으로 자신의 불안을 자녀에게 투사한다. 그 결과, 자녀의 기능은 더 위축되고 어머니는 더욱 자녀를 과잉 통제하여 자녀의 심리적 손상과 질병이 유발되고 자아분화 수준은 더욱 낮아지는 악순환이 계속된다.

가족의 융합이 강할수록 투사과정에 의존하게 되고, 자녀에게 미치는 해악도 커지게 된다. 이때 가족이 겪는 스트레스와 불안이 클수록 투사과정은 더욱 강화되며, 여러 명의 자녀가 투사대상이 되기도 한다.

보웬에 따르면, 가족투사과정은 어느 가정에나 일어날 수 있다. 그러나 분화수준이 낮은 가정일수록 투사 정도가 심하며, 투사대상이 되는 자녀 역시 자아분화에 문제가 생기는 등 다음 세대를 희생시키면서 부모의 미분화에서 오는 불안을 경감시키려는 가족패턴이 고정된다.

(5) 다세대 전수과정

다세대 전수과정(multigenerational transmission process)은 여러 세대를 통하여 가족의 정서적 과정이 전수되는 것을 의미한다. 보웬의 이 개념은 미분화된 가족이 갖는 문제를 특정 대상에게 투사하여 또다시 미분화를 낳게 되는 가족투사과정이 여러 세대에 걸쳐 내려갈수록 자아분화 수준은 낮아진다. 모든 세대에서 삼각관계와 가족투사과정에 포함된 자녀들은 여러 세대에 걸칠수록 그 부모보다 더욱 자아분화 수준이 낮아지는 결과, 3대 또는 그 이상의 세대에 가면 자녀 중에 정신분열증이나 조울증, 우울증 등의 정서장애, 알코올의 존중, 강박증 등의 문제가 발생하게 된다. 따라서, 정신분열증이나 역기능 문제는 개인의 질병이 아니라, 가족의 정서적 체계에서 누적되고 세대에 걸쳐 전수된 자아의 미분화, 즉 융합의 결과로 간주되고, 이를 촉진하는 것이 심각한 가족 내부와 외부에서의 스트레스인 것이다.

(6) 정서적 단절

정서적 단절(emotional cutoff)은 관계를 유지해야 할 사람들끼리 정서적으로 접촉을 끊고 지내는 것을 의미하며 주로 가족구성원에서 투사과정에 개입된 자녀에게 일어나는 현상이다. 즉, 부모와 융합된 자녀가 가족구성원과 접촉함으로써 생기는 불안과 긴장을 줄이기 위해 물리적·정서적 접촉을 회피하여 관계가 단절된 상태이다. 정서적 단절은 세대 간의 융합의 문제를 반영하는 것이며 세대 간에 정서적 융합이 클수록 단절 가능성이 더 크다.

융합이 심한 사람은 부모로부터 멀리 떠나거나, 거리를 두거나, 또는 같이 살면서도 접촉을 피하거나, 정서적으로 자신을 고립화시키고, 부모가 중요시하는 것을 부인하거나 거부하는 등의 행동을 보인다. 즉, 정서적 단절의 두 가지 표시는 가족의 중요성에 대한 부정과 독립성의 과정이다.

보웬에 따르면, 부모와의 정서적 단절이 심한 자녀일수록 부모의 가족문제를 과장하며 자신의 긴장과 문제가 부모 탓이라고 한다. 이런 자녀가 이성을 사귀고 결혼생활을 하는 경우, 고립과 소외에 대한 불안으로 상대방에 대한 정서적 애착과 의존 정도가 심하다. 특히, 자신의 부모로부터 벗어나기 위해 결혼한 사람은 다시 또 자신의 핵가족에서 융합하므로, 결혼생활에 긴장과 문제가 생길 때 역시 정서적 단절현상을 반복적으로 나타낸다. 그 결과, 멀리 달아나거나 거부나 격리, 고립화를 보인다. 그들이 가족구성원에서 차지하던 위치에 정서적으로 붙잡혀 있는 한 그들의 개인적 성장은 정지되는 것이다.

(7) 출생순위

보웬은 각기 다른 환경의 가정에서 태어난 사람도 출생순위(birth order)가 같은 경우, 비슷한 성격을 가지고 있다는 토먼(Walter Toman)의 이론을 자신의 이론에 포함시켰다. 하지만 토먼이 생물학적 출생순위를 중시한 데 반해, 보웬은 기능적인 출생순위를 고려했다. 토먼(Toman, 2013)은 환경이 다른 각각의 가정에서 태어났음에도 불구하고, 동일한 출생순위의 사람들은 비슷한 성격을 가지고 있다는 사실을 발견하였다. 이러한 사실은 한 개인이 가족체계 내에서 어떤 기능적 위치에 있는가를 추론할 수 있게 하였다. 왜냐하면 가

『가족배열』
(Toman, 2013)

족체계 내의 정서적 세력이 각 출생순위에 따라 특정한 방식으로 기능하기 때문이다. 예를 들어, 기대를 걸었던 장남이 사고로 사망하면 부부의 삼각관계에 그 다음 순위의 자녀가 휘말릴 가능성이 크다는 것이다.

출생순위의 개념은 특정 자녀가 어떻게 가족 투사과정의 대상으로 선택되느냐를 이해하는 데 새로운 견해를 제공하였다. 더불어 개인이 결혼생활에 어떻게 적응할 것인가를 예측할 수 있게 하였다.

(8) 사회적 감정과정

사회에서 이루어지는 관계가 가족구성원들의 감정과정에 영향을 미치는 것을 사회적 감정과정(societal emotional process)이라고 한다. 사회에서의 관계는 두 가지 방향에서 가족구성원들의 감정과정에 영향을 미치게 된다. 하나의 방향으로는 사회에서 오랫동안 제대로 적응하게 되면 가족구성원의 분화수준은 올라가게 된다. 즉, 사회에서 오랫동안 독립된 생각에 의해 성공적으로 적응하는 훈련을 하게 되면 분화의 수준이 올라간다. 사회에서 다른 사람들과 감정적으로 친밀한 관계를 형성하면서 자신의 독립된 생각에 의한 행동을 많이 하게 되면 가족 내에서 분화수준이 향상된다. 사회에서 지속적으로 스트레스를 받고 자신의 독립된 생각에 의한 활동을 못하게 되면, 가족 내에서 분화수준이 낮아지게 된다. 즉, 가족 안에서 감정반사행동이 많아지게 되고 자신의 정체성을 점차로 잃어버리게 된다.

3) 평가

보웬의 가족치료모델은 증상에 초점을 두기보다 개인 또는 핵가족 증상의 맥락, 즉 여러 세대에 걸친 가족정서과정을 고찰한다는 면에서 창의적이며, 개인을 비난하지 않는 체계적 관점을 가진 접근이다. 지적체계와 정서체계의 균형을 강조하며 대물림되는 가족의 정서에 초점을 둔 이 모델은, 임상가에게 독특한 통찰력을 제공해 주었다. 최소 3세대 이상의 가족을 다룬다는 점에서 탐색범위가 넓으나, 실제 치료단위는 개인이나 부부에 한정되어 있다.

이 치료이론은 우리나라에서 흔히 발견되는 문제인 부부 한쪽 또는 양쪽이 확대가족과 친밀한 관계를 맺거나 정서적 단절상태에 있음으로써 발생하는 부부갈등, 고부갈등, 자녀문제 등에 유용하게 적용되고 있다. 그리고 다세대 전수관점으로 접근하여야 하는 가정폭력문제, 알코올문제, 우울증 등의 정서장애를 비롯한 정신장애 문제에 유용한 것으로 평가받고 있다. 따라서, 보웬의 이론에서 사용되는 대부분 개념이 우리나라의 가족관계문제를 설명하는 데 유용한 것으로 보고된다. 그러나 핵심 개념이자 치료목표가 되는 자아분화와 심리적 적응과의 관계에 대해서는 어느 문화에도 적용된다는 견해와 우리나라 문화에 적용하는 데 무리가 있다는 견해로 양분되어 있다(최규련, 2020: 122).

보웬모델은 임상적 유용성에도 불구하고, 다음과 같은 비판이 있다(정문자외, 2019: 174).

첫째, 자기이해를 통한 분화를 강조하는 인지적 접근이라는 점에서 어린이나 인지능력이 부족한 사람을 대상으로 적용하기 어렵다는 한계가 있다.

둘째, 보웬이론과 주요 개념이 성과 문화적으로 중립적이지 않다는 점에서 페미니스트 치료자로부터 가부장적 모델이라는 비판을 받아 왔다. 예를 들어, 자기분화 개념이 독립성과 개별성을 지나치게 강조하여 여성보다 남성이, 동양문화권보다 서양문화권의 사람들이 더 높은 수준의 자기분화 수준을 주장할 수 있는 오류가 있다. 그럼에도 불구하고, 보웬모델의 한계점은 다양한 학문적, 문화적 배경을 가진 제자와 여성 가족치료자에 의해 끊임없이 보완되고 있으며, 임상적 유용성 또한 확장되고 있다.

4. 구조적 가족치료

1) 개념

구조적 가족치료는 1970년대 가장 영향력 있는 치료모델로 대두되었다. 그 이유는 구조적 가족치료 접근이 지닌 효용성 때문만이 아니라, 이 모델의 창시자라고 할 수 있는 미누친이 가족치료사로서 보여 준 탁월함 때문이기도 하다. 미누친은 본래 이론가라기보다는 임상가로서 극적이면서 뛰어난 교육을 실시함으로써 자신의 명성을 쌓았다. 동시에, 그는 가족이 본래 조직을 가지고 있다고 보고, 가족 진단과 치료를 위한 분명한 지침을 제공하였다.

구조적 가족치료는 미누친(Salvador Minuchin, 1921~2017)에 의해 개발되었고, 필라델피아 아동지도치료소(Philadelphia Child Guidance Clinics)를 중심으로 발전하였다. 그는 아르헨티나 출신의 내과 의사로 이스라엘 군대에서 일하였고,

살바도르 미누친

그 후 뉴욕시의 애커먼에게서 소아정신분석 훈련을 받았으며, 이스라엘로 돌아가 아동을 돌보면서 가족의 중요성을 깨닫게 되었다.

미누친은 가족의 생활역사를 실제생활에 있어서 계속적으로 경험하는 것이라고 보았다(Minuchin, 2012). 벡바르 부부(Raphael J. Becvar & Dorothy Stroh Becvar)는 그들의 저서 『가족치료: 구조적 통합(Family Therapy: A Systemic Integration, 2012)』에서, 그들은 구조적 가족치료를 안정과 변화 사이, 개방성과 폐쇄성 사이의 예민한 균형을 설명할 수 있다고 보았다(Becvar & Becvar, 2012). 이 모델은 가족의 안정 측면에 관심을 두며, 기능적 가족은 구조의 안정측면에서 적절한 변화와 조화를 이루어야만 한다고 지적하였다. 대부분의 체계이론가들과 같이 구조주의자들이 관심을 둔 것은, 상호작용하는 체계는 어떻게 구성이 되어있는가, 균형 또는 항상성은 어떻게 이루어졌는가, 가족의 환류기제가 어떻게 작용하는가, 역기능적 의사소통 유형이 어떻게 발전하였는가 등과 같은 것이다(Goldenberg et al., 2016).

구조적 가족치료모델은 기능적이고 역기능적인 가족구조의 상대성을 가족체계, 위계질서, 규칙, 역할, 협상과 조정으로 명확하게 규정하여 가족의 구조와 맥락 안에서 변화를 시도함으로써 가족치료의 특성을 잘 드러내고 있다. 구조적 가족치료가 널리 알려진 이유 가운데 하나는, 당뇨나 거식증, 천식아동을 둔 가족뿐만 아니라, 비행청소년 가족, 알코올이나 약물중독 가족, 부부위기의 가정 등 다양한 문제가족들을 다룰 수 있다는 장점 때문이다. 구조적 가족치료의 또 다른 장점은, 상담사와 임상가에게 치료과정이 어떻게 진행되는지를 분명하게 제공한다는 것이다(김혜숙, 2022: 96).

2) 핵심어

(1) 가족구조

구조적 가족치료는 가족에서 상호작용하는 유형에 초점을 두고 있으며, 체계의 기본적인 구조와 조직을 핵심적인 개념으로 사용한다.

미누친은 1974년 그의 저서 『가족과 가족치료(*Families and Family Therapy*)』에서, 미누친은 가족구조를 가족구성원들이 상호작용하는 방법을 조직하는 것으로서 눈으로 볼 수 없는 기능적인 요소들이며, 가족은 상호교류 유형을 통하여 작용하는 체계로 보았다. 그에 따르면, 반복되는 상호교류는 어떻게, 언제, 누구와 관계를 맺는지에 관한 유형을 만들고, 이러한 유형들은 체계를 유지하며, 반복적인 상호작용은 상호교류 유형을 만든다(Minuchin, 2012).

『가족과 가족치료』
(2012)

벡바르 부부(Becvar & Becvar, 2012)는 가족구성원들의 행동이 지속적이고 반복적이고 예측이 가능할 때, 가족의 구조는 정상적이라고 규정하였다. 가족의 상호작용유형을 관찰하는 목적은 가족이 어떻게 조직되고, 가족이 체계를 유지하기 위해 어떻게 구조화되어 있는지에 관한 정보를 얻기 위한 것이다.

『가족치료』
(Becvar & Becvar, 2012)

가족구조는 가족구성원들이 다른 가족구성원들과 관계하는 방법을 조직하는 기능적인 차원을 말한다. 그리고 가족은 가족구성원들의 행동을 통제하는 반복적인 상호교류 유형을 통하여 작용하며, 가족구조는 가족구성원들이 어떻게, 언제, 누구와 상호작용을 하며, 가족구성원들 사이에 상호교류 유형을 어떻게 유지하는가 등과 관련된 모든 가족규칙을 나타낸다. 따라서, 유형과 구조에 대한 개념은 숨겨져 있는 규칙들을 나타내며, 가족구성원들은 이러한 규칙을 분명하게 모를 수도 있지만, 상호작용에 지속적으로 영향을 주며 상호작용 유형을 규정하기도 한다.

가족들은 가능한 한 좋아하는 유형이나 현재의 유형을 유지하려 한다. 다른 유형을 형성하려고 할 때, 이미 형성된 규칙에서 벗어나야 하고 평정성을 새롭게 형성해야 하므로 저항이 있을 수 있다. 그러나 가족은 변화하는 환경에 적응해야만 하고, 불가피한 변화에 직면하였을 때 새로운 유형을 동원할 수 있도록 유형은 범위가 넓고, 융통성이 있어야 한다. 가족은 새로운 환경에 적응할 방법으로 스스로 변화할 수 있어야 하고, 가족구성원들에게 계속해서 준거틀을 제공할 수 있어야 한다(Goldenberg et al., 2016).

(2) 가족의 하위체계

가족은 안으로 다양한 하위체계(subsystem)로 구성된 하나의 체계이면서 동시에, 가족을 둘러싼 친척, 직장, 친구, 학교, 경제, 교육, 지역사회 등의 외부체계의 하위체계로 작용한다. 가족 내에 하위체계로 우선 개인이 있다. 부부, 부모, 모자, 모녀, 부자, 부녀, 형제, 자매, 고부, 조손 등의 이인관계도 하위체계이다. 3명의 자녀가 있다면, 이들도 하나의 하위체계이고, 할머니, 어머니, 며느리, 딸로 구성된 4명의 여성이 있다면, 이들도 하나의 하위체계이다. 이와 같이 하위체계는 세대, 성별, 기능, 성향과 흥미 등에 따라 형성될 수 있다.

가족구성원 개인은 여러 하위체계에 동시에 속할 수 있으며, 각기 다른 역할과 기능을 갖고 일정한 위계질서 속에 행동한다. 예를 들어, 아내는 남편과 부부하위체계를 이루고, 동시에 딸과는 모녀 하위체계, 아들과는 모자 하위체계를 이루며, 또 시어머니와 고부 하위체계를 이루는 등 상보적 관계를 맺는다.

가족은 유기체와 같아서 각각의 하위체계 구성원이 고유한 역할을 적절히 수행하는 경우에는 건강하게 유지되지만, 만약 그렇지 않을 경우는 역기능 가족이 되어 증상이 발생하게 된다. 특히, 부부, 부모, 부모자녀, 형제자매 하위체계의 기능이 잘 수행되는 것이 가족체계의 건강에 중요하다(Minuchin, 2012).

(3) 경계선

경계선(boundaries)은 가족체계가 정상적으로 기능하기 위해서는 각 하위체계들이 그 기능을 잘 할 수 있어야 하는데, 이 체계들 간의 차이를 보호해 주는 울타리를 말한다. 경계선은 눈에 보이지 않는 담장과 같은 것으로서, 가족구성원 간의 접촉의 양과 종류를 결정한다. 가족체계가 적절한 기능을 하기 위해서는 각 하위체계 간의 경계가 명확해야 된다. 즉, 경계가 잘 규정되어 있어서 하위체계 구성원들이 지나치게 방해를 받지 않으면서 자신의 기능을 잘 수행할 수 있도록 해야 한다.

경계선은 명확한 경계선, 경직된 경계선, 모호한 경계선 등으로 나뉜다. 경계가 경직된 가족은 외부체계와의 접촉을 거의 허용하지 않아 분리되거나 유리가 될 수 있다. 이러한 가정은 심각한 스트레스 상황에 놓여야만 상호 지지가 가능하다. 경계가 모호한 가족은 상호 구속을 하게 되어 가족관계가 지나치게 밀착되고 상호의존적이라서 독립성과 자주성이 저해된다.

가족치료 경계선에 사용되는 기호는 [그림 13-1]과 같다.

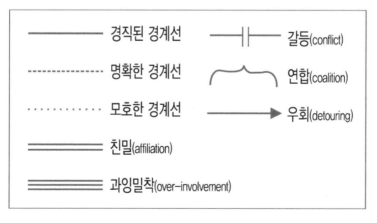

[그림 13-1] 가족치료 경계선에 사용하는 기호

자료: Minuchin(2012).

3) 평가

『가족치료의 필수요소』
(Nichols & Davis,
2020)

미누친은 그의 임상적 기법의 예술성으로 가장 잘 알려져 있고, 여전히 그의 구조적 가족이론은 이 분야에서 가장 널리 사용되는 개념적인 모델 중의 하나가 되었다. 그의 이론이 인기 있는 이유는 그것이 단순하고, 포괄적이고, 실용적이기 때문이다. 기본적 구조적 개념들, 즉 경계, 하위체계, 조정 등은 쉽게 이해되고 적용된다. 그들은 개인, 가족 그리고 사회적 상황을 고려한다. 그래서 구조적 모델은 가족을 이해하고 치료하는 데 명확하게 조직된 틀을 제공한다(Nichols & Davis, 2020).

미누친은 빈민가에 있는 비조직화된 가족들과 일하면서 그들의 가족구조 안에 들어가기 위해 합류기법을 발전시켰고, 그들을 변화시키기 위하여 구체적이고 강력한 재구조화의 기법을 발달시켰다. 이것은 가족의 상호작용에 초점을 두는 행동치료이지만, 상호작용을 기초로 기본적인 구조를 변화시키려고 하는 것이 궁극적인 목적이다.

구조적 가족치료는 한국 가족치료 분야에 이미 널리 소개된 상태이며, 우리나라 국민들의 성향이 지시적이고 분명하며, 역동적 치료법을 선호하는 성향이 있으므로, 이 치료법은 한국 가족에게 잘 수용될 수 있다. 그러나 한편으로 한국 가족은 하위체계 간의 경계가 서구의 가족처럼 명확하지 않은 문화를 갖고 있으므로 이러한 경계를 강조하는 접근이 가족에게 저항감을 불러일으킬 여지도 있다(강문희 외, 2018: 237).

5. 가족치료의 주요 기법

일반상담과 마찬가지로 가족치료 역시 바람직한 방향으로 상담을 이끌어 가고 긍정적인 결과를 얻기 위해 요구되는 동시에, 상담자가 갖추어야 할 기본적이면서도 필수적인 기법들이 있다. 물론 대부분 기법들이 개인상담 영역에서 개발되고 활용되는 것들이지만, 이를 가족치료에서 도입하여 설명하고자 한다. 상담기법은 다양하게 전개할 수 있다. 구체적인 내용은 다음과 같다.

1) 경청

경청(listening)은 면접에서 가장 중요한 기법이다. 경청이란 상담자가 내담자의 말에 선택적으로 주목하는 것을 말한다. 즉, 내담자가 무엇을 말하는지, 면접자의 질문에 어떻게 반응하는지를 듣는 것이다. 이때 경청은 내담자의 어려움에 공감하고 그에게 필요한 반응을 해가면서 적극적으로 잘 듣는 것이다. 경험이 부족한 상담자의 공통된 실수는 자신이 이야기를 많이 하고 내담자가 말할 기회를 적게 주는 것이다. 이러한 태도는 전문적 관계형성을 방해할 뿐 아니라, 내담자에게 상담의 신뢰감을 떨어뜨리게 한다(김보기 외, 2021a: 304).

상담이 원만하게 진행되려면 내담자가 상담이 위협적이지 않고 안전하다는 신뢰감을 가지고 자신의 문제를 솔직하게 표현할 수 있도록 분위기를 조성해 주는 것이 중요하다. 경청은 바로 그러한 분위기를 만드는 데 도움을 주는 기법의 하나이다.

경청은 내담자로 하여금 편안하게 그들의 감정이나 생각을 탐색해 보도록 하는 기본적인 기법이다. 이는 내담자가 전달하려는 언어적·비언어적인 메시지들을 상담자가 잘 포착해서 이해하는 것이라고 볼 수 있다. 경청을 잘하려면 주의집중이 요구되는데, 상담자가 주의집중하고 있다는 것을 내담자가 인식하게 되면, 상담자가 자신의 이야기를 듣기 원한다는 것을 알게 되고, 그로 인하여 자기 생각이나 느낌을 말로 표현하려고 노력하게 된다.

주의집중을 하는 방법으로 보통 눈 마주치기, 고개 끄덕이기, 미소 띤 얼굴

표정이나 중요한 내용을 메모하기 등의 비언어적인 행동으로 나타내기도 하고, 또는 "아, 예." 등의 격려와 인정을 표현하는 짧은 말을 사용하거나, 침묵을 통하여 내담자가 자신의 진술에 대하여 생각할 시간을 주는 것 등이 있다.

상담자는 다양한 방법으로 주의집중을 시도할 수 있지만, 결국 자신에게 가장 편안하다고 생각되는 방법을 사용하는 것이 바람직하다. 내담자가 말하는 것을 주의 깊게 듣는 것은, 내담자가 어떻게 생각하고 느끼는지를 알 수 있기 때문에 중요하다. 상담자는 내담자의 언어적 표현뿐 아니라, 비언어적인 행동, 즉 팔짱을 끼고 있는 자세, 시선의 위치 등에 대해서도 주목해야 한다. 내담자는 비언어적인 행동을 통해 상담에 대한 태도나 방어, 거부, 동의 등을 나타내기 때문이다.

효과적인 의사소통을 위한 중요한 관건은 상대적으로 더 비중을 두어야 할 내담자의 말과 행동을 선택하여 주목하는 것이다. 경청을 잘하는 방법은 다음과 같다(김보기 외, 2021a: 306).

첫째, 내담자가 말을 할 때 적절한 반응을 보여 준다. 예를 들어, 고개를 끄덕거린다든지, 단순한 "아", "예" 등과 같은 음성적 반응 등을 보여 준다.

둘째, 상담자가 궁금하거나 내용을 잘 이해하기 위하여 적절한 질문을 하면, 내담자는 자신의 말을 경청하고 있다는 느낌을 받게 된다.

셋째, 내담자가 한 말에 대하여 반복과 환언을 실시한다. 반복과 환언을 통해 내담자의 말을 충분히 경청하고 있음을 표현할 수 있다.

2) 비언어적인 행동

많은 경우 사람들은 말보다는 비언어적인 행동(nonverbal behavior)으로 자신을 표현하기도 한다. 상담실에 들어온 내담자가 상담자와 제대로 눈을 맞추지 못하거나, 안절부절못한다면, 그 내담자가 불안해하고 있다고 추측할 수 있다. 또는 내담자가 의자 뒤로 몸을 기대어 앉거나 팔짱을 끼는 자세를 취한다면, 방어적인 태도를 보이는 것으로 간주할 수 있으며, 반대로 상담자를 향해 몸을 앞으로 기울이고 활기차게 이야기한다면, 그 내담자는 편안한 상태에 있다고 볼 수 있다. 그러나 이렇게 쉽게 이해될 수 있는 비언어적인 행동보다는 보통 말로 표현하려는 것과 다른 의미의 행동들을 나타내는 경우가 많다. 예를 들어, 고통스러운 경험을 이야기하면서도 웃는 표정을 짓고 있다든지, 긍정적인 감정을 나타내면서도 주먹으로 책상을 치는 등의 모순되는 행동을 보이는 경우이다. 이러한 경우, 상담자가 비언어적인 행동을 관찰하고 그 의미를 이해한다고 해도 실제로 나타나는 그 행동에 대하여 직접 해석하지 않는 것이 중요하다. 오히려 나타난 행동을 그대로 묘사해 주는 것이 바람직하다. 즉, 슬픈 이야기인데도 웃고 있는 내담자에게 두 가지 메시지 중 어느 쪽을 내담자가 믿기를 원하는지를 물어보고, 비언어적인 행동의 의미에 대해서 내담자가 직접 표현하도록 하는 것이 바람직하다(강문희 외, 2018: 144).

내담자의 비언어적 행동에 대한 치료적 개입을 위한 지침은 다음과 같다(강진령, 2020: 75).

첫째, 내담자의 언어적 행동과 비언어적 행동이 일치하는지 확인하라.

둘째, 언어적 메시지와 비언어적 메시지의 불일치에 대해 주목 또는 반응하라.

셋째, 내담자가 침묵할 때, 비언어행동에 대해 주목 또는 반응하라.

넷째, 상담의 주제를 변경하려면 비언어행동에 초점을 맞추라.

다섯째, 특정 상담회기 또는 일련의 상담회기에서 내담자가 나타낸 비언어행동의 변화에 주목하라.

3) 재진술

재진술(paraphrase)은 내담자의 언어적인 내용을 따라가면서 나타내는 상담자 반응의 한 형태로, 내담자가 말한 내용의 핵심을 참신한 표현으로 바꾸어 전달하는 것이다. 재진술은 내담자의 말을 듣고 감정을 읽어 주거나, 판단하거나, 어떤 가능성을 확인하기 위한 첨가를 하지 않고, 단지 말한 내용에서 핵심적인 생각을 끄집어내어 들려주는 짧은 형태의 요약과 같은 것이다(이규미, 2018: 51).

재진술은 상담자가 내담자의 이야기 내용이나 의미를 반복하거나 바꾸어 말하는 것으로, 내담자의 진술보다는 구체적이고 분명하다. 즉, 내담자가 말하는 것을 그대로 옮겨 말하는 것이 아니라, 가장 중요한 것에 초점을 두고 내담자가 말한 것보다 짧고 간결하게 말하는 것이다. 재진술을 통해서 내담자는 자신의 문제를 더욱 깊게 탐색할 수 있으며, 특히 내담자의 이야기가 두서없고 애매할 때 문제의 핵심을 알 수 있게 한다.

4) 공감

공감(sympathy)은 다른 사람의 주관적인 경험을 같이 느끼고, 다른 사람의 눈을 통해 그들의 세계를 보고 이해하는 것을 말한다. 즉, 상담자가 마치 내담자의 처지에 있는 것처럼, 내담자의 관점에서 그를 이해하는 상담자의 능력이다. 내담자들은 비판이나 판단 없이 상담자가 자신들의 문제에 공감하고 있다고 느낄 때, 자신의 내면에 깊이 감추어진 갈등이나 문제를 드러낸다(강문희 외, 2018: 146).

정확한 공감적 이해를 위해서 상담자는 내담자와 함께하며, 그의 감정을 파악하고, 그것에 정확히 반응해 주어야 한다. 이것은 표면적으로 드러난 내담자의 감정에 반응하는 것이다. 또한 내담자의 마음속 깊은 곳에 자리하고 있는 감정을 파악하고자 하는 상담자의 이러한 공감적 이해로 인하여 내담자는 자기이해와 통찰력을 발달시킬 수 있다. 공감은 신뢰할 수 있는 상담관계를 만드는 데에 필요한 상담자는 공감을 방해하는 행동들인 거침없이 말하기, 전혀 반응하지 않기, 부적절한 질문하기, 비판적인 판단을 하며 방어적으로 반응하기 등을 삼가야 한다. 공감은 내담자를 지지하고 있다는 것을 표현하는 중요한 방법이기 때문에, 내담자는 자신의 문제에 대한 해답이나 조언을 받기보다는 오히려, 상담자가 자신의 문제를 같이 이해하고 있다는 것을 알게 될 때, 더 많은 위안을 얻을 수 있다.

5) 자기개방(자기노출)

(1) 내담자의 자기개방

자기개방(self-disclosure) 또는 자기노출은 있는 그대로의 자신을 내보이는 것이다. 평소에는 표현하지 않았던, 가족구성원도 몰랐던 자신만의 이야기를 하는 것이다. 자기개방은 자신과 가족, 상담자를 신뢰할 때 가능하다. 상담 초기단계에서는 가족구성원 사이에 신뢰감과 응집성이 형성되지 않으면 도달하기 어렵다.

인간은 자기개방을 통해 자유감을 느끼고, 타인의 진정한 도움을 받을 기회를 갖게 된다. 또한 자기개방을 통해서 신뢰를 보여 줌과 동시에, 자기개방을 한 사람에 대해 정확히 알게 되어 그에 상응하는 도움을 줄 수 있다는 장점이 있다(최연실 외, 2020: 345-346).

(2) 상담자의 자기개방

자기개방은 내담자의 관심이나 문제와 관련하여 상담자 자신의 인간으로서의 독특성을 내담자에게 나타내 보이는 것이라 할 수 있다. 여기에는 과거, 현재, 또는 미래와 관련된 정보노출, 또는 감정노출이 포함된다.

자기개방은 상담자가 상담기법으로 사용할 수도 있다. 상담은 기본적으로 내담자가 자신의 이야기를 하는 과정이지만, 필요에 따라서 상담자가 살아온 경험이나 개인적인 이야기를 할 수도 있다. 상담자가 자기개방을 할 때 주의해야 할 점은, 자기개방을 하는 의도가 건설적인 상담과정과 내담자의 변화를 유도하기 위한 것이어야 한다. 특히, 아동·청소년 내담자를 만나게 되면, 어린 내담자들은 상담자에 대해 궁금해하며, 개인적인 질문을 할 수도 있다. 이럴 때 관계형성을 위해서 상담자는 내담자의 개인적인 질문에 답해 주며, 자기개방을 할 수 있다. 상담자가 자기개방을 할 때는 그 수준을 적절히 해야 한다. 또한 상담자는 자기개방을 통해 내담자에게 유사성과 친근감을 전달할 수 있으며, 상담자와 내담자 사이에 더욱 깊은 이해를 발달시킬 수 있다. 그러나 상담자가 스스로의 사적인 생각, 경험 및 느낌을 솔직하게 드러내는 것이 쉬운 일이 아닐 수 있다. 따라서, 솔직한 자기개방을 위해서는 적절한 모험심과 용기가 필요하다.

6) 질문

대부분의 의사소통은 질문(question)을 하지 않고는 대화가 이루어지지 않는다. 질문은 면접의 중심이 되는 기법이다. 면접자는 몇 마디의 질문으로 내담자에게 많은 이야기를 하도록 해야 한다. 특히, 내담자의 보조에 맞춰서 질문해야 하고, 우회적이며 도움을 주려고 질문해야 한다.

질문하는 목적은 필요한 정보를 얻기 위해, 내담자의 마음을 탐색하기 위해 내담자의 말을 정확하게 이해하기 위해, 대화의 실마리를 풀기 위해 질문을 한다. 그리고 치료의 개입수단으로 질문을 하게 된다.

7) 피드백

피드백(feedback)은 내담자의 사고, 감정, 행동에 대해 상담자가 보고 관찰하고 경청한 것을 전달함으로써, 내담자의 현재 모습을 '지지하거나 변화시키기 위해 사용되는 기법'을 말한다. 피드백을 할 때 상담자는 내담자의 사고, 감정, 행동에 대해 평가, 판단, 비난하기 위해서가 아니라, 내담자의 편에서 그를 지지하거나 변화를 위한 내담자의 새로운 시도를 격려하기 위해 사용하여야 한다. 피드백에는 긍정적인 피드백과 부정적인 피드백이 있다.

긍정적인 피드백은 내담자의 강점이나 장점을 드러내어 지지하거나 격려하기 위해 사용하며, 부정적인 피드백은 내담자의 문제행동이나 비생산적인 사고, 감정, 행동과 관련된 정보를 제공하는 것이다. 내담자의 문제행동에 대한 부정적 피드백은 긍정적 피드백이 선행될 때 더 쉽게 받아들여지는 경향이 있으므로 상담 초기보다는 후기에 주어진다면, 더욱더 신뢰할 수 있고 효과가 있다(Stockton et al., 2000).

8) 요약

요약(summarizing)은 한 주제에서 다른 주제로 넘어가기 전에 그동안 논의된 바를 요약하여 핵심을 잡아주거나, 지나치게 긴 내담자의 말을 정리하여 장황한 주제가 어떻게 연결되는지를 간략히 설명해 주는 것이다. 그리고 한 세션이 끝날 때 그날 세션에서 다루었던 내용을 정리함으로써, 그 내용이 다음 세션으로 연속될 수 있도록 도와준다(김보기 외, 2019a: 222). 면접과정에서 나온 주요 내용을 연결하여 요약해 주는 것이다. 또한 요약하기는 상담자와 내담자 사이에 상담시간 동안 이야기 나눈 것을 묶어서 정리하는 것을 말한다. 요약은 매 회기가 끝날 무렵에 하는 것이 좋지만 필요에 따라 회기 중에 하기도 한다. 실제로 내담자가 자신의 이야기를 어느 정도 이상으로 길게 할 때는 요약을 하는 것이 좋다. 그리고 요약을 할 때는 상담자의 새로운 견해를 추가하지 않도록 한다.

면접 중간마다 이야기된 내용을 요약하고 강조할 필요가 있다. 요약을 통해 면담 동안 진전된 사항을 파악할 수 있고, 중요한 이슈나 요점을 다시 한번 생각할 기회를 가질 수 있다. 또한 면담내용이 정확한지를 확인하는 기회를 제공한다. 즉, 내담자가 전달하려는 바가 분명치 않을 때, 내담자가 여러 가지의 주제, 내용, 상황, 사건 등을 한꺼번에 말하고자 할 때, 내담자가 무슨 말을 하고 있는지 혼돈에 빠졌을 때, 상담자 역시 내담자를 충분히, 확실히 이해하고 있는지 의심스러울 때 등이다. 이외에도 내담자가 너무 오래 말할 때, 요약하기는 좋은 기법이다.

그러므로 이상에서 살펴본 기법들이 가족치료에서 효율적으로 활용될 수 있으려면, 이에 대한 상담자의 수준 높은 훈련과 함께 내담자의 문제해결 능력에 대한 깊은 신뢰가 무엇보다도 중요하다.

참고문헌

1. 국내문헌

강문희 외(2018). 『가족상담 및 가족치료』. 서울: 신정.

강정희 외(2023). 『사회변동과 복지』. 서울: 박영스토리.

강종수 외(2023). 『사회복지조사론』. 경기: 공동체.

강진령(2020). 『상담 연습: 치료적 의사소통기술』. 서울: 학지사.

강희성 외(2022). 『사회복지법제와 실천』. 경기: 양성원.

고수현(2023). 『가족상담 및 가족치료』. 서울: 동문사.

고수현(2023). 『사회복지법제와 실천』. 서울: 동문사.

곽미정(2017). 『가족복지론』. 경기: 양성원.

곽미정(2021a). 『가족정책론』. 경기: 양성원.

곽미정(2021b). 『가족관계』. 경기: 양성원.

구은미 외(2016). 『아동상담』. 경기: 양서원.

권금주(2011). 『가족정책론』. 경기: 교문사.

권신영 외(2020). 『가족복지론』. 경기: 양성원.

김구(2023). 『사회복지정책론』. 경기: 어가.

김경우 외(2012). 『가족복지론』. 서울: 창지사.

김기원(2019). 『빈곤론』. 경기: 정민사.

김보기 외(2019a). 『사회복지실천론』. 경기: 양성원.

김보기 외(2019b). 『인간행동과 사회환경』. 경기: 양성원.

김보기 외(2020). 『사회복지와 문화다양성』. 서울: 동문사.

김보기 외(2021a). 『가족상담 및 가족치료』. 서울: 조은.

김보기 외(2021b). 『사회복지실천기술론』. 서울: 정원.

김보기 외(2022a). 『사회복지정책론』. 서울: 박영스토리.

김보기 외(2022b). 『복지국가론』. 서울: 동문사.

김보기 외(2023). 『심리학』. 서울: 박영스토리.

김성철 외(2020). 『가족복지론』. 경기: 양성원.

김수목 외(2021). 『사회복지행정론』. 서울: 조은.

김수목 외(2022). 『인간행동과 사회환경』. 서울: 박영스토리.

김수목 외(2023). 『지역사회복지론』. 서울: 조은.

김수정 외(2021). 『사회복지와 인권』. 서울: 학지사.

김안나 외(2023). 『사회복지행정론』. 경기: 공동체.

김양미 외(2022). 『사회복지법제와 실천』. 경기: 공동체.

김연옥 외(2022). 『가족복지론』. 서울: 학지사.

김영미 외(2022). 『사회복지실천론』. 서울: 동문사.

김영철 외(2021). 『정신건강론』. 서울: 조은.

김영철 외(2022a). 『인간행동과 사회환경』. 서울: 박영스토리.

김영철 외(2022b). 『장애인복지론』. 서울: 박영스토리.

김영철 외(2023a). 『사회복지개론』. 서울: 박영스토리.

김영철 외(2023b). 『사회복지행정론』. 서울: 박영스토리.

김영철 외(2024a). 『가족복지론』. 서울: 박영스토리.

김영철 외(2024b). 『사회복지실천론』. 서울: 박영스토리.

김영철 외(2024c). 『노인복지론』. 서울: 박영스토리.

김영철 외(2024d). 『사회복지법제와 실천』. 서울: 박영사.

김영화 외(2023). 『사회복지정책론』. 경기: 공동체.

김영화 외(2023). 『사회복지정책론』. 경기: 공동체.

김용환 외(2022). 『사회복지실천론』. 서울: 동문사.

김용환 외(2023). 『가족복지론』. 서울: 동문사.

김유숙(2010). 『가족치료』. 서울: 학지사.

김윤재 외(2022). 『가족복지론』. 경기: 지식공동체.

김윤태·서재욱(2013). 『빈곤』. 경기: 한울.

김재원 외(2021). 『가족복지론』. 경기: 양성원.

김지영 외(2022). 『가족상담 및 가족치료』. 경기: 양성원.

김태성·손병돈(2011). 『빈곤론』. 서울: 청목출판사.

김태현 외(2011). 『현대사회와 여성』. 경기: 교문사.

김혜경 외(2021). 『가족복지론』. 경기: 공동체.

김혜란 외(2023). 『사회복지실천론』. 서울: 학지사.

김혜숙(2022). 『가족치료 이론과 기법』. 서울: 학지사.

남연희 외(2023). 『사회복지실천론』. 경기: 공동체.

노병일 외(2017). 『가족정책론』. 경기: 정민사.

노병일 외(2022). 『빈곤론』. 경기: 정민사.

노병일 외(2023). 『사회복지조사론』. 경기: 공동체.

도미향 외(2018). 『가족정책론』. 경기: 신정.

문수열 외(2020). 『가족복지론』. 서울: 창지사.

문혁준(2020). 『가족복지론』. 서울: 창지사.

박미은 외(2020). 『가족복지론』. 경기: 공동체.

박언하(2022). 『가족복지론』. 서울: 동문사.

박원진 외(2018). 『사회복지행정론』. 경기: 양성원.

박종란 외(2021a). 『노인복지론』. 서울: 정원.

박종란 외(2021b). 『사회복지현장실습』. 서울: 조은.

박태영(2022). 『가족치료 이론과 실천』. 서울: 학지사.

박태정(2020). 『사회복지역사』. 경기: 공동체.

박화상 외(2023). 『사회복지와 문화다양성』. 서울: 박영스토리.

박희숙 외(2020). 『가족복지론』. 경기: 지식공동체.

박희숙 외(2023). 『노인복지론』. 경기: 공동체.

배은영 외(2022). 『아동복지론』. 서울: 동문사.

서동명(2022). 『사회복지법제와 실천』. 경기: 신정.

서보준 외(2023). 『가족복지론』. 경기: 공동체.

서보준 외(2023). 『사회복지실천기술론』. 경기: 공동체.

서혜석 외(2020). 『가족복지론』. 경기: 어우리.

석현호 외(2023). 『사회학』. 경기: 그린.

성정현 외(2020). 『가족복지론』. 경기: 양서원.

성정현(2021). 『'가족만들기'와 '복지의 재구성'』. 경기: 공동체.

송윤선 외(2019a). 『다문화가족복지와 상담』. 경기: 공동체.

송윤선(2019b). 『가족복지학의 이해』. 서울: 학지사.

송정애 외(2020). 『가족복지론』. 경기: 양성원.

송한용 외(2023). 『사회복지실천론』. 서울: 동문사.

양재진(2023). 『복지의 원리』. 서울: 한겨레출판.

오세영(2023). 『사회복지정책론』. 서울: 신정.

우혜숙 외(2020). 『사회복지시설운영론』. 경기: 공동체.

원석조(2018, 2023). 『사회복지역사』. 경기: 지식터.

원영희 외(2019). 『가족복지론』. 서울: 학지사.

윤경원 외(2020). 『사회복지실천기술론』. 서울: 동문사.

윤명길(2021). 『빈곤의 기초』. 경기: 양성원.

윤석범(1994). 『한국의 빈곤』. 서울: 세경사.

이경준 외(2020). 『사회복지실천론』. 서울: 동문사.

이규미(2018). 『상담의 실제』. 서울: 학지사.

이두호 외(1992). 『빈곤론』. 서울: 나남.

이상복 외(2022). 『가족상담 및 치료』. 경기: 공동체.

이성희(2021). 『가족복지론』. 서울: 창지사.

이승호 외(2020). 『고령 노동과 빈곤』. 세종: 한국노동연구원.

이용재 외(2023). 『사회복지법제와 실천』. 경기: 양서원.

이윤정 외(2021). 『가족복지론』. 경기: 공동체.

이은주 외(2023). 『아동권리와 복지』. 경기: 공동체.

이은희(2023). 『노인복지론』. 경기: 공동체.

이정은 외(2023). 『사회복지와 문화다양성』. 경기: 공동체.

이준영 외(2021). 『사회보장론』. 서울: 학지사.

이중엽 외(2022). 『사회복지법제와 실천』. 경기: 양서원.

이진숙 외(2010). 『가족복지론』. 서울: 학지사.

이진숙 외(2010). 『가족정책론』. 서울: 학지사.

이태희 외(2023). 『가족복지론』. 경기: 공동체.

이태희 외(2024). 『청소년복지론』. 경기: 공동체.

임정문 외(2022). 『가족복지론』. 서울: 동문사.

임정문 외(2023). 『사회복지법제와 실천』. 서울: 동문사.

장미리 외(2022). 『인간행동과 사회환경』. 서울: 박영스토리.

장미리 외(2023). 『사회복지개론』. 서울: 박영스토리.

장미리 외(2024). 『사회복지실천기술론』. 서울: 박영스토리.

장연진 외(2021). 『가족복지론』. 경기: 신정.

장익중 외(2023). 『아동복지론』. 서울: 학지사.

장인실 외(2022). 『다문화교육』. 서울: 학지사.

장혜령 외(2021). 『사회복지조사론』. 서울: 조은.

정민기 외(2023). 『사회복지개론』. 서울: 박영스토리.

정민기 외(2024a). 『가족복지론』. 서울: 박영스토리.

정민기 외(2024b). 『사회복지행정론』. 서울: 박영스토리.

정종화 외(2021). 『사회복지현장의 이해』. 서울: 동문사.

정태석 외(2023). 『사회학』. 경기: 한울아카데미.

조경자 외(2021). 『이민·다문화가족 복지론』. 서울: 동문사.

조미숙 외(2020). 『사회복지실천기술론』. 서울: 동문사.

조미숙(2022). 『아동복지론』. 서울: 동문사.

조성희 외(2021). 『가족복지론』. 서울: 창지사.

조흥식 외(2010). 『가족복지론』. 서울: 학지사.

좌현숙 외(2023). 『가족복지론』. 서울: 학지사.

차성란 외(2019). 『가족정책론』. 경기: 양서원.

천정웅 외(2019). 『인간행동과 사회환경』. 경기: 양성원.

최덕경 외(2012). 『가족정책론』. 경기: 양서원.

최승원 외(2022). 『사회복지법제와 실천』. 서울: 학지사.

최연실 외(2020). 『가족상담 및 치료』. 서울: 한국방송통신대출판원.

최정숙 외(2010). 『가족복지론』. 서울: 학지사.

현승일(2012). 『사회학』. 서울: 박영사.

홍봉수 외(2023). 『사회복지정책론』. 경기: 공동체.

홍봉수 외(2024). 『가족복지론』. 경기: 공동체.

2. 외국문헌

Bandura, A., & Kupers, C.(1964). The Transmission of Self－reinforcement through Modeling. *Journal of Abnormal and Social Psychology, 69* : 1－9.

Bandura, A., & Walters, R.(1963). *Social Learning and Personality Development.* NY: Holt. Rinehart and Winston.

Bandura, A.(1965a). Vicarious processes A case of no－trial learning. In L. Berkowitz (Ed.). *Advances in experimental social psychology (Vol. 2).* New York: Academic Press.

Bandura, A.(1965b). Influence of Model's Reinforcement Contingencies on the Acquisition of Imitative Responses. *Journal of Personality and Social Psychology, 1* : 589－595.

Bandura, A.(1969). *Principles of Behavior Modification.* New York: Holt. Rinehart & Winston.

Bandura, A.(1971). *Psychological modeling: conflicting theories.* Chicago: Aldine ·Atherton.

Bandura, A.(1973). *Aggression: a social learning analysis* (Macat Library). Englewood Cliffs, N.J.: Prentice－Hall.

Bandura, A.(1974). Behavior Theory and the Models of Man. *American Psychologist, 29* : 859－869.

Bandura, A.(1976, 2015). *Social Learning Theory* (Chinese Edition). Renmin University of China Press.

Bandura, A.(1986). *Social Foundations of Thought and Action: A Social Cognitive Theory.* Englewood Cliffs, N.J.: Prentice－Hall.

Bandura, A.(1997). *Self－efficacy: the exercise of control.* New York: W. H. Freeman.

Bandura, A.(2015). *Moral Disengagement: How People Do Harm and Live with Themselves.* New York: Worth.

Beck, U. & Beck－Gernsheim, E.(1997). *Das Ganz normale Chaos der Liebe.*

Frankfurt am Main. Suhrkamp Verlag.

Becvar R. J., & Becvar, D. S.(2017). *Systems Theory and Family Therapy: A Primer* (3rd Edition). Hamilton Books.

Becvar, D. S., & Becvar R. J.(2012). *Family Therapy: A Systemic Integration* (8th edition). Boston: Pearson.

Blum et al.(2018). *14th International Review of Leave Policies and Related Research* 2018 : 18−22.

Boszormenyi−Nagy, I. K.(2014). *Between give and take: A clinical guide to contextual therapy.* Routledge.

Boszormenyi−Nagy, I. K.(2014). *Family Therapy and Disturbed Families.* Science and Behavior Books.

Boszormenyi−Nagy, I. K.(2014). *Invisible Loyalties.* Routledge.

Boszormenyi−Nagy, I. K., & Framo, J. L.(2013). *Intensive Family Therapy: Theoretical And Practical Aspects* (1st Edition, Kindle Edition). Routledge.

Bowen, M. et al.(2015). *The Origins of Family Psychotherapy: The NIMH Family Study Project* (Reprint Edition). Rowman & Littlefield Publishers.

Bowen, M.(1966). The use of family theory in clinical practice. *Clinical Psychiatry, 7* : 345−374.

Bowen, M.(1978, 1993). *Family Therapy in Clinical Practice* (1st edition). Jason Aronson.

Conger, R. D. et al.(1992). A family process model of economic hardship and adjustment of early adolescent boys. *Child Development, 63* : 526−541.

Deleeck, H. et al.(1992). *Poverty and the Adequacy of Social Security in the EC: A Comparative Analysis.* Hampshire, UK: Avebury.

DiNitto, D. D., & Johnson, D.(2015). *Social Welfare: Politics and Public Policy* (8th edition). Pearson.

Gauthier, A. H.(1996). *The state and the family: A comparative analysis of family policies in industrialized countries.* OUP Catalogue.

Giddens, A.(1977). *Social Learning Theory.* New Jersey: Prentice−Hall, Inc.

Giddens, A.(1986). *Social foundation of thought and action: A Social theory.*

New Jersey: Hall, Inc.

Giddens, A.(1998, 2008). *The Third Way: The Renewal of Social Democracy*. Cambridge: Polity.

Giddens, A.(2000. 2012). *The Third Way and its Critics*. Cambridge: Polity.

Giddens, A.(2001). *The Global Third Way Debate*. Cambridge: Polity.

Giddens, A.(2003). *The Birth of Pleasure*. Vintage.

Giddens, A.(2013, 2017, 2021). *Sociology* (9th ed.). Cambridge: Polity Press.

Gladding, S.(2018). *Family Therapy: History, Theory, and Practice* (7th Edition). Pearson.

Goldenberg, L. et al.(1985, 2016). *Family Therapy: An Overview* (9th Edition). Cengage Learning.

Haley, J. D.(1967). *Advanced techniques of hypnosis and therapy: Selected papers of Milton H. Erickson*. New York: Grune & Stratton.

Haley, J. D.(1971). *Changing families: a family therapy reader*. Grune & Stratton.

Haley, J. D.(1973, 1993). *Uncommon therapy: The psychiatric techniques of Milton H. Erickson, M.D.* New York: W. W. Norton & Company.

Haley, J. D.(1976, 1991). *Problem−Solving therapy*. Jossey−Bass.

Haley, J. D.(1977). *Techniques of family therapy*. Jason Aronson.

Haley, J. D.(1990). *Strategies of psychotherapy*. Crown House Pub.

Haley, J. D.(1997). *Leaving Home: the therapy of disturbed young people*. London: Routledge.

Haley, J. D.(2007, 2012). *Directive family therapy*. London: Haworth Press.

Haley, J. D., & Richeport−Haley, M.(2003). *The art of strategic therapy*. London: Routledge.

Hall, C. M.(1991). *The Bowen family theory and its uses*. Northvale, NJ: Jason Aronsor. Inc.

Harrington, M.(1963, 1997). *The Other America: Poverty in the United State*. (Reprint edition). Scribner.

Haveman, R. H.(1987). *Poverty Policy and Poverty Research: The Great Society and the Social Sciences*. Madison, WI: University of Wisconsin Press.

Kamerman, S. B., & Kahn, A. J.(1978). *Family policy: Government and Families in Fourteen Countries.* Columbia University Press.

Marx, K.(1867, 2018). *Capital* (Kindle Edition). e−artnow.

Max−Neef, M. et al.(1989). Human Scale Development. *Development Dialogue: Journal of International Development Cooperation.* Uppsala: the Dag Hammarskjold Foundation, 3−61.

Klein, M. C.(1932, 2016). *The Psycho−Analysis of Children* (Chinese Edition). Klein World Publishing Corporation.

McGoldrick, M.(2016). *The Genogram Casebook: A Clinical Companion to Genograms: Assessment and Intervention* (1st Edition, Kindle Edition). New York: W. W. Norton & Company.

McGoldrick, M., Gerson, R., Petry, S.(2020). *Genograms: Assessment and Treatment* (4th Edition, Kindle Edition). New York: W. W. Norton & Company.

McGoldrick, M., Giordano, J., Garcia−Preto, N.(1983, 2005). *Ethnicity and Family Therapy* (3rd Edition). The Guilford Press.

Minuchin, S. et al.(2013). *The Craft of Family Therapy: Challenging Certainties.* Routledge.

Minuchin, S.(1974, 2012). *Families and Family Therapy* (2nd). Routledge.

Minuchin, S., & Fishman, H. C.(1981, 2009). *Family Therapy Techniques* (Kindle Edition). Harvard University Press.

Minuchin, S., & Nichols, M. P.(1998). *Family Healing: Strategies for Hope and Understanding* (Kindle Edition). Free Press.

Minuchin, S., Reiter, M. D., Borda, C.(2021). *The Craft of Family Therapy: Family Healing: Strategies for Hope and Understanding* (Kindle Edition). Routledge.

Nichols, M. P.(2020). *The Essentials of Family Therapy* (6th Edition). Pearson.

Nichols, M. P., & Davis, S.(2020). *Family Therapy: Concepts and Methods* (12th Edition, Kindle Edition). Pearson.

Nichols, W. C., & Everett, C. A.(1986). *Systemic family therapy: An integrative approach.* NY: Guilford Press.

Piatt, L.(2007). *Poverty and Ethnicity in the UK* (First edition). London, UK: Policy Press.

Rhodes, S. L.(1980). A Development Approach to the Life Cycle of the Family. In M. Bloom (ed.). *Life Span Development.* N.Y.: Macmillan.

Satir, V.(1971). *The Family as a Treatment Unit, in Jay Haley, Changing Families.* NY: Grune and Stratton.

Satir, V.(1972). *People making.* Palo Alto. Science and Behavior Books. Inc.

Satir, V.(1975). *Selbstwert und Kommunikation.* Müchen: Pfeiffer.

Satir, V.(1975, 2001). *Self-Esteem. Millbrae.* CA: Celestial Arts.

Satir, V.(1976, 2020). *Making Contact* (Kindle Edition). The Virginia Satir Global Network.

Satir, V.(1978, 2009). *Your many faces: The First Step to Being Loved* (Revised edition). Berkeley, Calif: Celestial Arts.

Satir, V.(1978, 2011). *Your Many Faces: The First Step to Being Loved* (Kindle). Millbrae, CA: Celestial Arts.

Satir, V.(1979). *Familienbehandlung.* Freiburg. Lambertus.

Satir, V.(1988). *The new peoplemaking.* Palo Alto. CA: Science and Behavior Books.

Satir, V., & Baldwin, M.(1983). *Satir step by step: a guide to creating change in families.* Palo Alto. CA: Science and Behavior Books.

Satir, V., & Bandler, R. & Grinder, J.(1976). *Changing with families.* Palo Alto. CA: Science and Behavior Books.

Satir, V., Gomori, M., Gerber, J., Banmen, J.(1991, 2006). *The Satir Model: Family Therapy and Beyond.* Science and Behavior Books.

Satir, V. et al.(1994). *Helping Families to Change* (Revised ed.). Jason Aronson. Inc.

Satir. V.(1964, 1983). *Conjoint Family Therapy* (3rd Revised). Science and Behavior Books.

Stockton, R. et al.(2000). Processing group events: A conceptual map for leaders.

The Journal for Specialists in Group Work, 25 : 343−355.

Stone, L.(1977). *The Family, Sex and Marriage in England, 1500−1800* (First Edition). Harper & Row.

Sullivan, H. S., & Chrzanowski, G.(1977). *Interpersonal approach to psychoanalysis.* New York: Gardner Press.

Sullivan, H. S., & Mullahy, P.(1973). *The beginnings of modern American psychiatry: The ideas of Harry Stack Sullivan.* Boston: Houghton Mifflin.

Sullivan, S. H.(1940). *Concepts of modern psychiatry.* New York: Norton.

Sullivan, S. H.(1947). Therapeutic investigation in *schizophrenia. Psychiatry, 10* : 121−125.

Sullivan, S. H.(1953, 2013). *The interpersonal theory of psychiatry* (1st Edition, Kindle Edition) New York: Routledge.

Sullivan, S. H.(1954). *The psychiatric interview.* New York: Norton.

Sullivan, S. H.(1956). *Clinical studies in psychiatry.* New York: Norton.

Sullivan, S. H.(1962). *Schizophrenia as a human process* (ed. by H. S. Perry). New York: Norton.

Sullivan, S. H.(1964). *The fusion of psychiatry and social science* (ed. by H. S. Perry). New York: Norton.

Sullivan, S. H.(1972). *Personal psychopathology.* New York: Norton.

Toman, W.(1969, 2013). *Family Constellation.* Windham Press.

Zastrow, C.(2021). *Generalist Social Work Practice: A Worktext* (12th Edition). Oxford University Press.

Zimmerman, S. L.(1995, 2012). *Understanding family policy: Theories and applications.* Sage.

Wallace, H. et al.(2008). *Family Violence−Legal, Medical, and Social Perspectives* (9th ed.). Boston, MA: Pearson/A and B.

3. 기타

고용노동부 e-나라지표(홈페이지, 2024).

다누리배움터(홈페이지, 2024).

보건복지부(홈페이지, 2024).

서울시(홈페이지, 2024).

서울해바라기센터(홈페이지, 2024).

여성가족부(20213b). 「제4차 건강가정기본계획(2021-2025) 2023년도 시행」.

여성가족부(20219). 「제3차 다문화가족정책 기본계획(2018-2022)」.

여성가족부(2022a). 「2022년 가정폭력실태조사 연구」.

여성가족부(2022b). 「제3차 다문화가족정책 기본계획(2018-2022)」.

여성가족부(2023a). 「제4차 다문화가족정책 기본계획(2023-2027)」.

여성가족부(2023b). 「제4차 건강가정기본계획(2021-2025) 2023년도 시행계획」.

여성가족부(2023c). 「2023년 한부모가족복지서비스종합안내서」.

여성가족부(홈페이지, 2024).

여성새로일하기센터(홈페이지, 2024).

통계청(2022a). 「2021 한국의 사회지표」.

한국건강가정진흥원(홈페이지, 2024).

찾아보기

저자 소개

정민기
중부대학교 일반대학원 경영학과 박사
중앙대학교 사회개발대학원 아동복지학과 석사
청운대학교 호텔경영학과 학사
청운대학교 사회복지학과 겸임조교수
세한대학교 휴먼서비스학과 겸임교수
에코i숲어린이집 원장 / 사)한국청소년문화진흥협회 심사위원
<저서> 가족복지론, 사회복지학개론, 사회복지행정론

곽병혁
한밭대학교 학사
세한대학교 사회복지상담학과 학사
서울성경신학대학원대학교 사회복지학과 석사
한국사회복지실천학회 책임연구위원
<저서> 가족복지론

김영철
강서대학교 사회복지대학원 사회복지학과 석사
순복음대학원대학교 사회복지학과 박사
공동모금회 배분심사위원 / 사회복지공무원 역량강화 교육강사
성평등교육 전문강사 / 주민참여예산 심의위원
희망나눔재단 이사 / 디딤병원 총괄본부장
명지대학교 복지경영학과 특임교수
호원대학교 사회복지학부 겸임교수
<저서> 가족복지론, 노인복지론, 사회복지법제와 실천, 사회복지학개론,
        사회복지행정론, 장애인복지론, 사회복지실천론, 인간행동과 사회환경,
        정신건강론

변영호
한국방송통신대학교 청소년교육과 학사
서울성경신학대학원대학교 사회복지학과 석사
한국상담복지학회 책임연구위원
<저서> 가족복지론

가족복지론

초판발행	2024년 3월 4일
지은이	정민기 · 곽병혁 · 김영철 · 변영호
펴낸이	노 현
편 집	김다혜
기획/마케팅	조정빈
표지디자인	Ben Story
제 작	고철민 · 조영환
펴낸곳	㈜ 피와이메이트
	서울특별시 금천구 가산디지털2로 53, 한라시그마밸리 210호(가산동)
	등록 2014. 2. 12. 제2018-000080호
전 화	02)733-6771
f a x	02)736-4818
e-mail	pys@pybook.co.kr
homepage	www.pybook.co.kr
ISBN	979-11-6519-986-9 93330

정 가   23,000원

박영스토리는 박영사와 함께하는 브랜드입니다.